A PERGUNTA DEFINITIVA 2.0

A PERGUNTA DEFINITIVA 2.0

Edição revista e atualizada

Como as empresas que implementam o *net promoter* score prosperam em um mundo voltado aos clientes

FRED REICHHELD

Autor do best-seller *A Estratégia da Lealdade*

com ROB MARKEY

ALTA BOOKS
EDITORA
Rio de Janeiro, 2018

A Pergunta Definitiva 2.0 — Como as empresas que implementam o net promoter score prosperam em um mundo voltado aos clientes
Copyright © 2018 da Starlin Alta Editora e Consultoria Eireli. ISBN: 978-85-508-0255-8

Translated from original The Ultimate Question 2.0. Copyright © 2011, by Fred Reichheld and Bain & Company, Inc. ISBN 978-1-4221-7335-0. This translation is published and sold by permission of Harvard Business Review Press, the owner of all rights to publish and sell the same. PORTUGUESE language edition published by Starlin Alta Editora e Consultoria Eireli, Copyright © 2018 by Starlin Alta Editora e Consultoria Eireli.

A editora não se responsabiliza pelo conteúdo da obra, formulada exclusivamente pelo(s) autor(es).

Marcas Registradas: Todos os termos mencionados e reconhecidos como Marca Registrada e/ou Comercial são de responsabilidade de seus proprietários. A editora informa não estar associada a nenhum produto e/ou fornecedor apresentado no livro.

Impresso no Brasil.

Obra disponível para venda corporativa e/ou personalizada. Para mais informações, fale com projetos@altabooks.com.br

---

Tradução
Bruno Alexander e Luiz Otávio Talu

Copidesque
Shirley Lima da Silva Braz

Editoração Eletrônica
Estúdio Castellani

Revisão
Andréa Campos Bivar | Jussara Bivar

Produção Editorial
Elsevier Editora - CNPJ: 42.546.531./0001-24

Erratas e arquivos de apoio: No site da editora relatamos, com a devida correção, qualquer erro encontrado em nossos livros, bem como disponibilizamos arquivos de apoio se aplicáveis à obra em questão.

Acesse o site www.altabooks.com.br e procure pelo título do livro desejado para ter acesso às erratas, aos arquivos de apoio e/ou a outros conteúdos aplicáveis à obra.

Suporte Técnico: A obra é comercializada na forma em que está, sem direito a suporte técnico ou orientação pessoal/exclusiva ao leitor.

A editora não se responsabiliza pela manutenção, atualização e idioma dos sites referidos pelos autores nesta obra.

CIP-Brasil. Catalogação na fonte
Sindicato Nacional dos Editores de Livros, RJ

R281p

Reichheld, Frederick F., 1952-
A pergunta definitiva 2.0 : como as empresas que implementam o net promoter score prosperam em um mundo voltado aos clientes / Fred Reichheld ; tradução Bruno Alexander e Luiz Otávio Talu. – Rio de Janeiro : Alta Books, 2018.

Tradução de: Ultimate question 2.0 : how net promoter companies thrive in a customer-driven world
Relacionado com: A pergunta definitiva, você nos recomendaria a um amigo?
ISBN: 978-85-508-0255-8

1. Clientes – Contatos. 2. Satisfação do cliente. 3. Clientes – Fidelização. 4. Motivação no trabalho. 5. Lealdade dos empregados. 6. Liderança. 7. Sucesso nos negócios. I. Título.

11-4574.

CDD: 658.812
CDU: 658.814

Rua Viúva Cláudio, 291 — Bairro Industrial do Jacaré
CEP: 20970-031 — Rio de Janeiro - RJ
Tels.: (21) 3278-8069 / 3278-8419
www.altabooks.com.br — altabooks@altabooks.com.br
www.facebook.com/altabooks

Muita coisa mudou nesta edição revista e ampliada –

mas não a dedicatória, que se mantém inalterada:

à minha esposa, Karen, com amor e lealdade.

Os autores

Fred Reichheld ingressou na Bain & Company em 1977 e tornou-se sócio em 1982. Fundador da prática de Lealdade, desempenhou vários papéis de liderança na Bain, inclusive o de membro do conselho administrativo internacional, e dos conselhos de nomeação e remuneração. Em janeiro de 1999, foi eleito o primeiro Bain Fellow da empresa. Seus trabalhos de consultoria e de pesquisa têm como foco ajudar as empresas a obter resultados de excelência por meio de melhoria da lealdade dos clientes, empregados e sócios. Na edição de junho de 2003 da revista *Consulting*, Reichheld foi incluído na lista dos 25 consultores mais influentes do mundo.

O trabalho de Reichheld recebeu ampla cobertura do *Wall Street Journal*, *New York Times*, *Fortune*, *BusinessWeek* e *The Economist*. A *The Economist* refere-se a ele como o "papa" da lealdade; o *New York Times* declara: "[Ele] pôs em evidência os indicadores econômicos da lealdade." É autor de oito artigos sobre o assunto para a *Harvard Business Review*, e seus dois livros anteriores, *The Loyalty Effect* (1996) e *Loyalty Rules!* (2001), foram publicados pela Harvard Business School Press.

A primeira edição de *A pergunta definitiva* foi publicada pela Harvard Business Press em 2006. É frequentemente convidado a fazer palestras para grandes fóruns de negócios e grupos de CEO e executivos seniores no mundo todo.

Formado pela Harvard College e pela Harvard Business School, Reichheld mora com a esposa, Karen, e sua família na área de Boston.

Rob Markey é sócio do escritório de Nova York da Bain & Company e responde internacionalmente pela prática de Estratégia de Clientes e Marketing da empresa. Em 1990 ingressou na Bain, e seu trabalho esteve focado em ajudar os clientes a obter um crescimento orgânico sustentável e rentável por meio da lealdade de clientes e empregados. Também é um dos especialistas da empresa em melhoria na experiência dos clientes. Embora boa parte de seu trabalho seja voltada para o setor financeiro, entre seus clientes também estão empresas nas áreas de mídia, tecnologia e varejo, além de empresas de transporte.

Markey é fundador e líder do NPS Loyalty Forum, um grupo de executivos seniores de empresas do mundo todo que alcançaram a liderança em lealdade e que se reúnem várias vezes por ano para dividir experiências e conselhos quanto aos meios de se criar uma cultura orientada para clientes e empregados em suas organizações. Publicou artigos em vários periódicos de negócios, inclusive a *Harvard Business Review*, e teve participação importante na primeira edição de *A pergunta definitiva*. Faz palestras frequentes sobre os temas da experiência dos clientes, da lealdade de clientes e empregados, e do crescimento com foco nos clientes.

Formado pela Brown University e pela Harvard Business School, Markey mora na área de Boston com a esposa, Lisa, e os filhos.

Agradecimentos

Continuamos gratos a todas as pessoas que tornaram possível a primeira edição deste livro. Aqui, gostaríamos de agradecer aos indivíduos que contribuíram para tornar possível esta segunda edição. Gostaríamos de agradecer a cada uma das seguintes pessoas (agrupadas por empresa):

Bain & Company: Phil Schefter, Raj Pherwani, Marcia Blenko, Gary Turner, Josh Chernoff, Aaron Cheris, Andreas Dullweber, Julie Coffman, Ron Kermisch, Stu Berman, Sarah Dey Burton, Wendy Miller, Paul Judge e a toda a equipe editorial
1-800-Got-Junk: Brian Scudamore
Allianz: Emilio Galli-Zugaro
American Express: Jim Bush, Beth Lacey
Apple Retail: Ron Johnson, Catharine Harding, Joe DiGiovanni
Ascension Health: Peggy Kurusz
British Gas: Eddy Collier e Chris Weston
Carolina Biological: Jim Parrish, Tom Graves
Chick-fil-A: Steve Robinson, Jon Bridges
Concentra: Jim Greenwood
CTCA: Steve Bonner, Chris Lis
eBay: John Donahoe
Enterprise Holdings: Andy Taylor, Christy Conrad
Four Seasons: Barbara Talbott
FranklinCovey: Sandy Rogers
Intuit: Scott Cook, Brad Smith, Brian Andrews
JetBlue: Ann Rhoades, Bonny Simi, Julia Gomez
LEGO: Conny Kalcher
Logitech: Guerrino De Luca, David Henry, Junien Labrousse, Glenn Rogers
Philips: Gerard Kleisterlee, Geert van Kuyck, Suhail Khan, Pierre-Jean Sivignon, Rudy Provoost, Laura Murphy, Arne van de Wijdeven
Progressive: Glenn Renwick, Richard Watts, Christine Johnson
Rackspace: Graham Weston, Lanham Napier, Ben Hart, Dan Goodgame, John Lionato
Satmetrix: Richard Owen, John Abraham, Debby Courtney
Schwab: Walt Bettinger, Chris Dodds, Troy Stevenson
Teach For America: Gillian Smith

TPG: Dick Boyce
Vanguard: Bill McNabb, Sean Hagerty, Jack Brod, John Marcante
Verizon Wireless: Kerry Wozniak
Virgin Media: Neil Berkett, Sean Risebrow
Welsh, Carson, Anderson & Stowe: Tony Ecock
Zappos: Tony Hsieh

Agradecemos em especial a todos os membros do NPS Loyalty Forum. Seus esforços pioneiros abriram o caminho que conduziu o Net Promoter Score ao Net Promoter System.

Do lado dos editores, somos gratos a Jeff Kehoe e toda sua equipe da Harvard Business Review Press. Jim Levine foi extremamente eficiente no papel de nosso agente. E foi um prazer trabalhar com John Case, nosso talentoso e imperturbável editor, em ambas as edições deste livro.

Por fim, gostaríamos de agradecer a nossas famílias por seu apoio e sua contribuição efetiva no esclarecimento de nossas ideias a respeito de lealdade, graças a incontáveis conversas à mesa de jantar, ao longo dos últimos anos.

Prefácio

Este livro mostra como as empresas podem posicionar-se rumo ao crescimento real – crescimento que ocorre porque seus clientes adoram fazer negócios com essas empresas e promovem elogios rasgados a seus amigos e colegas. Esse é o único tipo de crescimento sustentável no longo prazo. Aquisições, estratégias agressivas de precificação, extensões de linha de produto, estratégias de venda cruzada, novas campanhas de marketing e todos os outros itens na caixa de ferramentas de um CEO podem imprimir fôlego extra a uma empresa. No entanto, se essas táticas não resultarem em clientes encantados no final das contas, o crescimento não se sustentará. A mesma coisa acontece com a participação de mercado. Uma posição de liderança no mercado muitas vezes concede vantagem econômica à empresa, mas lembre-se: se tal potencial não for utilizado para fazer os clientes sorrirem, nem a vantagem nem a participação dominante irão durar.

Essa questão assume nova importância à medida que uma revolução silenciosa acontece no mundo dos negócios. Essa revolução, como muitas outras que alteram o equilíbrio mundial, foi impulsionada e acelerada pelo desenvolvimento das ferramentas de mídia social. Os clientes e funcionários de uma empresa, por meio de blogs e Twitters da vida, registram suas experiências em tempo real, superando em muito as mensagens cuidadosamente planejadas pelos departamentos de relações públicas e publicidade. O poder está mudando de mãos: das empresas para clientes e funcionários.

Para sair por cima nessa revolução, os líderes precisam encontrar formas de fazer com que o pessoal da linha de frente consiga encantar os clientes. A maioria dos líderes *quer* que seus clientes fiquem felizes. A questão central é como uma empresa *sabe* o que seus clientes estão sentindo e como pode fazer os funcionários se sentirem responsáveis pela experiência do cliente. As pesquisas de satisfação tradicionais não estão à altura dessa tarefa. Elas são compostas por perguntas demais e geram informação útil de menos. Os relatórios financeiros também não estão à altura dessa tarefa. Como percebemos, a contabilidade tradicional não é capaz de distinguir um real de lucros bons – que levam ao crescimento – de um real de lucros ruins, que o enfraquecem.

O que este livro oferece é uma abordagem totalmente nova. As empresas precisam fazer apenas uma pergunta – a pergunta definitiva – de maneira regular, sistemática e tempestiva. Com base nas respostas, elas serão capazes de identificar os clientes que as amam, os clientes que as odeiam e aqueles que não estão muito interessados. Basta utilizar uma métrica simples, de fácil compreensão, o Net Promoter® Score, que demonstra o desempenho no relacionamento com o cliente. O acompanhamento pode ser feito semanalmente, assim como as empresas já controlam seu desempenho financeiro.

É nesse momento que começa o verdadeiro trabalho: fechar o ciclo com os clientes, ouvir o que eles têm a dizer, corrigir os problemas que levam à insatisfação ou ao ódio e criar experiências que gerem cada vez mais encantamento. A empresa pode requisitar a participação de todos os funcionários na busca por promover o verdadeiro foco no cliente em suas operações diárias. Da mesma maneira que os gerentes agora utilizam relatórios financeiros para assegurar que eles e sua equipe estão atingindo as metas de lucro, estes também podem utilizar a métrica Net Promoter para assegurar que estejam atingindo as metas de qualidade do relacionamento com o cliente. Esse sistema está ajudando as empresas a vencer a revolução silenciosa, iluminando o caminho rumo à excelência.

As empresas pioneiras na utilização da métrica Net Promoter – você lerá sobre elas nos capítulos a seguir – aprenderam a lição e estão muito à frente de seus concorrentes. Essas empresas vão de pequenos negócios de bairro a grandes estrelas do Vale do Silício e gigantes como a General Electric ("A melhor métrica de relacionamento com o cliente que já vi – não sei por que todo mundo não faz o mesmo!", exclamou Jeff Immelt, CEO da General Electric, numa reunião com os líderes da empresa em 2005). Apesar de serem diferentes em outros aspectos, elas têm uma importante variável em comum, que é levar muito a sério a Regra de Ouro: trate os outros como você gostaria de ser tratado. Essas empresas querem clientes tão satisfeitos com a maneira como são tratados que voltem por vontade própria para comprar mais, e tragam seus amigos e colegas. Assim, apesar de os exemplos deste livro serem extraídos do mundo dos negócios, organizações de qualquer tipo – como escolas, hospitais, instituições de caridade, até mesmo órgãos públicos – podem colocar essas ideias em prática da mesma forma. Organizações sem fins lucrativos também possuem clientes ou membros; elas também precisam encantar as pessoas às quais servem, e também podem beneficiar-se imensamente do uso dessa métrica simples, baseada no constante *feedback* dos clientes.

Após ter lido este livro, visite o site www.netpromotersystem.com. Meu desejo é que, juntos, possamos criar uma comunidade de pessoas que acreditem que o propósito das empresas e de outras organizações é fornecer valor superior e ótimos relacionamentos a seus clientes ou membros – e que acreditem também que a maior chance de uma organização atingir perenidade e prosperidade consiste em mensurar o desempenho nessa dimensão de forma tão cuidadosa quanto mensura seus lucros.

Uma recomendação para quem leu a primeira edição de *A pergunta definitiva*: cada capítulo desta nova edição foi revisto e ampliado, e muitos capítulos são totalmente novos. Se você já sabe de cor o conteúdo da edição original, não deixe de ler a Introdução (totalmente nova), dê uma lida rápida nos Capítulos 1, 2, 3 e 4 e leia o Capítulo 5 como se estivesse lendo pela primeira vez, pois alguns dos erros de implementação mais desastrosos resultam de uma compreensão incompleta dos princípios explicados nesse capítulo. A Parte II (Capítulos 6 a 10) é quase toda composta de material inédito. Esses capítulos descrevem e analisam as realizações dos usuários do Net Promoter desde a publicação do livro original.

Sumário

Prefácio ... xi

Introdução: Da métrica ao sistema ... 1

Parte I
Os princípios básicos do Net Promoter Score

1. Lucros ruins, lucros bons e a pergunta definitiva ... 15
2. A medida do sucesso ... 33
3. Como o Net Promoter Score pode gerar crescimento ... 44
4. A história da Enterprise Rent-A-Car – mensurando o que importa ... 61
5. As regras para medir o NPS ... 72

Parte II
Obtendo resultados

6. Obtendo resultados com o NPS ... 91
7. Economia e inspiração: o duplo imperativo ... 111
8. Feche o ciclo com os clientes ... 127
9. Organize-se para a longa jornada ... 145
10. A estrada à frente ... 165

Apêndice: Um conselho para a jornada ... 183

Notas ... 197

Índice ... 199

Introdução
Da métrica ao sistema

Sempre me pareceu que o sucesso nos negócios e na vida pessoal deveria ser resultado do impacto que exercemos na vida das pessoas – seja melhorando-a ou piorando-a. A contabilidade financeira, mesmo com toda a sua sofisticação e importância, ignora completamente essa ideia tão básica. Um dia, resolvi criar uma nova forma de mensurar como as empresas tratam os clientes – qual o nível de lealdade entre eles, que chamei de Net Promoter® Score, ou NPS.[1] Milhares de empresas inovadoras, como Apple, Allianz, American Express, Zappos.com, Intuit, Philips, GE, eBay, Rackspace, Facebook, LEGO, Southwest Airlines e JetBlue Airways, já adotaram o NPS. A maioria usou-o, num primeiro momento, para medir a lealdade, o empenho e o entusiasmo de seus clientes. As empresas gostaram do fato de o NPS ser fácil de entender e concentrar todos em torno de uma única meta inspiradora – tratar os clientes tão bem que eles se tornem promotores leais –, além de conduzir à ação e ser um método flexível, adaptável às necessidades.

Com o tempo, a métrica foi expandida para ajudar a incrementar o empenho e o compromisso dos funcionários. As empresas descobriram novos métodos para aumentar seu impacto, não apenas para mensurar a lealdade, mas para transformar-se. Trocaram ideias e desenvolveram-se com base nas experiências umas das outras. Numa incrível explosão de criatividade, o NPS passou a ser muito mais do que uma métrica. Embora ainda incipiente em termos científicos, tornou-se um sistema de gestão, uma forma totalmente nova de fazer negócios. As próprias iniciais, NPS, ganharam um novo significado: Net Promoter *System*, em vez de apenas Net Promoter Score.

E que diferença esse sistema tem feito! Veja o que os líderes de algumas dessas empresas disseram a respeito:

> O NPS vitalizou nossa maneira de pensar e permitiu que toda a organização se focasse no cliente. Durante as décadas de 1970 e 1980, a Gestão da Qualidade Total revolucionou o custo da qualidade na área de produção. O NPS está tendo a mesma importância em nossa época atual.
> – *Gerard Kleisterlee, CEO, Philips*

O NPS caiu como uma luva na Apple, tornando-se parte do DNA de nossas lojas.
– *Ron Johnson, vice-presidente sênior e diretor-fundador, Apple Retail*

O NPS mudou completamente nosso mundo. Tornou-se parte integral de nossos processos e cultura organizacional. Agora, não há como ignorá-lo, nem se quiséssemos.
– *Junien Labrousse, vice-presidente executivo, diretor de produto e estrategista de tecnologia, Logitech*

O NPS é a prova de fogo para sabermos se estamos sendo condizentes com nossos valores centrais – é a primeira coisa que vejo quando ligo o computador pela manhã.
– *Walt Bettinger, CEO, Charles Schwab*

O NPS é a ferramenta mais poderosa que já utilizamos, em razão de sua praticidade.
– *Dan Henson, ex-Chief Marketing Officer, General Electric*

Usamos o NPS diariamente para ter certeza de que estamos surpreendendo nossos clientes e funcionários.
– *Tony Hsieh, CEO, Zappos.com, autor de* Delivering Happiness

No Capítulo 6, você lerá cerca de uma dúzia de histórias sobre como as empresas colocaram em prática o Net Promoter System e os resultados alcançados. O NPS foi uma peça fundamental na recuperação da Charles Schwab, por exemplo, cujo valor das ações triplicou; tem sido um fator essencial nas famosas lojas da Apple, as quais, segundo se acredita, têm o maior número de vendas por metro quadrado do mundo, em comparação com qualquer varejista; permitiu que a Ascension Health cuidasse melhor de seus clientes, que a seguradora Progressive ganhasse maior participação de mercado e conseguisse reter mais segurados, que a American Express oferecesse um serviço diferenciado a seus membros e baixasse os custos ao mesmo tempo – e assim por diante. O sistema Net Promoter é comprovadamente um poderoso motor de crescimento e lucratividade.

Mas não quero parar na palavra *sistema*, porque existe outro S em inglês presente em todas empresas que atingiram resultados impressionantes com o Net Promoter: o Net Promoter *spirit of leadership* (espírito de liderança Net Promoter), uma filosofia própria que fortalece o sistema. Os líderes com esse espírito acreditam que a missão das empresas é melhorar a vida de seus clientes – construindo relacionamentos calcados na lealdade. Uma grande organização deve oferecer resultado positivo a seus acionistas, claro, mas não pode deixar de considerar funcionários, parceiros e, principalmente, clientes. Se a companhia não contar com a lealdade de todos os envolvidos, os retornos aos acionistas logo desaparecerão. Além disso, os líderes sabem que sua reputação e legado estão em jogo, dependendo de como eles realizam essa missão.

Expressões como *reputação pessoal*, *Net Promoter Spirit* e *melhorar vidas* podem levá-lo à conclusão de que o NPS é algo subjetivo e abstrato. Ledo engano. O NPS é a união entre missão e números. Uma missão sem uma forma de mensuração, sem um indicador preciso de sucesso ou fracasso, não passa de palavras. A única forma de saber se uma empresa está cumprindo sua missão e melhorando a vida das pessoas é mensurar sistematicamente o relacionamento com seus clientes. Eis a essência do NPS: um processo prático de mensuração capaz de avaliar com precisão o progresso de uma empresa. O NPS é um sistema de gestão que pode ajudar as empresas a ter a força necessária para chegar à excelência.

Este livro conta a história do NPS, quando ele foi criado, de que modo se desenvolveu e em que direção está evoluindo, mostrando como podemos utilizar o sistema para melhorar nossos negócios e nossa vida.

No começo

O NPS apareceu pela primeira vez na *Harvard Business Review*, no final de 2003. Aquele artigo – "The One Number You Need to Grow" ("O número de que você precisa para crescer") – acabou se transformando em livro, *A pergunta definitiva*, lançado em 2006. Tanto o artigo quanto o livro descreviam um método simples e prático de classificação de clientes com base na resposta a uma única pergunta:

Numa escala de 0 a 10, qual é a probabilidade de você nos recomendar (ou recomendar este produto/serviço/marca) a um amigo ou colega?

Também instruí as empresas a fazer pelo menos mais um questionamento:

Qual é o motivo mais importante para a nota que você deu?

Graças à simplicidade da escala de 0 a 10, as empresas podem mensurar rapidamente os sentimentos e as atitudes de seus clientes. A segunda pergunta lhes permite saber o motivador dessa postura nas palavras dos próprios clientes, evitando as distorções impostas pelas respostas prontas das pesquisas de satisfação tradicionais.

Quando meus colegas e eu estudamos o uso dessas duas perguntas, verificamos que os clientes, de modo geral, dividiam-se em três grupos bem definidos.

Cada grupo de clientes apresenta um padrão de comportamento diferente e um conjunto próprio de atitudes, e cada um requer um conjunto específico de medidas da empresa.

- *Promotores*. Pessoas que dão notas 9 ou 10, indicando que sua vida melhorou depois do relacionamento com a empresa. Comportam-se como clientes leais, comprando mais de uma vez, dedicando grande parte de seus gastos à empresa e recomendando-a a amigos e colegas. São indivíduos que se predispõem a responder a pesquisas, oferecendo *feedback* construtivo e sugestões. Chamo esse grupo de *promotores* porque, com sua energia e entusiasmo, é exatamente assim que eles agem. Toda empresa deve cuidar para manter o entusiasmo dos promotores, desenvolver formas econômicas de aumentar o número de clientes que pensam e agem dessa maneira e oferecer reconhecimento e recompensas a equipes ou funcionários que trabalham nessa direção.
- *Neutros*. Pessoas que dão notas 7 ou 8, compram o que precisam e nada mais. São clientes passivamente satisfeitos, não leais, com um conjunto bem diferente de atitudes e comportamentos. Quase não fazem recomendações – e, quando fazem, é com ressalvas e sem entusiasmo. Se a concorrência tiver uma oferta mais atraente, o mais provável é que eles debandem para o outro lado. Chamo esse grupo de *neutros* porque eles agregam pouca energia à empresa e não podem ser contabilizados como ativos de longo prazo. A meta das empresas em relação a essa categoria deve ser melhorar o máximo possível seus serviços, produtos ou processos para encantar esses clientes e transformar parte deles em promotores.
- *Detratores*. Pessoas que dão nota 6 ou inferior, indicando que sua vida piorou depois do relacionamento com a empresa. É um grupo de indivíduos insatisfeitos, decepcionados, que se sentem consternados pelo tratamento recebido e criticam a empresa a amigos e colegas. Se não tiverem como mudar de fornecedor – por exemplo, se tiverem assinado contratos de longo prazo ou se nenhuma outra empresa tiver os mesmos produtos ou serviços –, ficam irritados e botam a boca no trombone, elevando os custos. O comportamento grosseiro desse grupo acaba com a motivação e o orgulho dos funcionários. Empresas que deparam com clientes detratores devem investigar a causa da insatisfação, desculpar-se e apresentar soluções para o problema. Se não houver nenhuma solução economicamente viável para a insatisfação dos detratores, a empresa precisa mudar seu foco para não atrair mais esse tipo de cliente.

Se a meta da empresa for melhorar a vida de seus clientes, essas três categorias ajudam a medir seu desempenho. Promotores representam sucesso. Nenhum

QUADRO I-1

Net Promoter Score = vidas que melhoraram − vidas que pioraram

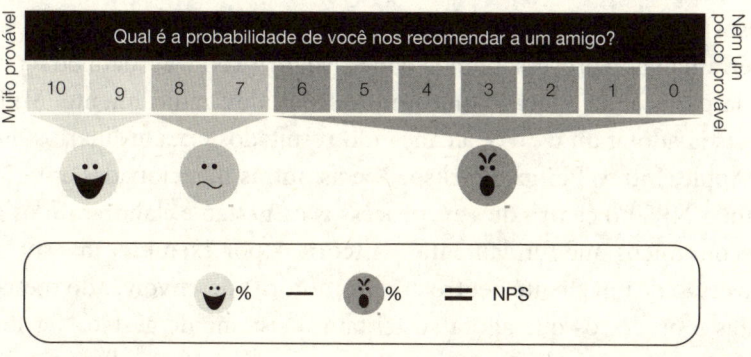

cliente dá nota 9 ou 10 para uma empresa se não tiver recebido algo muito especial – se o relacionamento com a empresa não tiver realmente melhorado sua vida. Os clientes neutros estão apenas satisfeitos. Não podem ser considerados casos de sucesso, a menos que o objetivo da empresa seja alcançar resultados medíocres. Os detratores, evidentemente, representam fracassos graves. Alguma coisa deu muito errado, e uma relação que deveria gerar consequências positivas acabou tendo um resultado negativo.

Essa categorização, no entanto, foi apenas o primeiro passo. Queríamos chegar a um número simples, facilmente rastreável, capaz de medir o progresso de uma empresa e definir em que área as empresas deveriam concentrar seus esforços de melhoria. Queríamos uma métrica descomplicada e poderosa, um resultado final concludente, semelhante aos lucros líquidos ou ao patrimônio líquido. Decidimos, portanto, pegar a porcentagem de clientes promotores e subtrair a porcentagem de clientes detratores. O resultado é o Net Promoter Score (Quadro I-1)

A evolução do NPS

Quando o livro *A pergunta definitiva* foi originalmente publicado, fiquei muito tentado a colocar o termo *Net Promoter* no título, mas não teria dado certo. Na época, quase ninguém tinha ouvido falar do NPS. O conceito era novo e dava os primeiros passos em direção à prática. A parte teórica, respaldada por pesquisas criteriosas, deu origem a experimentos promissores, conduzidos pelas primeiras empresas a utilizarem o sistema, como a Intuit e a General Electric, mas ainda estávamos na teoria. O livro destacava empresas que tinham NPS elevado em comparação com os concorrentes. (Eu havia aprendido a mensurar o NPS em todo um setor de mercado, valendo-me do que hoje denomino método do índice de referência do mercado de cima para baixo, ou seja, uma avaliação do relacionamento geral das empresas com os clientes, não uma avaliação de negociações isoladas.) Mas as próprias empresas exemplares não utilizavam as ferramentas e os processos do NPS para alcançar o sucesso, pelo simples motivo de que, em 2006, essas ferramentas e processos ainda não existiam. O NPS acabara de ser criado.

De lá para cá, a situação como um todo mudou radicalmente. Milhares de empresas já adotaram o NPS, alcançando resultados extraordinários. Empresas como Apple, Intuit, Philips, Rackspace e as outras mencionadas anteriormente puseram o NPS no centro de seus processos de gestão e elaboraram os aspectos microeconômicos que fundamentam a teoria – por exemplo, investir dinheiro na conversão de um cliente neutro em promotor –, desenvolvendo métricas, ferramentas e processos que agora sustentam o sistema de gestão Net Promoter. Graças a esse sistema, elas foram capazes de implementar melhores métodos de contratação, treinamento e remuneração, além de reexaminar políticas, redesenhar produtos e aprimorar processos empresariais. Em poucas palavras, descobriram que o sistema Net Promoter tem o poder de transformar uma empresa. Viram também que, embora o conceito seja simples, a jornada rumo ao desenvolvimento de um exército de promotores é, ao mesmo tempo, mais desafiadora e mais gratificante do que elas imaginavam.

Meus colegas e eu tivemos o privilégio de trabalhar com muitas dessas empresas nesse caminho de implementação do NPS. Criamos fóruns, conferências, sites e comunidades on-line para acelerar o aprendizado e incentivar a troca de informações. O ponto central desse grande movimento de negócios é o NPS Loyalty Forum (Fórum de Lealdade NPS), uma espécie de cooperativa patrocinada pela Bain & Company, a empresa de consultoria internacional em que trabalho há 32 anos. As empresas associadas reúnem-se várias vezes por ano, geralmente na sede de um dos afiliados (o quadro "NPS Loyalty Forum" mostra uma lista parcial dessas empresas). As reuniões permitem que as empresas interajam com um grupo mais abrangente da equipe anfitriã: de CEOs e CFOs a gerentes de operações, diretores de marketing e o pessoal da linha de frente, responsável pelo atendimento aos clientes. Essa "fertilização cruzada" acabou se revelando um processo muito valioso, pois o NPS tem importantes implicações para cada função e nível da organização.

Recebemos também o apoio da Satmetrix, outro colaborador inicial no desenvolvimento das métricas e ferramentas NPS, e criamos juntos diversas conferências públicas. Essas conferências acontecem duas vezes por ano – uma nos Estados Unidos e outra na Europa – e, nos primeiros anos, atraíram mais de 3.200 gerentes. Além disso, desenvolvemos um curso de três dias com direito a certificado que, na data de publicação deste livro, já havia sido ministrado a mais de mil executivos do mundo inteiro. O curso agora está disponível on-line.

NPS Loyalty Forum

A seguir, uma lista parcial das empresas que participaram de pelo menos uma reunião do Fórum de Lealdade NPS:

24 Hour Fitness	GE Healthcare	Rackspace
Advance Auto Parts	General Electric Company	RSC Equipment Rental
Aggreko	Gilbane Building Company	Safelite
Allianz	Grocery Outlet	Schneider Electric
American Express	Honeywell Aerospace	Sodexo
Archstone	Humana	Stora Enso
Ascension Health	ING Group	Sun Trust
Asurion	Intuit	Swiss Reinsurance Company
Atlas Copco	JetBlue Airways	Symantec Corporation
Avid Technology	Joie de Vivre Hospitality	TD Bank
BBVA Bancomer	LEGO	TD Canada Trust
Belron	LexisNexis	Teach For America
Cancer Treatment Centers of America	Lloyds Banking Group	Tech Data
Charles Schwab	Logitech	Teleperformance
Chick-fil-A	Macy's	Thermo Fisher Scientific
Cintas	Medtronic	T-Mobile
Cisco	Nike	TPG
Deutsche Post (DHL)	Nokia	Vanguard
Deutsche Telekom	Paul Davis Restoration	Verizon
eBay	Philips	Volaris
E.ON	Pricewaterhouse-Coopers	Westpac Group
Ermenegildo Zegna	Progressive Insurance	Zappos
Experian Consumer Division	Qantas	
Facebook		
FranklinCovey		

Ter participado desses fóruns, conferências e programas de treinamento me ajudou a entender a evolução do NPS, que deixou de ser apenas uma métrica e passou a ser um sistema. Aliás, umas das principais lições que esses praticantes aprenderam é que o poder do NPS vai muito além do tema que o título da primeira edição sugere. A *métrica* foi um ponto de partida, mas graças ao *sistema* os líderes conseguiram criar culturas que estimulassem os funcionários a focar mais nos clientes.

A "pergunta definitiva" do título do livro era: "Qual a probabilidade de você nos recomendar", a síntese de uma pergunta mais básica, que é: *Nós o tratamos bem, a ponto de merecer sua lealdade?* A forma simplificada parecia funcionar melhor com a maioria das empresas – ou seja, produzia um resultado que vinculava a confiança com o comportamento do cliente –, embora algumas empresas tenham verificado que uma pequena mudança nas palavras produzia resultados ainda mais satisfatórios. Mas a pergunta em si não era o mais importante. Afinal de contas, nenhuma empresa pode esperar crescer ou aumentar a lucratividade simplesmente com pesquisas, seja qual for a pergunta formulada.

Ao contrário, a pergunta levou ao desenvolvimento de um sistema de gestão com três componentes principais. Um é a *categorização dos clientes em promotores, neutros e detratores* por meio de uma pesquisa simples. Outro é a *criação de uma métrica fácil de entender com base nessa categorização*. Esses são os elementos básicos do Net Promoter Score. Mas aí temos o terceiro componente, essencial: *a visão do progresso e do sucesso nesses termos, motivando todos na organização a agir com o objetivo de gerar mais promotores e menos detratores* – em outras palavras, usar sistematicamente as pontuações e o *feedback* relacionado para criar melhorias. É assim que as empresas podem melhorar seus resultados e alcançar a excelência. Foi isso que transformou a métrica NPS em um sistema.

Como muitas empresas importantes adotaram o sistema Net Promoter, o termo *Net Promoter* se tornou tão conhecido que já pude incluí-lo no subtítulo da edição americana desta versão revista e ampliada. As principais ideias da primeira edição continuam válidas, mas, com cinco anos de experiência nas costas, posso descrevê-las e contextualizá-las de modo mais preciso. Como esta edição também contém muito material novo e *insights* inéditos, resolvi chamá-la *A pergunta definitiva 2.0: Como as empresas que implementam o Net Promoter Score prosperam em um mundo voltado aos clientes*.

O que você encontrará neste livro

O que você encontrará nesta edição?

A Parte I descreve o conceito em si. Começa falando da deprimente proliferação de práticas desfavoráveis ao cliente e dos "lucros ruins" que elas acarretam. Conta a origem do NPS e mostra em detalhes o que as pesquisas comprovaram. Além disso, explica e quantifica a relação lógica entre NPS e crescimento empresarial. Essa relação torna-se ainda mais relevante e presente com a multiplicação das ferramentas de comunicação virtuais. Com acesso em tempo real a informações sobre práticas empresariais e desempenho corporativo, os clientes estão cada vez mais com as cartas na mão. A Parte I também apresenta algumas vantagens de mensurar a satisfação dos clientes. O leitor terá a oportunidade de conhecer a incrível história da Enterprise Rent-A-Car, empresa criadora do sistema que utilizei como modelo inicial para o NPS, e as regras para mensurar, de forma precisa e confiável, algo abstrato como o sentimento dos clientes.

A Parte II – composta quase toda de material inédito nesta edição – fala de como os líderes alcançaram sucesso extraordinário com o sistema Net Promoter, relata algumas das melhores práticas de empresas líderes e resume as lições principais, destacando as mudanças que os gerentes tiveram de adotar na cultura empresarial para construir um exército de promotores. Assim como um trailer, que apresenta os melhores momentos do filme, apresento algumas dessas lições aqui.

O NPS é um sistema flexível, adaptável e "de código aberto". O sistema é muito pouco rígido. A maioria das empresas verificou que a escala de 0 a 10 funciona melhor, mas não é a única que existe. (A Enterprise usa uma escala de 0 a 5.) A maioria das empresas prefere a pergunta "Qual é a probabilidade" da maneira que formulei aqui, mas algumas chegaram à conclusão de que uma pergunta diferente gera melhores resultados. Muitas empresas decidiram dar um nome exclusivo a seu sistema. A Schwab chama-o de Client Promoter Score; a Thermo Fisher Científica, de Customer Loyalty Score; a Chick-fil-A usa a expressão Raving Fan Index (índice de fãs inveterados).

Mas existem três elementos fundamentais dos quais você não pode abrir mão. Por mais flexível que seja, o NPS depende de três coisas:

- *As empresas precisam categorizar sistematicamente promotores e detratores de modo transparente e oportuno.* As categorias e o *feedback* resultante devem fazer sentido para o pessoal da linha de frente, não apenas para especialistas em estatística, e essas informações precisam ser sistematicamente compiladas e comunicadas a toda a organização, para que as pessoas possam agir e acompanhar os resultados. Caso contrário, qual o sentido?
- *As empresas devem pautar-se pelo aprendizado de ciclo fechado e criar processos de melhoria, incorporando-os em suas operações diárias.* O NPS não serve para nada se as empresas não agirem de acordo com o que aprenderam – isto é, se não "fecharem o ciclo" entre aprendizado e ação. Os processos de ciclo fechado não podem ser apenas um complemento. Eles devem fazer parte da gestão diária da empresa.
- *A missão fundamental de CEOs e outros líderes deve ser criar mais promotores e menos detratores.* O NPS não pode ser relegado ao departamento de pesquisa de mercado. Ou a lealdade de clientes e funcionários é um fator essencial para a filosofia e a prioridade estratégica de uma empresa, ou não é – e, se não for, a implementação de um novo processo de *feedback* de clientes não fará muita diferença.

O NPS, resumindo, não admite meio-termo, o que nos leva talvez à lição mais importante de todas:

> O NPS é, em última instância, uma filosofia de negócios, um sistema de práticas operacionais e um compromisso de liderança, e não apenas outra forma de mensurar a satisfação de clientes.

Aqui, vale uma explicação.

Para começar, pergunte a si mesmo: Por que uma empresa se importaria com o que seus clientes e outros grupos interessados pensam? Muitas empresas não se importam, e a maioria aparentemente se mantém, sem risco de falir (veja os exemplos de lucros ruins no Capítulo 1). Acredito que o NPS pode ajudar as empresas a ter mais sucesso, mas também acredito que se importar com os clientes deveria ser natural, pois contribui para a melhoria da empresa, da sociedade e da vida como um todo.

Pense por um momento na Regra de Ouro, o princípio de que devemos tratar os outros como gostaríamos de ser tratados, de modo a honrar ambas as partes. De uma forma ou de outra, a Regra de Ouro é o pilar da maioria das religiões do mundo. Mas dificilmente será possível considerá-la estranha ao mundo dos negócios. Empresas como Southwest Airlines, Four Seasons e Chick-fil-A utilizam a Regra de Ouro como base de sua missão. Quem vive de acordo com a Regra de Ouro pode dizer, sem medo de errar, que está levando uma vida digna, influenciando positivamente a vida das pessoas a seu redor. A pergunta "Qual é a probabilidade" é simplesmente uma forma prática de saber se você está observando a Regra de Ouro. Ela traz as coisas de volta à realidade e ao mundo dos negócios. O propósito de uma pesquisa, afinal, não é promover uma discussão filosófica ou estabelecer relacionamentos eternos, mas criar uma categorização prática, com resultados que levem à ação. Ou seja, é uma forma de melhorar os relacionamentos profissionais.

Ainda assim, é importante examinar os fundamentos filosóficos das empresas, porque eles refletem os valores que as orientam. Se você realmente se importar com a influência que sua empresa exerce sobre a vida de seus clientes, não se limitará a uma métrica. Usará a métrica como um ponto de partida, um incentivo, um lembrete de que você pode melhorar como organização. Começará a contratar pessoas, como Ron Johnson, da Apple, diz, que "se importam com o que se passa no coração do cliente, não apenas com o que sai de sua carteira". Redirecionará seus investimentos estratégicos e redefinirá seus processos com o objetivo de criar mais promotores e menos detratores, não somente para aumentar os lucros (o que acontecerá), mas porque é a coisa certa a fazer. Você também ampliará o NPS, para mensurar o comportamento de outros grupos interessados no negócio – funcionários, principais investidores, fornecedores e outros parceiros – e descobrir o que fazer para merecer a lealdade deles. As organizações influenciam a vida de muita gente, e você precisa saber qual a influência de sua empresa sobre as pessoas.

Todo líder de negócios que se preze deixa um legado ao se retirar, e é por esse legado que ele será julgado. Se você quiser deixar um legado que vá além dos lucros, um legado de cuidado com clientes e funcionários e com o tipo de empresa que construiu, se quiser ter certeza de que melhorou a vida das pessoas que cruzaram seu caminho, o NPS é uma ferramenta indispensável.

O desafio de colocar o NPS em ação

As ideias por trás do NPS parecem tão simples e intuitivas que os executivos podem cair na armadilha de achar que sua implementação será simples também. Não é. As empresas que adotaram o NPS aprenderam que é preciso tempo e muito trabalho para estabelecer métricas confiáveis, para entender o que os resultados querem dizer e para criar processos de ciclo fechado que realmente gerem mudanças. O NPS abrange todas as áreas da companhia – incluindo finanças, operações, marketing, projeto de produtos, recursos humanos e tecnologia da informação – e níveis, desde o CEO e o conselho diretor até o pessoal da linha de frente. Coloca em questão as práticas, as prioridades e os processos de decisão estabelecidos. Por mais simples que pareça, exige grande compromisso por parte dos líderes seniores. Sem esse compromisso, as empresas estão fadadas a desestabilização, confusão, resistência frente a novas formas de trabalho e outras armadilhas. É fundamental que a alta gerência demonstre apoio e perseverança.

Você talvez também descubra que a simples menção da ideia do NPS bate de frente com um grupo de críticos, os chamados *Net Pro-moaners* (dos quais falaremos com mais detalhes no Capítulo 10). Não é de se espantar: já existe toda uma indústria se dizendo capaz de mensurar a satisfação de clientes e funcionários por meio de pesquisas de mercado longas e ineficazes, e uma solução flexível como o NPS é uma ameaça aos modelos econômicos dos quais a maioria das empresas de pesquisa depende. Os modelos rígidos dessas empresas são criados com base em algoritmos secretos. Se os algoritmos não fossem secretos, ninguém pagaria para usar os tais modelos e ninguém pediria conselhos em relação a como melhorar os resultados.

No caso do NPS, por outro lado, qualquer empresa pode adotá-lo de graça, e sua transparência torna o processo fácil de entender e aprimorar. Não é à toa que os tradicionalistas na área de pesquisa de mercado saíram escrevendo artigos acadêmicos e documentos afirmando que o NPS não funciona. De modo semelhante, o Wikipedia não é muito bem-visto pela *Enciclopédica Britânica*, e os criadores de software têm poucas coisas boas a dizer sobre as tecnologias "de código aberto". Vale a pena lembrar a famosa frase de Upton Sinclair: "É difícil fazer um homem compreender algo quando seu salário depende, acima de tudo, de que ele não o compreenda."

Quando a ordem existente é alterada, sempre surgem obstáculos e oposição. E daí? Siga em frente. O conhecimento adquirido na implementação do sistema Net Promoter não tem preço, pois ajuda a melhorar nos negócios, ter um trabalho mais gratificante e construir relacionamentos que levam a uma vida mais plena.

Antes de finalizar esta Introdução, gostaria de aproveitar a oportunidade para apresentar meu companheiro neste trabalho de escrita, Rob Markey. Rob e eu trabalhamos juntos na Bain há quase 20 anos. Ele foi um importante leitor e conselheiro da primeira edição deste livro e desempenhou papel fundamental na criação do novo material desta edição, tanto que merece ser reconhecido como coautor. Rob é líder do NPS Loyalty Forum e criador da Estratégia Internacional de Clientes e Prática de Marketing da Bain. Sua experiência em questões relacionadas ao NPS com clientes é incomparável. Este livro só é o que é graças às suas contribuições.

Nos próximos anos, tentaremos escrever mais livros sobre o sistema Net Promoter, mas este livro é o ponto de partida, a base, que o ajudará a entender que movimento é esse, de onde surgiu e qual é seu objetivo. Você terá, ainda, o prazer de ler as incríveis histórias de sucesso das empresas que adotaram o sistema, num aprendizado contínuo. Quem sabe um dia não escreveremos sobre sua empresa também? Vamos torcer.

Fred Reichheld
Wellesley, Massachusetts
Abril de 2011

Parte I

Os princípios básicos do Net Promoter Score

1
Lucros ruins, lucros bons e a pergunta definitiva

Hoje, a maioria das empresas luta para manter o foco no cliente. Até aí, nada de novo: vivemos e trabalhamos num mundo conectado à Internet, em que os clientes têm acesso a um grande número de informações. Mas apenas as empresas que realmente colocam o cliente no centro de suas operações são capazes de se destacar nesse ambiente.

As empresas também querem ser movidas mais pela *missão* do que pelos *lucros*. Mais uma vez, nenhuma novidade. Seus líderes sabem que não têm como ganhar e manter clientes sem primeiro garantir os melhores empregados. E os empregados mais capacitados querem seguir uma missão, um propósito que vá além dos lucros para os acionistas.

No entanto, apesar de todo o esforço que as empresas destinam a essas duas tarefas – focar nos clientes e conquistar empregados –, a maioria não mudou muito. Sua cultura continua centrada no lucro, pautada por planejamentos financeiros e métricas de contabilidade. Os gerentes precisam atingir metas de lucros e vendas, assim como os líderes das unidades de negócios. Os CFOs (Chief Financial Officers) devem demonstrar lucros ao mercado a cada três meses. Os líderes *conhecem* a cartilha do foco nos clientes e são capazes de recitá-la de cor. Pergunta: *Por que queremos clientes fiéis?* Resposta: *Porque os clientes fiéis costumam voltar, compram produtos e serviços adicionais, recomendam a empresa aos amigos, fornecem* feedback *valioso, custam menos e são menos sensíveis a preço.* Mas o que os líderes medem, acompanham, discutem e administram no dia a dia são os indicadores financeiros.

Uma grande desconexão. Nossos sistemas contábeis – tanto financeiros quanto de gestão – não revelam nada sobre sentimentos de lealdade, entusiasmo, recompras, recomendações e todas as outras emoções e comportamentos que determinam o valor dos clientes individuais. Os executivos e empregados sabem como atingir suas metas financeiras imediatas, e sabem que serão cobrados por isso. Mas a lealdade dos clientes e a missão da empresa, como objetivos, são aspectos mais abstratos, cuja medição, aparentemente, é impossível. Na correria de decisões e prioridades, de pressões orçamentárias, metas de venda e contabilidade de custos, a força gravitacional em direção aos lucros de curto prazo é poderosa. Desse modo, as empresas, mesmo com as melhores intenções, ficam presas num redemoinho. Começam a tomar decisões que afastam clientes e empregados, passam a maior parte do tempo focando em coisas erradas e se deixam seduzir pela tentação do que só pode ser chamado de *lucros ruins*.

Vejamos alguns exemplos.

Lucros ruins

Estamos em 1992. O número de usuários de computador crescia a cada dia, e as empresas de serviços on-line estavam no auge. Uma empresa nova e ousada, conhecida como America Online, AOL, parecia determinada a deslanchar. Graças a uma oferta pública inicial de ações, a AOL tinha mais de US$60 milhões em seus cofres.

A AOL resolveu gastar esse dinheiro em crescimento – e o caminho para o crescimento, segundo seus executivos, era investir na aquisição de clientes, de modo que, nos anos seguintes, a empresa inundou o mercado americano com disquetes de seu software gratuito. Esses disquetes podiam ser encontrados no miolo de revistas, embrulhados no lanche do avião e nas filas de caixa dos mais diversos tipos de loja. A maior parte dos disquetes acabou parando na lata de lixo, e a campanha de marketing da AOL tornou-se motivo de piada no país. Mesmo assim, devido ao grande número de assinantes conquistados, a empresa considerou sua estratégia um sucesso. O número de assinantes da AOL cresceu de 350 mil no início de 1993 para cerca de 4 milhões no final de 1995.

Infelizmente, a equipe gerencial da AOL na época não investiu o suficiente em melhorias de serviço e qualidade. Em pouco tempo, a onda de novos usuários começou a pressionar a capacidade da rede existente da empresa. A AOL recebeu um novo apelido, "América aguardando na linha" (do inglês *America on Hold*). Um dia inteiro fora do ar no verão de 1996 – o mais longo de uma série de interrupções de serviço nessa época – estampou as manchetes dos jornais pelo país afora e frustrou milhões de usuários. A taxa mensal de perda de clientes subiu para 6% (o que gerou um acumulado no ano de 72%!). Em busca de lucros imediatos, a gestão se voltou para as receitas de publicidade; a AOL começou a inundar os clientes com *pop-ups* e outras abordagens de venda. Embora o número de assinaturas continuasse a crescer, cada vez mais usuários se decepcionavam com o que a empresa oferecia.

Em janeiro de 2000, a AOL uniu-se à Time Warner, num negócio bilionário, sendo avaliada inicialmente em mais de $190 bilhões. Mas a alegria durou pouco. A tecnologia de banda larga se espalhava rapidamente, e a empresa também perdeu participação de mercado para os provedores via acesso discado como MSN e

Earthlink. Mesmo mudando de estratégia e tornando-se provedora de conteúdo gratuito (como Yahoo! e Google), com a maior parte de seu faturamento vindo de anunciantes, a AOL continuava irritando seus usuários. Para fazer uma reclamação ou dar baixa no contrato, por exemplo, o usuário penava para encontrar o número de telefone gratuito. Se conseguisse finalmente encontrar o número e falar com um atendente, em vez do serviço desejado, ofereciam-lhe uma nova proposta de extensão do contrato. "Há muito tempo", escreveu Randall Stross, do *The New York Times* no final de 2005, "a cultura da empresa se acostumou a focar sua energia em prender aquele cliente que expressava o desejo de abandoná-la".[1] Em 2006, um cliente insatisfeito gravou uma ligação que fez para a AOL na tentativa de se desligar do serviço, sendo redirecionado para todos os lados. A gravação caiu na Internet e, mais uma vez, a AOL virou motivo de piada nos Estados Unidos.

No final de 2009, a Time Warner acabou desistindo da marca AOL, deixando-a na mão de seus acionistas a um valor de US$3,2 bilhões – uma desvalorização de quase US$187 bilhões em apenas nove anos.

Muitas empresas de hoje são como a AOL daquela época. Querem aproveitar ao máximo suas inovações, desejam construir uma grande marca com reconhecimento internacional, mas não sabem distinguir lucros bons de lucros ruins. Assim, acabam ficando viciadas em lucros ruins.

As consequências são desastrosas. Os lucros ruins bloqueiam as melhores oportunidades de uma empresa atingir o crescimento verdadeiro, o tipo de crescimento que é, ao mesmo tempo, rentável e sustentável. Os lucros ruins mancham sua reputação. A busca por lucros ruins afasta clientes e desmotiva os empregados.

Os lucros ruins também tornam o negócio vulnerável perante os concorrentes. As empresas que não são viciadas – sim, há muitas destas – podem passar, e passam, muito à frente das que praticam lucros ruins. Se você algum dia já imaginou como, nos Estados Unidos, a Enterprise Rent-a-Car foi capaz de superar empresas grandes e fortemente estabelecidas para se tornar a "número 1" em seu segmento, como as companhias aéreas Southwest Airlines e JetBlue Airways roubaram facilmente a participação de mercado de suas concorrentes tradicionais, como a Vanguard subiu ao topo do mercado de fundos de investimentos, esta é sua resposta. Essas empresas conseguiram equilibrar sua necessidade de lucros com uma visão abrangente: fornecer grandes resultados para clientes e uma missão sedutora para empregados. Disseram não aos lucros ruins, e suas receitas e reputação floresceram.

O custo dos lucros ruins vai além dos limites de uma empresa. Os lucros ruins compõem um quadro distorcido do desempenho de um negócio. A distorção confunde os investidores, gerando decisões equivocadas sobre recursos que prejudicam toda a economia. Os lucros ruins também mancham a imagem das empresas na sociedade. A reputação manchada prejudica a confiança do consumidor e produz clamor geral por regras e regulamentações mais rígidas. Se as empresas insistem em perseguir lucros ruins, todos os seus apelos por maior ética nos negócios são discurso vazio.

A esta altura, você deve estar se perguntando como a palavra *lucro*, o Santo Graal da atividade de negócios, pode ser ruim de alguma forma. A não ser no caso de fraude explícita, um real de lucro não é tão bom quanto o outro? Certamente, a contabilidade não consegue estabelecer a diferença entre lucros bons e ruins. Lucros são apenas lucros em um demonstrativo de resultados.

Mas, ainda que não apareçam nos balanços, lucros ruins são fáceis de serem reconhecidos. Eles são os lucros obtidos à custa das relações com o cliente.

Todas as vezes que um cliente se sente enganado, maltratado, ignorado ou coagido, os lucros obtidos desse cliente são ruins. Lucros ruins provêm de precificação injusta ou enganosa. Lucros ruins acontecem quando as empresas economizam dinheiro ao entregarem uma péssima experiência ao cliente, como no caso da AOL. Lucros ruins são obtidos por meio da extração de valor do cliente, e não da criação de valor. Quando os vendedores empurram produtos mais caros ou inadequados a clientes crédulos, estão gerando lucros ruins. Quando esquemas complexos de precificação ludibriam os clientes com a finalidade de fazê-los pagar mais que o necessário para ter suas necessidades atendidas, tais esquemas de preços criam lucros ruins.

Exemplo é o que não falta. Empresas de serviços financeiros gostam de esbanjar termos como *confiança* em suas campanhas publicitárias, mas quantas dessas empresas merecem utilizá-lo? Os fundos de investimento encobrem tarifas altíssimas nas letras miúdas, para que os clientes não saibam aquilo pelo qual estão pagando. Corretoras manipulam relatórios para beneficiar clientes de seus bancos de investimento, enganando os clientes que compram ações. Bancos de varejo cobram tarifas assustadoramente altas para pagamentos atrasados ou cheques sem fundos. A insatisfação em relação às instituições financeiras após a crise econômica de 2008 tornou-se tão acentuada que a legislação foi modificada de modo a proteger os consumidores de práticas predatórias.

Considere também o setor de saúde. Não é de se espantar que o mercado não funcione e os governos tenham precisado intervir. A maior parte dos hospitais americanos jamais revela os acordos feitos com seguradoras. Os consumidores, portanto, não têm como saber o valor real dos procedimentos a que se submetem. Se a regulamentação estabelecida pela reforma de lei de 2010 for adiada ou revogada – seu futuro ainda é incerto –, os planos de saúde continuarão fazendo de tudo para excluir as pessoas que possam realmente necessitar de cobertura – e, qualquer que seja o resultado, se você está coberto, eles certamente tentarão envolver você e seu médico em uma papelada burocrática complexa. Muitas empresas farmacêuticas pagam aos médicos para promoverem seus remédios, ao mesmo tempo que, cuidadosamente, não divulgam estudos que sugerem que um novo remédio possa ser ineficaz ou perigoso. E muitas empresas de serviços de saúde prometem prestar cobertura do berço ao túmulo e, ainda assim, hesitam em pagar por procedimentos recomendados por seus próprios médicos.

Viajantes também podem enfrentar desgostos, como taxas de US$100 para mudar uma passagem aérea ou despachar bagagem, contas telefônicas de hotéis mais caras que a própria diária ou combustível com preços duas ou três vezes maiores que os preços de mercado na devolução de um carro alugado. A única opção é encher o tanque antes e ficar controlando a quilometragem para usar toda a gasolina – as locadoras de carros não dão crédito pelo combustível não usado.

Não é à toa que muitas pessoas acreditam que os homens de negócio passam as noites em claro imaginando novas maneiras de tirar seu dinheiro. As companhias aéreas vivem modificando os preços – às vezes, a diferença chega a centenas de dólares – para que ninguém saiba qual o valor da "verdadeira" tarifa. Alguns bancos têm algoritmos nos sistemas que compensam primeiro os cheques de maior valor a cada dia, para que um maior número de clientes seja atingido por tarifas de devolução de cheques, devido à insuficiência de fundos. Muitas operadoras de telefonia celular criaram planos que levam seus clientes a desperdiçar minutos pré-pagos ou incorrer em exorbitantes minutos extras. Em 2010, uma família residente de Boston foi matéria de jornal por ter recebido uma conta de Internet no valor de *US$18 mil* – tudo porque o filho em idade escolar havia baixado, sem querer, uma grande quantidade de dados em seu celular após o esgotamento da taxa de adesão inicial. Se o pai do menino tivesse sido avisado da existência de um plano de acesso ilimitado a dados (que saía a US$150), teria evitado três anos de dor de cabeça tentando renegociar a dívida.

É uma ironia que os melhores clientes frequentemente façam os piores negócios. Se você é um usuário paciente e leal de sua companhia telefônica, de sua empresa de telefonia celular, de seu provedor de Internet, tem uma grande chance de acabar pagando mais caro do que clientes que optaram pela empresa recentemente. Na verdade, é provável que você esteja pagando mais do que precisa, independentemente de quando contratou o serviço, apenas por não ter informações sobre um pacote especial oferecido pela empresa. Clientes que se surpreendem com uma cobrança extra de US$20, por exemplo, pela utilização de mensagens de texto, acabam descobrindo que o envio ilimitado de mensagens está disponível por apenas US$5 mensais – para quem solicita o serviço.

Como lucros ruins minam o crescimento

Os lucros ruins geram a maior parte de seu "estrago" através dos *detratores* que produzem. Os detratores são os clientes que se sentem maltratados por uma empresa – tão maltratados que reduzem suas compras, mudam para o concorrente sempre que possível e avisam a seus colegas para que fiquem longe da empresa que os tratou tão mal.

Os detratores não aparecem no balanço de uma empresa, mas custam muito mais do que muitos dos passivos que os métodos tradicionais de contabilidade auferem cuidadosamente. Os clientes que se sentem ignorados ou maltratados encontram maneiras de se "vingar". Aumentam os custos com atendimento ao reportarem inúmeros problemas. Desmotivam o pessoal da linha de frente com suas queixas e exigências. Queixam-se a amigos, parentes, colegas, conhecidos – qualquer um que os ouça, o que muitas vezes inclui jornalistas, autoridades regulatórias e legisladores. Os detratores mancham a imagem de uma empresa e reduzem sua habilidade de atrair os melhores empregados e clientes. Hoje, a propaganda negativa é divulgada por meio de um serviço de alto-falantes global. No passado, a máxima aceita era que cada cliente insatisfeito comunicasse sua insatisfação a 10 amigos. Hoje, um cliente insatisfeito "pode contaminar" 10 mil "amigos" através da Internet.

Os lucros ruins – e os detratores criados por eles – estrangulam o crescimento de uma empresa. Se há muitos clientes falando mal de você, como conseguirá mais clientes? Se muitos de seus clientes estão se sentindo maltratados, como irá convencê-los a comprar mais de você? Em 2002, pesquisas mostraram que 42% (!) dos clientes da AOL eram detratores. Não é de se espantar que a empresa estivesse em franco declínio. Neste exato instante, as taxas de cancelamentos em muitos segmentos – telefones celulares, cartões de crédito, seguros de carro e TV a cabo – aumentaram a tal ponto que uma empresa perde metade de seus novos clientes em um período inferior a três anos. As pessoas têm de se contentar com as companhias aéreas que ofereçam as rotas que elas desejam, mas muitas companhias aéreas causaram tanta raiva entre seus clientes que eles estão atrás de alternativas. A US Airways dominou o mercado de Baltimore-Washington por um tempo. Em 1993, sua participação nas operações do Aeroporto Baltimore-Washington International (BWI) chegou a 41%. Com esse poder, a empresa tinha liberdade para cobrar tarifas altíssimas, mesmo com serviços medíocres. A insatisfação dos clientes era grande, mas havia poucas opções: se você quisesse um voo sem escalas, tinha de aceitar o que a US Airways oferecia. Foi então que a Southwest Airlines entrou no mercado, com tarifas menores, melhores serviços e sem nenhuma daquelas táticas irritantes de lucros ruins. A US Airways reduziu suas tarifas a fim de alcançar as tarifas da Southwest, mas, ainda assim, os passageiros migraram em massa para a nova companhia aérea. Em 2010, a Southwest detinha 53% das operações do BWI, enquanto a participação da US Airways diminuíra para míseros 6%.

O verdadeiro crescimento é raro de ser encontrado nos dias de hoje. Quão raro? Um estudo recente realizado pela Bain & Company revelou que apenas 9% das maiores empresas mundiais atingiram crescimento real e sustentado de 5,5%

anuais em um período de 10 anos – de 1999 a 2009.² Não parece ser coincidência que tantas empresas estejam enfrentando dificuldades para crescer e tantas outras estejam viciadas em lucros ruins. Os altos executivos se tornaram especialistas em gerar lucros de curto prazo, mas tateiam em busca da ferramenta certa quando se trata de se organizar para o crescimento.

É verdade que as empresas sempre podem "comprar" crescimento, como a AOL fez. Elas podem encorajar a venda agressiva e pagar comissões altas a seus vendedores. Podem oferecer grandes descontos, abatimentos temporários, vendas ou financiamento "gratuito". Podem lançar campanhas publicitárias maciças. E é claro que também podem realizar aquisições. Todas essas técnicas podem aumentar as receitas, mas apenas por um período. Também é verdade que muitos fatores podem contribuir para a derrocada de uma empresa já instável: a AOL, por exemplo, foi prejudicada pela crescente popularidade do serviço de banda larga, somada ao seu aparente descaso em relação à experiência do cliente. Mas como as tecnologias e estratégias estão sempre mudando, as empresas que dão ouvidos aos contadores mais do que aos clientes terão dificuldade de fazer a transição para um novo modelo de negócios.

Considere o caso da Blockbuster, uma empresa muito bem-sucedida no passado, líder entre as locadoras de vídeos. Quando o negócio de aluguel de vídeo cedeu lugar ao aluguel de filmes on-line e ao *pay-per-view*, a companhia poderia ter se transformado num empreendimento igualmente exitoso, migrando para um mercado adjacente – concorrendo com a Netflix, por exemplo, ou quem sabe inaugurando salas de cinema. Mas não. A empresa estava viciada em lucros ruins e, portanto, tinha, entre seus clientes, um grande número de detratores. Alugue um filme num feriadão por apenas US$5,99! Agora, se você devolver o filme com uma hora de atraso que seja, vai pagar o dobro por conta da multa. E se esquecer de devolver as fitas por uma semana, pode chegar a dever mais de US$40. Em nossa cidade, a Blockbuster não tinha nenhum concorrente à altura, de modo que os clientes viam-se obrigados a aceitar essa política indecorosa, mas nem por isso deixavam de expressar sua revolta aos atendentes da loja, o que dificultava a retenção de bons funcionários. Não demorou muito para que a empresa perdesse grande parte de seu pessoal e tivesse de enfrentar diversos problemas, como longas filas, DVDs misturados nas prateleiras, cada vez mais clientes inadimplentes e um número crescente de contas enviadas para cobranças.

Se a Blockbuster tivesse construído uma base de clientes leais, teria muitas opções estratégicas. A empresa, contudo, decidiu basear seu crescimento nos lucros ruins, e o que parecia ser uma tática de precificação inteligente acabou afastando clientes e empregados, criando o ambiente para seu rápido declínio: sua participação no negócio de aluguel de filmes caiu, as dívidas aumentaram e seu valor de mercado despencou. Apesar de uma série de mudanças administrativas, a Blockbuster nunca conseguiu se recuperar e, em 2010, viu-se forçada a declarar falência.

A mudança tecnológica e os novos modelos de negócios que surgem com ela não têm de ser, necessariamente, um prenúncio de morte para as empresas, como ilustra a história da Netflix. A Netflix mudou de rumo para evitar os lucros ruins, desenvolvendo formas inovadoras de fazer com que seu site se tornasse mais amigável ao usuário. A empresa não criou multas por atraso ou promoções ardilosas; preferiu investir pesado na criação de um excelente serviço de atendimento ao cliente. Se o cliente perdesse um DVD, por exemplo, não seria ameaçado. Era só explicar o que havia acontecido que a Netflix acreditava nele, a menos que fosse recorrente. Com a mudança tecnológica que possibilitou a transmissão contínua de vídeos on-line, a Netflix não teve nenhum problema. A enorme lealdade que havia desenvolvido com seus clientes ajudou a empresa a liderar a transição para a nova tecnologia.

Adquirir crescimento por meio de descontos, promoções e propaganda custa caro. Tal iniciativa tende a criar um aperto nos lucros, o que, por sua vez, acentua o vício de uma empresa em lucros ruins. Os bancos de varejo, por exemplo, agora dependem de tarifas extras para cobrir quase um terço de seus lucros. Uma operadora de telefonia celular calcula que enquadrar seus clientes no melhor plano de tarifas para cada um deles reduziria os lucros em 40%. Esse vício por lucros ruins desmotiva os empregados, reduz as chances para o verdadeiro crescimento e acelera a espiral destrutiva. Os clientes se ressentem dos lucros ruins – sentimento que os investidores também deveriam possuir, porque os lucros ruins reduzem as perspectivas de uma empresa. Sendo viciadas, as empresas dependentes de lucros ruins têm um futuro incerto até que possam romper o vício.

A alternativa: lucros bons

Mas as coisas não precisam ser assim. Algumas empresas crescem justamente porque aprenderam a identificar a diferença entre lucros bons e ruins – e a direcionar seus esforços para os primeiros.

Enquanto lucros ruins são obtidos à custa da relação com o cliente, lucros bons são obtidos por meio da cooperação entusiasmada dos clientes. Uma empresa obtém lucros bons quando encanta os clientes a tal ponto que estes voltam por vontade própria para comprar mais – e não apenas isso, eles encorajam seus amigos e colegas a fazer negócio com a empresa. Os clientes satisfeitos se tornam, na realidade, parte do departamento de marketing da empresa, aumentando suas próprias compras e fornecendo recomendações entusiasmadas. Eles se tornam *promotores*. Uma empresa que deseja romper o vício em lucros ruins deve construir relações de tamanha qualidade que produzam promotores, gerem lucros bons e incentivem o crescimento.

O Grupo Vanguard de fundos de investimentos oferece um exemplo poderoso para se entender a diferença entre lucros bons e ruins. Recentemente, o Grupo Vanguard *reduziu* seus preços em até um terço para clientes que haviam realizado altos investimentos ou que haviam mantido saldos positivos por um período longo. A gestão do Vanguard reconheceu que a economia de escala gerada por esses investidores estáveis e contínuos podia ser dividida com eles. A empresa tinha a oportunidade de entregar mais valor a seus melhores clientes, ampliando a diferença de preço em relação às ofertas da concorrência. Teria sido mais lucrativo continuar cobrando desses clientes o mesmo preço pago por clientes novos e não tão estáveis. Para o Vanguard, entretanto, esse lucro não fazia sentido, em termos de negócios. Por que não dividir os benefícios da economia de escala com os próprios clientes que os geraram? Quando a empresa fez isso, seus clientes principais ficaram tão encantados que aumentaram seus investimentos e também suas recomendações por meio do boca a boca. Essa medida ajudou o Vanguard a impulsionar seu crescimento e levou a empresa para a liderança no segmento de fundos de investimentos.

O Vanguard não está sozinho na busca por lucros bons:

A Amazon poderia perfeitamente gastar mais com publicidade do que já gasta. Em vez disso, direciona seus investimentos para entregas gratuitas, preços menores e melhorias no serviço. Seu fundador e CEO Jeff Bezos nos conta: "Se você constrói uma experiência sensacional, os clientes acabam falando sobre ela uns com os outros."[3]

A Zappos, varejista on-line de calçados e vestuário, seguiu um caminho parecido. Deixou de investir em vendas e marketing, canalizando os recursos para melhorar a experiência do cliente. A estratégia do CEO Tony Hsieh foi crescer por meio da recompra e da recomendação dos clientes, o que ajudou a empresa a alcançar vendas de US$1 bilhão em apenas 10 anos. A Amazon ficou tão impressionada com a Zappos que decidiu comprá-la por US$1,2 bilhão em 2009.

A Southwest Airlines não cobra por alterações nas passagens aéreas ou para despachar bagagem. A companhia também substituiu a complexa estrutura de precificação segmentada por uma política transparente de tarifas. A Southwest agora transporta mais passageiros domésticos do que qualquer outra companhia aérea americana e tem valor mercado maior do que todo o resto do segmento somado.

A Costco, líder em lealdade de clientes entre os grandes varejistas, saiu de *start-up* para uma das *Fortune* 50 em menos de 20 anos, período em que praticamente não gastou com publicidade e marketing. Seus clientes são tão leais que a empresa pode confiar no boca a boca positivo para crescer.

Entre as empresas de internet, o crescimento impressionante do site eBay estabelece contraste marcante com a estagnação da AOL. O eBay afirma o seguinte:

O eBay é uma comunidade que encoraja a comunicação aberta e honesta entre todos os seus membros. Nossa comunidade é orientada por cinco valores fundamentais:

- *Nós acreditamos que as pessoas são essencialmente boas.*
- *Nós acreditamos que cada indivíduo tem algo com que contribuir.*
- *Nós acreditamos que um ambiente honesto e aberto pode fazer o melhor de cada um vir à tona.*
- *Nós reconhecemos e respeitamos a todos como indivíduos especiais.*
- *Nós encorajamos você a tratar os outros do modo como gostaria de ser tratado.*

O eBay é fortemente comprometido com esses princípios. Nós acreditamos ainda que os membros dessa comunidade também deveriam honrá-la – seja quando estiverem realizando compras, vendas, seja ao conversarem com seus amigos do eBay.

É claro que qualquer empresa pode listar belos princípios em um site da Internet ou panfleto de recrutamento. Só que o eBay encontrou maneiras de traduzir esses princípios em prioridades e decisões cotidianas. O resultado é que, em 2010, mais de 70% dos clientes do eBay eram seus promotores. (No mesmo ano, somente a Amazon teve um percentual maior de promotores – 76% – no segmento de compras on-line. Em 2011, porém, a Zappos passou a figurar nas pesquisas, empatando com o eBay no Net Promoter Score.) As recomendações geram mais da metade dos clientes novos no site, o que traz inúmeras vantagens econômicas para o negócio. A empresa descobriu que custa menos atender os clientes encaminhados por recomendação, por já terem sido treinados por outro cliente promotor em relação ao funcionamento do site, além de muitas vezes possuírem amigos que os ajudam na solução de problemas, em vez de esperarem pela ajuda dos atendentes do eBay. O eBay também aprendeu a utilizar a criatividade de uma comunidade on-line completa, e não apenas de seus próprios empregados. A empresa encoraja seus membros a apontar áreas nas quais acreditam que o eBay não esteja correspondendo a seus princípios, e a identificar novas oportunidades para melhor servir a seus associados. Os membros da comunidade são convidados a avaliar um ao outro após cada transação, e os resultados são compartilhados entre todos. Esse processo permite que cada membro construa sua reputação sem relações públicas ou a "lábia" publicitária, mas com a experiência acumulada pelos membros com os quais fizeram negócio. O mundo virtual do eBay funciona como uma pequena cidade: um bom nome é essencial para o sucesso.

O senso comum prega que as empresas deveriam consolidar seu poder de marketing e depois extrair o máximo valor de seus clientes. Ainda assim, o eBay fez exatamente o oposto. Apesar de ter atingido a liderança do mercado de leilões on-line, a empresa tenta considerar as necessidades dos membros da comunidade juntamente com os interesses de longo prazo de seus acionistas quando toma decisões. Gerenciar uma empresa como uma comunidade permite ao eBay enxergar além do preço da ação para o próximo trimestre e, sistematicamente, encontrar maneiras de enriquecer a vida dos membros de sua comunidade. Por exemplo, a empresa criou um plano de seguro-saúde para seus vendedores mais ativos, os chamados PowerSellers – em geral, pequenos negociantes – que não têm acesso aos planos de saúde corporativos. Apesar de o eBay facilitar o acesso ao programa, não obtém lucro com isso. A aquisição da PayPal por parte da eBay, além de ser uma jogada de negócios inteligente, ajuda a criar comunidades confiáveis de compradores e vendedores, incluindo proteção contra fraude no sistema. A sólida plataforma de valores do eBay representa uma base de credibilidade para a PayPal – mais um exemplo de clientela fiel que possibilita a migração para um segmento adjacente, fortalecendo a essência e promovendo o crescimento.

Atitudes assim demonstram um modo de pensar radicalmente diferente da mentalidade das empresas geradoras de lucros ruins. Companhias aéreas que dominam determinadas rotas utilizam seu poder de mercado para aumentar os preços, às vezes a valores estratosféricos. A AOL afugentou seus clientes não apenas por causa das frequentes falhas de conexão e *pop-ups*, mas também por continuar cobrando por tempo de utilização, em vez de adotar tarifas mensais fixas. O eBay poderia facilmente aumentar seus lucros se aumentasse as receitas com publicidade – mas os gestores entendem que fazer isso tornaria o site menos valioso aos membros da comunidade e poderia colocar os pequenos comerciantes em desvantagem frente aos grandes.

Essa maneira de pensar também demonstra grande respeito pelo poder do boca a boca na economia atual. Assim como os detratores utilizam um megafone para propagar suas impressões negativas, os promotores possuem um para divulgar seu boca a boca positivo. Os promotores trazem clientes novos. Promovem a empresa e dão brilho à sua reputação. Constituem uma extensão da força de vendas a custo zero. Permitem que uma empresa consiga lucros bons e, assim, cresça de forma lucrativa e sustentável.

Essa abordagem com os clientes pode ser resumida em uma regra simples: trate-os como você gostaria de ser tratado. O surpreendente é que muitos líderes de empresas articulam essa regra exatamente nesses termos. O fundador do eBay, Pierre Omidyar, diz textualmente: "Minha mãe sempre me disse para tratar outras pessoas da maneira como quero ser tratado, e mostrar respeito pelos outros."[4] Outros líderes invocam a Regra de Ouro da mesma forma:

> Colleen Barrett, ex-presidente da Southwest Airlines: "Colocar a Regra de Ouro em prática é parte essencial de tudo o que fazemos."
>
> Isadore Sharp, que fundou e hoje dirige o grupo hoteleiro Four Seasons: "O nosso sucesso se resume a seguir a Regra de Ouro."
>
> Andy Taylor, CEO da Enterprise Rent-A-Car: "A única maneira de crescer é tratar os clientes tão bem que eles voltem, e contem sobre nós a seus amigos. É assim que todos nós desejamos ser tratados como clientes." Taylor arremata: "A Regra de Ouro é a base da lealdade. E a lealdade é a chave para o crescimento com rentabilidade."

Uma empresa verdadeiramente focada no cliente é aquela que faz valer a Regra de Ouro: os empregados tratam os clientes como gostariam de ser tratados se fossem clientes. Desse modo, não há lugar para lucros ruins.

Lucros bons e ruins: como diferenciá-los?

"A lealdade é a chave para o crescimento com rentabilidade", disse Andy Taylor da Enterprise Rent-A-Car. Essa afirmação faz todo sentido, mas gera muitas perguntas e respostas. A maioria das empresas não consegue definir o que é lealdade, muito menos mensurá-la e gerenciá-la. Os clientes permanecem porque são leais, ou apenas por ignorância e inércia? Eles estão amarrados a contratos de longo prazo dos quais adorariam se livrar? De qualquer forma, como os gestores podem realmente saber quantos de seus clientes amam a empresa e quantos a odeiam? Qual métrica prática é capaz de distinguir os lucros bons dos ruins?

Sem um mecanismo sistemático de *feedback*, a Regra de Ouro é, no final das contas, simplista e circular, não confiável para a tomada de decisão. Posso achar que estou tratando você como eu gostaria de ser tratado, mas você pode achar exatamente o contrário. No que tange às empresas, as pesquisas de satisfação muitas vezes levam os executivos a crer erroneamente que seu desempenho merece um A (excelente), enquanto seus clientes acham um C (razoável) – ou E (insuficiente). Os líderes de negócio precisam de uma métrica lógica e séria – um sistema de pontuação honesto – que lhes diga como eles *realmente* estão se saindo.

A busca por essa métrica – o elo perdido entre a Regra de Ouro, lealdade e crescimento verdadeiro – revelou-se longa e árdua.

Juntamente com meus colegas na Bain & Company, comecei a investigar a ligação entre lealdade e crescimento há quase 30 anos. Inicialmente compilamos dados que comprovavam que um aumento de 5% na retenção de clientes poderia gerar uma melhoria de 25% a 100% nos lucros. Logo depois, mostramos que empresas com os mais altos índices de lealdade de clientes (nós as chamamos de *líderes em lealdade*) geralmente apresentaram mais que o dobro de crescimento em receitas do que seus concorrentes.

É claro que nem todos estavam dispostos a aprender mais sobre o *efeito lealdade*, que explica como a construção de relacionamentos merecedores de lealdade se traduz em lucratividade e crescimento superiores. Os executivos em empresas como Enron e WorldCom não poderiam ter se mostrado menos interessados em tratar bem seus clientes; nos últimos anos, algumas companhias de Wall Street parecem ignorar os clientes, numa tentativa de alavancar os lucros por meio de investimentos próprios. Mas a maioria dos executivos seniores costuma comprar a ideia. Afinal, não é necessário ser um especialista em física quântica para perceber que uma empresa não pode crescer se está perdendo clientes pela porta dos fundos mais rápido do que a força de vendas pode arrastá-los porta adentro.

Ainda assim, há um quebra-cabeça à espreita aqui. Pesquisas demonstram que a lealdade do cliente *está* entre as prioridades mais altas da maioria dos CEOs – e, mesmo assim, os coronéis, capitães e oficiais em suas organizações continuam a tratar os clientes de maneira a fazer com que estes não voltem tão cedo. Se os CEOs são tão poderosos quanto se acredita, por que não conseguem convencer seus empregados a se importar mais com o relacionamento com o cliente?

A razão é exatamente a mesma a que me referi no início deste capítulo: os empregados são responsáveis pelo aumento dos lucros. As empresas medem os resultados financeiros e são eles que determinam como os gerentes se saem em suas avaliações de desempenho. O problema é que os procedimentos de contabilidade não são capazes de distinguir um real de lucros bons de um real de lucros ruins. Aqueles US$10 milhões em lucro incremental vieram das novas sobretaxas camufladas ou das compras repetidas dos clientes leais? Aqueles US$5 milhões em redução de custos vieram da redução nos níveis de serviço ou do corte nas taxas de perda de clientes? Quem sabe a resposta para essas perguntas? E, se ninguém sabe, quem se importa? Os gestores tentando gerenciar um departamento ou divisão não podem ser criticados por perseguirem as metas pelas quais serão avaliados.

Independentemente do que pensa o CEO, as empresas que medem o sucesso principalmente pela contabilidade financeira tendem a concluir que a lealdade está morta, os relacionamentos são irrelevantes e o tratamento a clientes deveria ser governado pelo que parece ser lucrativo, e não pelo que parece certo. Contando apenas com métricas financeiras para medir o sucesso, os gestores se concentram em lucros, não importando se tais lucros representam recompensas pela construção de relacionamentos ou a vantagem de tirar proveito deles. É irônico constatar que a lealdade do cliente fornece a uma empresa vantagem financeira respeitável – um exército de soldados de vendas, marketing e relações públicas não remunerados por salários ou comissões. No entanto, a importância desses promotores é subestimada, pois eles não aparecem em nenhum balanço ou demonstrativo.

Em uma conferência sobre lealdade na Europa, um de meus colegas da Bain trouxe um *insight* crucial para essa charada. Ao observar os executivos saindo um a um após uma apresentação, visivelmente motivados como nunca em relação à lealdade, ele balançou a cabeça. "Sabe, é triste", disse, "neste momento todos eles entendem que seus negócios não irão prosperar sem o aumento da lealdade do cliente. Mas chegarão a seus escritórios e logo se darão conta de que não há ninguém na organização a quem possam delegar essa tarefa. Não há um sistema que os ajude a medir a lealdade de maneira a tornar os indivíduos responsáveis pelos resultados".

Bingo. *Responsabilidade* é a palavra mágica no mundo dos negócios. Qualquer gestor experiente confirmará que, onde há responsabilidade individual, as coisas acontecem. A *métrica* é outra palavra mágica: o que é medido *cria* responsabilidade. Sem métricas-padrão confiáveis para as relações com os clientes, os empregados não podem se sentir responsáveis por eles e, por consequência, subestimam sua importância. Por outro lado, métricas precisas, rigorosas e diárias dos lucros e seus componentes garantem que esses mesmos empregados – pelo menos os que desejam permanecer em seus empregos – se sintam pessoalmente responsáveis pelos custos, pelas receitas, ou por ambos. Dessa forma, a busca por lucros controla as agendas corporativa e individual, enquanto a responsabilidade pelo cuidado com os outros, pela melhoria da vida das pessoas e pela construção de bons relacionamentos se perde na fumaça.

Nós imaginávamos ter resolvido esse desafio de métrica há muitos anos. Havíamos ajudado empresas a desenvolver um conjunto de métricas-chave como taxa de retenção, taxa de recompra e *share of wallet* (participação nas despesas do cliente). Mas fomos confrontados com a realidade. A maioria das empresas considerava difícil coletar dados precisos e em tempo hábil sobre tais métricas de lealdade. Essas empresas eram incapazes de reequilibrar suas prioridades e determinar responsabilidades para a construção de bons relacionamentos com seus clientes. Embora a ciência de se mensurarem os lucros tenha progredido gradativamente desde o advento da contabilidade de partidas dobradas no século XV, a medição da qualidade dos relacionamentos permaneceu presa à Idade Média. As empresas careciam de um sistema prático e operacional para medir o percentual de seus relacionamentos com o cliente que estava se solidificando e o percentual de relacionamento que estava se deteriorando – e que indicasse os empregados adequados para fazer a coisa certa com base nesses dados.

Estávamos de volta à estaca zero. Precisávamos de um teste à prova de falhas – uma métrica para avaliar a lealdade dos relacionamentos que pudesse diferenciar os lucros bons dos ruins. Precisávamos encontrar uma métrica que permitisse a atribuição de responsabilidade individual. Sabíamos que as atitudes passageiras expressas nas pesquisas de satisfação eram incapazes de definir lealdade; somente comportamentos reais podem mensurar lealdade e encorajar o crescimento. Concluímos, então, que os comportamentos devem ser os elementos por trás da métrica. Precisávamos de uma métrica baseada no que os clientes fariam na realidade.

Após pesquisas e experimentações aprofundadas, algumas das quais relatadas nos capítulos a seguir, encontramos essa métrica. Descobrimos a pergunta que você pode fazer a seus clientes, uma pergunta tão ligada a seus comportamentos que se torna praticamente substituta da informação sobre o que eles irão fazer. Ao fazer essa pergunta de forma sistemática, e ao atrelar os resultados às recompensas dos empregados, você pode estabelecer uma diferença entre lucros bons e ruins. Você pode implantar a gestão para a lealdade – e o crescimento decorrente – de uma maneira tão rigorosa quanto a gestão dos lucros.

As respostas dos clientes a essa pergunta geram uma métrica simples e direta. Essa métrica tão simples e fácil de ser obtida é capaz de fazer com que seus empregados se responsabilizem pelo cuidado com os clientes. É um número que permite identificar o progresso na busca pelo foco no cliente. Chamamos essa pergunta de a **Pergunta Definitiva**, porque ajuda a determinar se você conseguiu cumprir a missão de melhorar a vida das pessoas. Após certa reflexão, contudo, chegamos à conclusão de que talvez devêssemos ter chamado essa pergunta de a "penúltima pergunta", pois ela sempre deve vir seguida de uma pergunta final: por quê?

Fazendo a pergunta

Qual é a pergunta que diferencia os lucros bons dos ruins? É a simplicidade em sua forma mais pura: *qual é a probabilidade de você recomendar essa empresa, esse produto ou serviço a um amigo ou colega?* A métrica obtida por essa pergunta é o Net Promoter® Score (NPS).

O NPS se baseia na crença fundamental de que os clientes de cada empresa podem ser divididos em três categorias. Os *Promotores*, como já vimos, são os entusiastas leais que continuam comprando de uma empresa, e insistem para que seus amigos façam o mesmo. Os *Neutros* são clientes satisfeitos, mas pouco entusiasmados, e que podem ser facilmente seduzidos pelo concorrente. Já os *Detratores* são os consumidores infelizes que se encontram presos a uma relação ruim. Os clientes podem ser classificados de acordo com as respostas que dão a essa pergunta. Por exemplo, aqueles que pontuam 9 ou 10 em uma escala de 0 a 10 são os Promotores, e assim sucessivamente.

Um "motor de crescimento" que trabalhe a plena eficiência seria capaz de transformar a totalidade dos clientes de uma empresa em promotores. O pior dos motores seria capaz de transformar todos os clientes em detratores. A melhor maneira de medir a eficiência desse motor de crescimento é obter o percentual de clientes promotores (P) e subtrair desse percentual os Detratores (D). Dessa forma, obtemos o percentual líquido de promotores, o NPS.

$$P - D = NPS$$

A teoria é simples. A complexidade advém do desafio de se elaborar a pergunta de modo a obter dados confiáveis, tempestivos e passíveis de ação – e, é claro, de saber como o cliente se sente e que medidas tomar a fim de aumentar o número de promotores e diminuir a quantidade de detratores, melhorando seu indicador NPS.

Como as empresas se saem em relação a essa métrica? Os resultados variam de acordo com o segmento, como mostra o Quadro 1-1, mas os líderes de todos os setores apresentam resultados impressionantes. Por exemplo, empresas como Amazon.com, eBay, Costco, Vanguard e Dell têm NPS de 60% a mais de 80%. Até mesmo para elas é possível melhorar esse índice. No entanto, a empresa média fica estagnada com um NPS de apenas 10% a 20%. Em outras palavras, os promotores mal superam os detratores. Muitas empresas – e até mesmo segmentos inteiros – possuem NPS *negativos*, o que significa que, a cada dia, elas estão criando mais detratores do que promotores. Essas pontuações insignificantes explicam por que tantas empresas são incapazes de promover crescimento lucrativo e sustentável, não importa quanto capital invistam em novos negócios.

Nossas pesquisas ao longo de 10 anos confirmam que, na maioria dos segmentos, as empresas com a maior razão entre promotores e detratores em seus segmentos obtinham lucros sólidos e crescimento saudável. Isso pode parecer contrário ao senso comum: afinal, as empresas que desfrutam de grande lealdade dos clientes tendem a gastar menos com marketing e aquisição de novos clientes do que seus concorrentes. Elas também se concentram em atender os clientes existentes e são altamente seletivas na busca por novos clientes, o que poderia nos levar a imaginar que limitaria seu crescimento, mas os dados não enganam: os líderes de NPS costumam crescer mais que o dobro de seus concorrentes. E você se lembra dos 9% de empresas que registraram crescimento real e sustentado em um período de 10 anos? O NPS dessas empresas era, em média, 2,3 vezes maior que o de outras companhias do mesmo segmento.[5]

A maioria dos líderes de negócios precisa urgentemente se voltar mais ao cliente para poder crescer. Eles precisam desse crescimento para aumentar o preço de suas ações em bolsa e para atrair e motivar talentos. Não importa qual seja a linguagem escolhida, eles provavelmente sabem que gerar mais clientes promotores é essencial, mas sem uma maneira simples e prática de atribuir

QUADRO 1-1

NPS e líderes por segmento no mercado americano

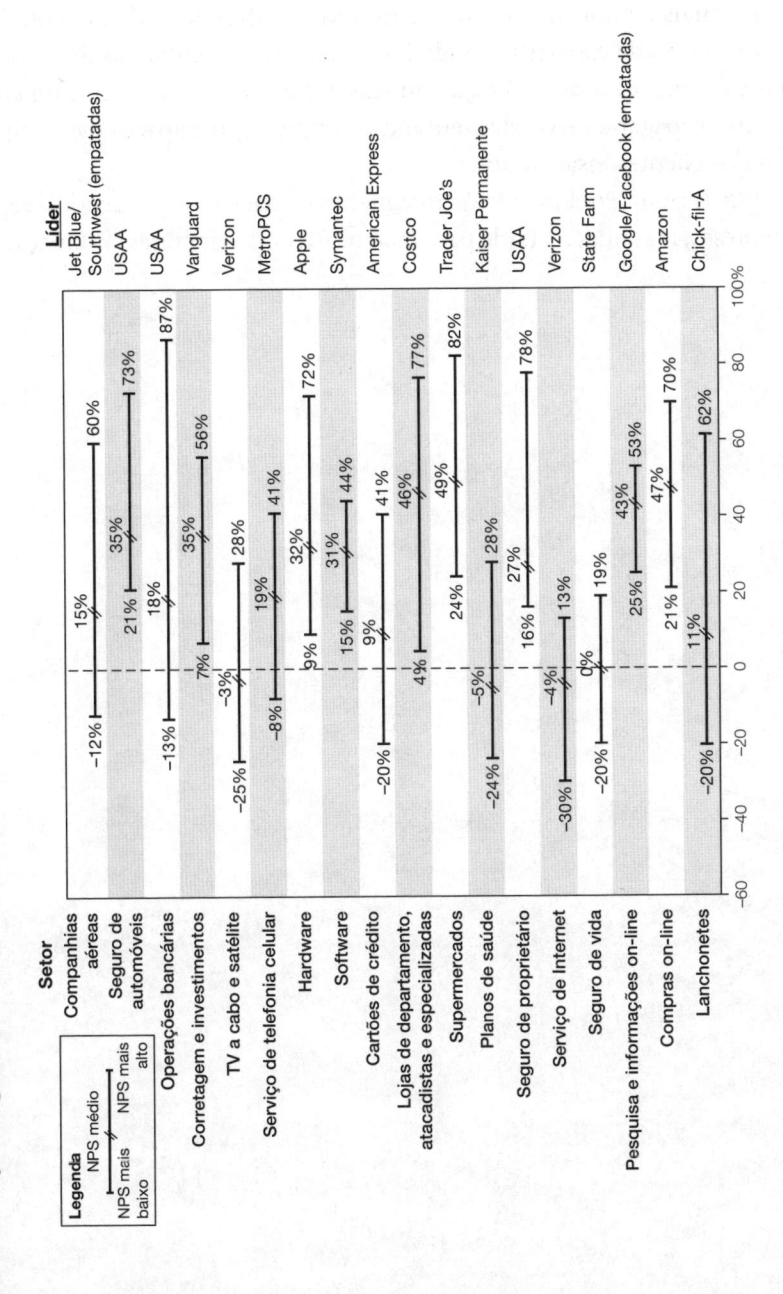

Setor	NPS mais baixo	NPS médio	NPS mais alto	Líder
Companhias aéreas	−12%	15%	60%	Jet Blue/Southwest (empatadas)
Seguro de automóveis	21%	35%	73%	USAA
Operações bancárias	−13%	18%	87%	USAA
Corretagem e investimentos	7%	35%	56%	Vanguard
TV a cabo e satélite	−25%	−3%	28%	Verizon
Serviço de telefonia celular	−8%	19%	41%	MetroPCS
Hardware	9%	32%	72%	Apple
Software	15%	31%	44%	Symantec
Cartões de crédito	−20%	9%	41%	American Express
Lojas de departamento, atacadistas e especializadas	4%	46%	77%	Costco
Supermercados	24%	49%	82%	Trader Joe's
Planos de saúde	−24%	−5%	28%	Kaiser Permanente
Seguro de proprietário	−4%	16%	27%	USAA
Serviço de Internet	−30%	−4%	13%	Verizon
Seguro de vida	−20%	0%	19%	State Farm
Pesquisa e informações on-line	25%	43%	53%	Google/Facebook (empatadas)
Compras on-line	21%	47%	70%	Amazon
Lanchonetes	−20%	11%	62%	Chick-fil-A

Fonte: Satmetrix 2011 Net Promoter Benchmark, estudo dos consumidores norte-americanos. Análise Bain.

responsabilidades e mensurar progresso, não podem alinhar suas organizações a esse objetivo. Na verdade, muitos nem imaginam o quão viciados em lucros ruins se tornaram. Os índices inflacionados de satisfação de clientes os levaram a adormecer na complacência – no entanto, nossa pesquisa revela que, na empresa média, mais de dois terços dos clientes são neutros (entediados) ou detratores (críticos). Dada essa triste condição, a maioria das tentativas de crescimento apenas consome as reservas dos acionistas. Os esforços se concentram em jogar verba em propaganda e vendas tentando compensar o impacto das atitudes negativas dos clientes insatisfeitos.

Os lucros ruins têm limitado o crescimento verdadeiro e manchado a reputação das empresas, mas nunca é tarde para mudar. Algumas empresas já começaram.

2
A medida do sucesso

Scott Cook estava preocupado. Sua empresa de software financeiro, a Intuit, estava em uma enrascada, e não sabia o que fazer para sair daquela situação.

É certo que seu problema poderia não parecer tão sério para um observador externo. A Intuit crescera de forma bem-sucedida desde a sua fundação, em 1983. Seus três produtos principais – Quicken, Quickbooks e TurboTax – eram líderes em seus respectivos mercados. A empresa lançou seus papéis na Bolsa em 1993 e, ao final daquela década, acumulara lucros consideráveis. A Intuit também havia sido aclamada pela mídia especializada como ícone do atendimento ao consumidor, e Cook – um homem de maneiras gentis, detentor de um MBA por Harvard, com passagem pela Procter & Gamble antes de fundar sua empresa com outro sócio – tinha entendimento instintivo da importância dos clientes promotores. "Temos centenas de milhares de vendedores", ele contou à revista *Inc.* em 1991. "Eles são os nossos clientes." A missão da Intuit? "Fazer o cliente se sentir tão satisfeito com nosso produto que ele irá nos recomendar a cinco amigos."

Mas o que estava acontecendo então? Cook não tinha muita certeza. Quando a empresa estava em sua fase inicial, com suas operações concentradas em agradáveis escritórios no Vale do Silício, ele conhecia cada empregado pessoalmente, e podia ensinar a todos a importância de se criar produtos e serviços que os clientes amassem. Os empregados podiam vê-lo atendendo aos telefonemas pessoalmente, falando com os clientes. Eles podiam vê-lo envolvido no renomado programa da Intuit "Venha à minha casa", no qual os empregados perguntavam aos clientes se poderiam observá-los instalando e usando o software, a fim de detectar qualquer problema. Mas agora a empresa possui milhares de pessoas em várias localidades. Como muitos negócios com crescimento vertiginoso, ela contratara vários gestores profissionais, que haviam sido treinados a gerenciar o negócio por meio de números.

E no que consistiam esses números? Cook costumava dizer que havia dois requisitos para o crescimento: clientes *rentáveis* e clientes *felizes*. Todos sabiam como medir os lucros, mas as únicas métricas para a *felicidade* do cliente eram índices vagos de "satisfação" – estatísticas derivadas de pesquisas em que ninguém confiava e pelas quais ninguém se sentia responsável.

Assim, era natural que os gestores se concentrassem em lucros, com consequências previsíveis. O executivo que cortava empregados responsáveis pelo atendimento ao cliente para reduzir custos não era responsabilizado pelo aumento no tempo de espera por atendimento e pela consequente frustração do cliente. O atendente que irritara um cliente a ponto de fazê-lo trocar para outro fornecedor ainda recebia um bônus trimestral, pois era capaz de atender a determinado número de chamadas por hora. Era fácil medir sua média de acertos em produtividade, mas sua média de acertos em promover a satisfação dos clientes era invisível. O gerente de marketing que insistia em aprovar novas funcionalidades para atrair mais clientes era recompensado por aumentar receitas e lucros, quando, na verdade, esse aumento de complexidade criava um labirinto tão enlouquecedor que espantava os novos usuários. Cook agora ouvia mais queixas que no passado. Alguns índices de participação de mercado apresentavam queda. Por falta de um bom sistema de medição – e por falta de atribuição da responsabilidade que toda métrica precisa estabelecer –, a empresa parecia estar perdendo de vista aquilo que a tornara excelente: seu relacionamento com os clientes.

O desafio: mensurar a felicidade do cliente

De certa forma, a experiência de Cook recontava a história do mundo dos negócios. No tempo em que todos os negócios eram pequenos, o dono da empresa era capaz de *saber* o que os clientes pensavam e sentiam. Ele os conhecia pessoalmente. Ele podia ver nos olhos deles o que os fazia felizes e o que os enfurecia. O *feedback* do cliente era imediato e direto – e, se ele desejasse permanecer no mercado, era obrigado a prestar atenção a esse *feedback*.

Mas logo as empresas começaram a crescer tão rápido que seus donos ou gestores já não conheciam mais cada cliente. Os clientes individuais iam e voltavam. O movimento de clientes subia e descia. Sem a capacidade de medir o que as pessoas sentiam e pensavam, os gestores naturalmente se concentravam no valor que esses clientes gastavam, um número facilmente mensurável. Eles imaginavam que, se a receita estava crescendo, e eles estavam ganhando dinheiro, estavam fazendo a coisa certa.

Algum tempo depois – e com o advento dos computadores poderosos –, as empresas passaram a tentar avaliar as atitudes dos clientes de maneira mais objetiva. Contrataram empresas de pesquisa de mercado para realizar pesquisas de satisfação e tentaram rastrear as taxas de retenção de clientes. Essas iniciativas enfrentaram tantas dificuldades que os gerentes fora do departamento de marketing geralmente, e sabidamente, ignoravam tais esforços. As taxas de retenção, por exemplo, rastreavam a fuga de clientes – o quão rápido o reservatório de clientes está se esvaziando –, mas não informavam nada sobre outra questão importante, o quão rápido estava sendo preenchido. Há uma indicação vaga de atitudes quando os clientes são feitos reféns por conta dos altos custos de mudança ou de outras barreiras (pense em todos aqueles passageiros que viajavam pela US Airways em Baltimore-Washington antes de a Southwest Airlines entrar em cena).

As métricas convencionais de satisfação de clientes são ainda menos confiáveis. Há pouca ligação entre as taxas de satisfação e o comportamento real do cliente, ou entre as taxas de satisfação e o crescimento de uma empresa. É por isso que os investidores quase sempre ignoram relatórios sobre satisfação de clientes. Em alguns casos, a relação entre satisfação e desempenho é claramente inversa. Na primavera de 2005, por exemplo, a General Motors estampou anúncios de página inteira nos jornais alardeando seus inúmeros prêmios recebidos da J.D. Power and Associates, o maior nome do mercado em estudos de satisfação. Na mesma época, as manchetes da seção de negócios dos jornais anunciavam que a participação de mercado da GM estava afundando, e seus títulos estavam sendo rebaixados à classificação de alto risco. Alguns anos mais tarde, a GM entrou em processo de falência.

Conforme meus colegas e eu prosseguíamos com nossos estudos sobre lealdade, buscávamos uma métrica melhor – um indicador simples e prático sobre o que os clientes estavam sentindo e pensando a respeito das empresas com as quais faziam negócio. Queríamos um número que associasse, de forma confiável, essas atitudes com o que os clientes faziam na realidade, e com o crescimento da empresa em questão.

Isso se revelou uma tarefa árdua! Começamos pelas 20 perguntas do Loyalty Acid Test, uma pesquisa desenvolvida pela Bain há vários anos, que mede o estado das relações entre uma empresa e seus clientes. (Esse teste incluía questões como: Qual é a probabilidade de você continuar a adquirir os produtos ou serviços da empresa X? Como você avaliaria a qualidade geral dos produtos e serviços oferecidos pela empresa X?) Buscamos a ajuda da Satmetrix Systems Inc., uma empresa que desenvolve software de coleta e análise de *feedback* de clientes em tempo real. (Devo informar: faço parte do Conselho de Administração da Satmetrix e trabalhei junto à empresa para desenvolver seu curso de certificação NPS.)

Em parceria com a Satmetrix, aplicamos o teste em milhares de clientes de empresas de seis segmentos, que foram recrutados por meio de listagens públicas: serviços financeiros, TV a cabo e comunicações, computadores pessoais, comércio eletrônico, seguro de automóveis e provedores de acesso à Internet. Obtivemos o histórico de compra de cada um dos pesquisados. Também pedimos a essas pessoas para identificar momentos específicos em que recomendaram a empresa sob estudo a outras pessoas. Quando essa informação não estava prontamente disponível, aguardávamos por 6 a 12 meses e depois coletávamos informações sobre compras e recomendações posteriores dessas pessoas. Ao término do estudo, tínhamos informações detalhadas sobre mais de 4 mil clientes, e fomos capazes de desenvolver 14 estudos de caso – isto é, casos para os quais possuíamos amostras de tamanho suficiente para mensurar a relação entre as respostas individuais à pesquisa e seus comportamentos de compra e recomendações.

Descobrindo a pergunta definitiva

Todo esse processamento de informações tinha um único objetivo: determinar quais perguntas da pesquisa apresentavam a correlação estatística mais alta com as compras repetidas ou as recomendações. Esperávamos encontrar pelo menos uma pergunta para cada segmento que pudesse prever de forma eficaz o que os consumidores iriam fazer e, assim, ajudar a prever o crescimento de uma empresa. Fazíamos apostas sobre qual era essa pergunta. A minha favorita – que possivelmente refletia meus anos de pesquisa sobre lealdade – era: "O quão fortemente você concorda que a empresa X merece sua lealdade?"

Contudo, o que acabamos encontrando foi diferente, e surpreendeu a todos. Revelou-se que uma única pergunta – a **pergunta definitiva** – funcionava para *a maioria* dos setores. E a pergunta era: "Qual a probabilidade de você recomendar a empresa X a um amigo ou colega?" Em 11 dos 14 casos, essa pergunta se classificou em primeiro ou segundo lugar. Em dois dos três casos remanescentes, ela estava tão próxima do topo que serviria como substituta para aquelas que se classificaram em primeiro ou segundo lugar.

Ao fazermos uma reflexão sobre nossos resultados, notamos que tudo aquilo fazia perfeito sentido; afinal de contas, a lealdade é um conceito forte e carregado de valor, geralmente aplicado à família, a amigos e países. As pessoas podem *ser* leais a uma empresa da qual compram, mas podem não descrever o que sentem nesses termos. Se elas realmente adoram fazer negócio com determinado fornecedor de bens ou serviços, qual é a coisa mais natural que podem fazer? É óbvio: recomendar a empresa a um amigo.

Observamos também que duas condições devem ser satisfeitas para que os clientes façam uma recomendação pessoal. Eles devem crer que a empresa oferece valor superior nos termos que qualquer economista entenderia: preço, características, qualidade, funcionalidades, facilidade de uso e vários outros valores práticos. Mas eles também devem se *sentir* bem sobre o relacionamento com a empresa. Eles devem crer que a empresa os conhece e entende, os valoriza, os escuta e compartilha de seus princípios. Na primeira dimensão, a empresa está envolvendo a cabeça do consumidor. Na segunda, seu coração. Um cliente recomenda a empresa de forma entusiasmada a um amigo apenas quando os dois lados da equação são atendidos. O cliente deve acreditar que seu amigo irá receber os benefícios – mas também que será bem tratado pela empresa. É por isso que a pergunta "recomendaria" fornece uma métrica tão eficaz da qualidade da relação. Ela avalia tanto a dimensão racional quanto a emocional.

Não quero colocar ênfase exagerada aqui. Apesar de a pergunta "recomendaria" ser o melhor modo de se prever o comportamento do consumidor em vários segmentos – e não só em relação a recomendações, mas também quanto a compras repetidas e maiores, além da disposição de fornecer *feedback* –, não é a melhor pergunta para todos eles. Em alguns cenários de *business-to-business*, perguntas como "Qual é a probabilidade de você continuar a adquirir produtos ou serviços da empresa X?" ou "Qual é a probabilidade de você recomendar que façamos mais negócios com a empresa X?" podem funcionar melhor. As empresas precisam fazer o dever de casa. É preciso validar a conexão entre as respostas da pesquisa e o comportamento dos clientes para seu próprio negócio, mas, uma vez que essa conexão seja estabelecida, como veremos no Capítulo 3, os resultados são realmente poderosos. Ela fornece os elementos necessários para medir desempenho, atribuição de responsabilidades e realização de investimentos. Ela fornece um caminho para o crescimento.

Registrando as respostas

Encontrar a pergunta correta a ser feita foi apenas o começo. Depois disso, tivemos de estabelecer uma boa maneira de se registrar e compilar as respostas.

Para ser útil, a forma de registrar as respostas deve ser tão simples e livre de ambiguidades como a pergunta. A escala deve fazer sentido para quem responde à pergunta. A categorização das respostas deve fazer sentido para gerentes e empregados responsáveis pela interpretação dos resultados e a tomada de ação. A categorização correta irá dividir os clientes em grupos que pedem atenção e respostas diferenciadas da empresa com base no comportamento dos clientes, seu valor para a companhia e suas diferentes necessidades. Seria ótimo se a escala e a categorização fossem de tão fácil compreensão que até mesmo observadores externos (investidores, agentes reguladores, jornalistas) fossem capazes de captar as principais conclusões sem a necessidade de ler um manual e fazer um curso de estatística.

Por essas razões, concordamos em ter uma escala simples de 0 a 10, em que 10 significa que uma recomendação é "altamente provável" e 0 significa "nem um pouco provável". Quando mapeamos os comportamentos dos clientes nessa escala, encontramos – e continuamos encontrando em trabalhos subsequentes – três grupos lógicos de padrões de comportamento:

- Um segmento de clientes era composto por pessoas que avaliaram uma empresa com nota 9 ou 10. Nós os denominamos *Promotores*, porque se

portavam como tal. Eles exibiam as taxas de recompra mais altas e eram responsáveis por mais de 80% das recomendações.
- Um segundo segmento era o dos "passivamente satisfeitos", ou *Neutros*. Eles avaliaram a empresa com nota 7 ou 8. As taxas de recompra e recomendação desse grupo eram bem mais baixas que as dos promotores, muitas vezes inferiores a 50%. Mais motivados pela inércia do que por lealdade ou entusiasmo, esses clientes não necessariamente vão embora – até que alguém apareça com uma oferta melhor.
- Por fim, chamamos o grupo que atribuiu notas de 0 a 6 às empresas de *Detratores*. Esse grupo era responsável por mais de 80% da propaganda negativa. Alguns desses clientes podem parecer lucrativos pelo ponto de vista da contabilidade, mas suas críticas e atitudes causam danos à reputação de uma empresa, desencorajam os novos clientes e desmotivam os empregados. Eles roubam a vida de uma empresa.

Agrupar os clientes nestes três grupos – Promotores, Neutros e Detratores – fornece um esquema simples e intuitivo capaz de prever o comportamento do consumidor com precisão. O mais importante é que esse esquema pode ser seguido. Os gerentes de linha de frente podem compreender a ideia de aumentar o número de promotores e reduzir o número de detratores mais rapidamente do que entender a ideia de "aumentar o índice de satisfação do cliente em um desvio-padrão". O teste final para qualquer métrica de relacionamento com o cliente é se ela ajuda a organização a ajustar seu motor de crescimento para operar no máximo de sua eficiência. Ela ajuda os empregados a esclarecer e simplificar a tarefa de encantar o cliente? Ela permite que os funcionários comparem seu desempenho semana a semana e mês a mês? O conceito de promotores, neutros e detratores faz tudo isso.

Também descobrimos que o que chamávamos de Net Promoter Score (NPS) – o percentual de promotores menos o percentual de detratores – fornecia o resumo mais eficaz e fácil de entender do desempenho de uma empresa nesse contexto.

Não foi fácil chegar a esta linguagem ou métrica exata. Por exemplo, havíamos considerado nos referir ao grupo que havia sido pontuado com 9 ou 10 como "encantados", em sintonia com a aspiração que muitas empresas alimentam de encantar seus clientes. No entanto, o objetivo de negócios aqui não é apenas encantar os clientes; é transformá-los em promotores – clientes que compram mais e que recomendam a empresa a seus amigos e colegas. Esse é o comportamento que contribui para o crescimento. Também lutamos com a ideia de tornar tudo isso mais simples ainda – mensurando apenas o percentual de clientes que são promotores. Entretanto, como acompanharemos nos capítulos a seguir, uma empresa em busca de crescimento deve aumentar o percentual de promotores *e* reduzir o percentual de detratores. Esses dois processos são mais bem gerenciados isoladamente. As empresas que devem atender a uma grande variedade de público além de seu foco principal – varejistas, bancos, companhias aéreas e outros – precisam reduzir os detratores entre os clientes que não são seu foco, já que o boca a boca negativo desses clientes é tão destrutivo quanto o de qualquer outro. Mas investir em encantar clientes além daqueles que fazem parte de seu foco faz muito pouco sentido econômico. O Net Promoter Score fornece a informação necessária para se ajustar a gestão de clientes nessa direção.

Os clientes individuais, evidentemente, não possuem um Net Promoter Score. Eles podem ser promotores, neutros ou detratores. No entanto, as empresas podem calcular seus NPS para segmentos individuais de clientes, para divisões ou regiões geográficas e para filiais ou lojas individuais. O Net Promoter Score está para o relacionamento com o cliente assim como o lucro líquido ou patrimônio líquido de uma empresa está para o desempenho financeiro. É o número que leva ao aprendizado e à responsabilidade. Isso não quer dizer que esta ou qualquer outra forma de medir resultados é a única necessária para gerenciar um negócio. Assim como precisamos dos detalhes de receitas e custos para analisar o mais famoso medidor de sucesso – o lucro líquido –, também precisamos de informações detalhadas sobre clientes promotores, neutros e detratores para avaliar mais profundamente nosso Net Promoter Score. Mas a assertividade de uma medida única de lealdade – o NPS – simplifica a comunicação e chama a atenção para os casos que requerem uma análise mais abrangente.

Resolvendo o problema da Intuit

A Intuit – muito preocupada com a deterioração de seus relacionamentos com o cliente – se lançou à ideia de mensurar seu Net Promoter Score e iniciar um programa de implementação no início de 2003. ("Um único número – isso faz todo o sentido!", exclamou Scott Cook quando teve contato com a ideia.) A experiência da empresa mostra algumas das dificuldades encontradas ao se calcular o número dos promotores e detratores. Ela também mostra como essa métrica pode transformar as prioridades diárias de uma empresa.

O primeiro passo da Intuit foi determinar o mix de promotores, neutros e detratores em cada uma das linhas de negócio. Cook sugeriu que o processo inicial de pesquisa por telefone se concentrasse em apenas duas perguntas. A equipe concordou com as seguintes perguntas: em primeiro lugar, qual é a probabilidade de você recomendar (o Turbotax, por exemplo) a um amigo ou colega? Em segundo lugar, qual é o motivo mais importante para a nota que você atribuiu?

As respostas do cliente revelaram NPS iniciais para as linhas de negócio da Intuit que variavam de 27% a 52%. Esses números não eram ruins, tendo em vista que a empresa média americana obtivera um NPS entre 10% e 20%, mas a Intuit nunca se interessara por ser média. Anos mais tarde, os líderes da empresa entenderiam que as comparações de NPS mais importantes eram com as alternativas competitivas de cada mercado. Na época, porém, eles estavam presos a números absolutos – e a pontuação não era consistente com a autoimagem que a empresa possuía, de ser uma organização que valoriza fazer o melhor por seus clientes. Os números convenceram os gestores de que havia ainda muito a aprimorar.

A auditoria inicial revelou outra coisa: o processo de entrevistas por telefone realizado pela empresa de pesquisa de mercado se mostrou extremamente inadequado. Em primeiro lugar, não havia maneira de fechar o ciclo com clientes identificados como detratores – nenhuma maneira de se pedir desculpas, de se sondar a raiz do problema, nenhuma maneira de se desenvolver uma solução para o que estava incomodando. Em segundo lugar, as respostas abertas à questão "Qual é o motivo mais importante para a nota que você atribuiu?" eram intrigantes, mas os gerentes acabavam por interpretá-las de forma a chegar a conclusões similares às suas crenças anteriores à pesquisa. Em terceiro lugar, as respostas eram, muitas vezes, confusas e contraditórias. Por exemplo, os promotores elogiavam a simplicidade de um produto, enquanto os detratores do mesmo produto reclamavam de sua complexidade. As equipes precisavam encontrar uma maneira de ir mais fundo se desejavam entender a causa-raiz da satisfação e da crítica.

Além dessas auditorias formais, algumas das unidades de negócios passaram a utilizar o termo "recomendaria" em suas pesquisas-relâmpago sobre transações que já utilizavam para mensurar a qualidade de suas interações com os clientes. Essas respostas forneceram um fluxo contínuo de *insights* sobre o Net Promoter Score que esclareceram pontos nebulosos e problemáticos em relação à experiência do cliente com a empresa. Por exemplo, a Intuit havia decidido cobrar pelo suporte técnico prestado a todos os clientes de QuickBooks – até mesmo dos clientes novos que estavam tendo problemas na instalação do programa. O NPS para os clientes que ligaram para o suporte técnico estava muito abaixo da média do QuickBooks, e ficou óbvio que essa política estava errada. A equipe de negócios testou várias alternativas a fim de avaliar o efeito que elas teriam na pontuação. Por fim, a empresa se deu conta de que a solução mais econômica era oferecer suporte técnico gratuito para os primeiros 30 dias após a compra. Como resultado, o NPS dos clientes que ligavam para o suporte técnico aumentou em mais de 30%.

O Consumer Tax Group, a unidade de negócios responsável pela linha de produtos líder de mercado TurboTax, enfrentou um desafio muito duro. A participação de mercado do TurboTax no segmento Web, que era muito importante, despencou mais de 30 pontos de 2001 a 2003. Os gerentes da divisão sabiam que deveriam entender mais a fundo os problemas do consumidor. Uma iniciativa bem-sucedida foi a criação de um "Círculo de Influência" de 6 mil clientes cujo *feedback* influenciaria diretamente as decisões gerenciais. Os clientes que se inscreviam nessa comunidade de e-mail respondiam a algumas perguntas sobre variáveis demográficas e à questão "recomendaria" para que a empresa pudesse determinar se eles eram promotores, neutros ou detratores. Também se pediu a eles que classificassem suas sugestões de melhoria em termos de prioridade e que votassem em sugestões feitas por outros integrantes do Círculo de Influência. Um software especializado separou as sugestões e rastreou as classificações, de modo que, ao longo do tempo, as ideias prioritárias atingissem o topo da lista.

Os resultados foram surpreendentes. Para os detratores, a prioridade mais alta foi a melhoria da qualidade do suporte técnico. Para resolver esse problema, a equipe de gestores reverteu uma decisão tomada dois anos antes e direcionou todas as funções de suporte técnico por telefone, antes realizadas na Índia, de volta para os Estados Unidos e Canadá. A equipe também aprimorou o nível dos empregados de suporte técnico. A segunda maior prioridade para os detratores foi aprimorar o processo de instalação. Isso se tornou prioridade para os engenheiros de software da TurboTax, que, na edição de 2004 do programa, haviam atingido uma redução de quase 50% dos contatos ao suporte referentes à instalação do programa.

Os promotores tinham outras prioridades. No topo da lista, estava o processo de desconto:* alguns usuários reclamavam que levava mais tempo para preencher todos os formulários de restituição do que para instalar o software e trabalhar nos formulários de declaração de impostos. Após receber esse *feedback*, o gerente geral da divisão designou uma pessoa para ser a proprietária do processo de reembolso e a tornou responsável pelos resultados. O comprovante de compra logo foi simplificado, os formulários foram redesenhados, todo o processo foi aprimorado – e o tempo de execução foi reduzido em várias semanas. Com o tempo, essas melhorias provaram-se insuficientes, e a divisão concluiu que a verdadeira solução para o cliente seria acabar de uma vez com os reembolsos – uma medida ousada que fez parte de uma estratégia de precificação totalmente nova.

O Consumer Tax Group continuou seu estudo sobre os NPS ao examinar vários segmentos de clientes. O grupo descobriu que os clientes novos exibiam a pontuação mais baixa de todos os grupos. Os executivos da empresa telefonaram

---

* *Nota da Tradutora*: *Mail-in rebates* são descontos comuns nos Estados Unidos. O comprador do produto preenche um formulário e o envia ao fornecedor. Algumas semanas depois, este recebe um cheque de desconto pelo correio.

para uma amostra desses clientes a fim de saber a razão disso, e o que descobriram foi surpreendente e preocupante. Todas as características que foram acrescentadas ano após ano com a finalidade de atrair vários grupos de clientes com necessidades complexas de impostos haviam gerado um produto que não facilitava a vida do contribuinte médio que declarava impostos. Na verdade, mais de 30% dos clientes novos não utilizavam o produto uma segunda vez. Como resposta a isso, a equipe de gestores designou novas prioridades aos engenheiros de projeto: tornar o programa mais simples. As telas de cadastro foram redesenhadas de acordo com os princípios atualizados de design. O vocabulário técnico confuso foi eliminado – a empresa contratou um editor da revista *People* para tornar a linguagem mais clara e inteligível. No ano de 2004, pela primeira vez o Net Promoter Score dos usuários de primeira viagem foi ainda maior do que a pontuação dos usuários mais antigos.

Os resultados da Intuit: clientes e acionistas felizes

Ao longo dos dois anos transcorridos entre o início de 2003 e o de 2005, o NPS do TurboTax deu um salto. A versão desktop, por exemplo, cresceu de 46% para 61%. A pontuação dos usuários de primeira viagem subiu de 48% para 58%. A participação do TurboTax no varejo tradicional, que estava estagnada há anos, subiu de 70% para 79% – o que não costuma acontecer em um mercado maduro. As pontuações subiram na maioria das linhas de negócio da Intuit. Graças a esse sucesso, o Net Promoter Score se tornou parte das operações diárias da empresa. "O Net Promoter Score nos deu uma ferramenta para concentrar a energia organizacional na construção de uma melhor experiência do cliente", disse Steve Bennett, CEO da empresa na época. "O Net Promoter Score possibilitou *insights* que levaram à ação. Cada linha de negócios (agora) aborda-o como parte de seu planejamento estratégico. O NPS é um componente de cada orçamento operacional; é parte do bônus de cada executivo. Falamos do progresso do Net Promoter Score em cada reunião mensal de operações."

No Dia do Investidor promovido pela empresa em 2004, quando os executivos compartilham informações sobre o progresso da empresa, os desafios e as perspectivas para o futuro com analistas e grandes investidores, Cook e Bennett revelaram seu compromisso renovado com a construção da lealdade do cliente. Eles descreveram como o NPS permitira à equipe converter o objetivo histórico intangível de construir melhores relacionamentos com os clientes em um processo lógico e quantificável. Assim como o Six Sigma ajudou a Intuit no aprimoramento de seus processos de negócio para a redução de custos e melhoria de qualidade, o NPS estava auxiliando a empresa na definição de prioridades e mensuração de progresso em direção a uma maior lealdade do cliente.

É verdade que ainda havia um longo caminho a ser percorrido, mas Cook e Bennett enfatizaram que a nova iniciativa era apenas uma volta às raízes do sucesso da Intuit. À medida que a empresa crescia, aumentava a necessidade de uma métrica comum que pudesse auxiliar todos os empregados a equilibrar os lucros atuais com o aprimoramento das relações com o cliente, que alimentam o crescimento futuro. "Tínhamos aqui todas as métricas de cliente que existem no mercado", disse Cook, "e, mesmo assim, não conseguíamos fazer com que esses números focassem a organização em nosso valor central, que é fazer o melhor pelo cliente. Quanto mais métricas você segue, menos relevante cada uma delas se torna. Cada gerente irá escolher se concentrar no número que faz sua decisão parecer boa. O conceito de uma única métrica nos trouxe um enorme benefício – favorecendo da mesma forma os clientes, empregados e investidores".

Ao mostrar o Net Promoter Score como a métrica central para revitalizar o crescimento do *core business*, Cook e Bennett sinalizaram para a empresa que isso não era uma iniciativa de negócios passageira, ao contrário: era uma prioridade crítica de negócios tão importante para o futuro da Intuit que merecia ser entendida pelos acionistas. Os líderes da Intuit também sinalizaram para os acionistas que, no Dia do Investidor seguinte, eles teriam direito a aprender mais sobre o progresso da empresa em relação aos NPS.

Talvez o evento tenha antecipado o dia em que todos os investidores insistirão em ver medidas confiáveis de desempenho para a qualidade dos relacionamentos com o cliente – pois só a partir daí os investidores entenderão as perspectivas econômicas para o crescimento com lucratividade.

Enquanto isso, a Intuit segue em busca de novas formas de encantar os clientes e conseguir mais promotores. Recentemente, a empresa apresentou um produto inovador para declaração pessoal de imposto via smartphone que facilita a vida de seus consumidores. Os contribuintes com declaração de imposto relativamente simples tiram uma foto do formulário de declaração com o smartphone, e as informações são automaticamente importadas e preenchidas nos campos adequados. Após responder a algumas perguntas simples, os usuários podem visualizar, imprimir e arquivar sua declaração de IR sem sair do smartphone, tudo isso a um custo de US$14,99. Esse novo produto, o SnapTax, foi lançado mundialmente nos Estados Unidos, no ano fiscal de 2010, e gerou um NPS de 72%, a maior pontuação para um produto novo na história da empresa.

3
Como o Net Promoter Score pode gerar crescimento

Gerard Kleisterlee, CEO da Royal Philips Electronics, teve de enfrentar um desafio e tanto. A empresa tornara-se uma das maiores do mundo no segmento de eletrônicos com base em sua forte cultura de engenharia de produtos. Kleisterlee sabia dessa força – ele mesmo se formara em engenharia e trabalhava na Philips desde o início de sua carreira, seguindo os passos do pai. Agora, porém, sentia que a cultura da companhia precisava mudar. O mercado estava muito mais competitivo. Os clientes esperavam muito mais do que antes. Se a Philips não se concentrasse mais nos clientes, seu crescimento estagnaria.

Kleisterlee, portanto, encarregou Geert van Kuyck, CMO (Chief Marketing Officer) na época, de avaliar abordagens para a mudança de cultura empresarial e encontrar a melhor solução para a Philips. A abordagem ideal deveria condizer com sua filosofia estratégica de "sentido e simplicidade", apresentar um nível de rigor e disciplina que merecesse o respeito dos engenheiros da Philips e ser aplicável mundialmente. Com uma receita de mais de €25 bilhões em 2010 e cerca de 125 mil funcionários em mais de 60 países, a Philips era uma grande empresa, com negócios em três setores: saúde (incluindo equipamentos de imagem, como tomógrafos computadorizados, aparelhos de ressonância magnética e máquinas de raio X, além de monitoramento do paciente, informática e acompanhamento domiciliar), estilo de vida (aparelhos de barbear, cafeteiras, produtos para a mãe e o bebê, eletrodomésticos, aparelhos de televisão, DVD, Blu-ray e escovas de dente elétricas) e iluminação (profissional, doméstica e automotiva). Ciente da dificuldade de modificar a cultura de uma empresa tão grande e complexa como a Philips, Kleisterlee conclamou o conselho diretor a dar prioridade àquela missão.

Van Kuyck sabia o que era trabalhar em companhias voltadas para o cliente, pois já havia passado pela Procter & Gamble e pela Starbucks antes de entrar na Philips, e chegou à conclusão de que seria necessário fazer uma mudança de grandes proporções. Examinou as opções que poderiam ajudar a Philips a modificar seu foco e, após avaliar as abordagens das maiores empresas do mundo, optou pelo NPS, explicando o seguinte:

Gostamos do NPS porque ele representa um padrão único com o qual todas as empresas podem concordar. Cada setor desenvolveu a própria abordagem para mensurar o nível de satisfação dos clientes e ninguém quer abrir mão do sistema existente, mas poucos estão obtendo resultados, e nenhum desses sistemas correlaciona-se com o desempenho financeiro. É por isso que temos de procurar outra solução. Essa é uma das grandes vantagens do NPS – estar ligado diretamente com o crescimento da receita e conduzir à ação.

"Estar ligado diretamente com o crescimento da receita (...)" Ao investigar o NPS, van Kuyck e sua equipe de gestores encontraram forte relação entre a pontuação da Philips e a taxa de crescimento da empresa, em comparação com a pontuação de seus maiores concorrentes no mercado. A análise está resumida nas Figuras 3-1 e 3-2. Na Figura 3-1, a linha sombreada representa a variação do NPS

FIGURA 3-1

Comparação em relação a concorrentes diretos, utilizando uma abordagem de cima para baixo

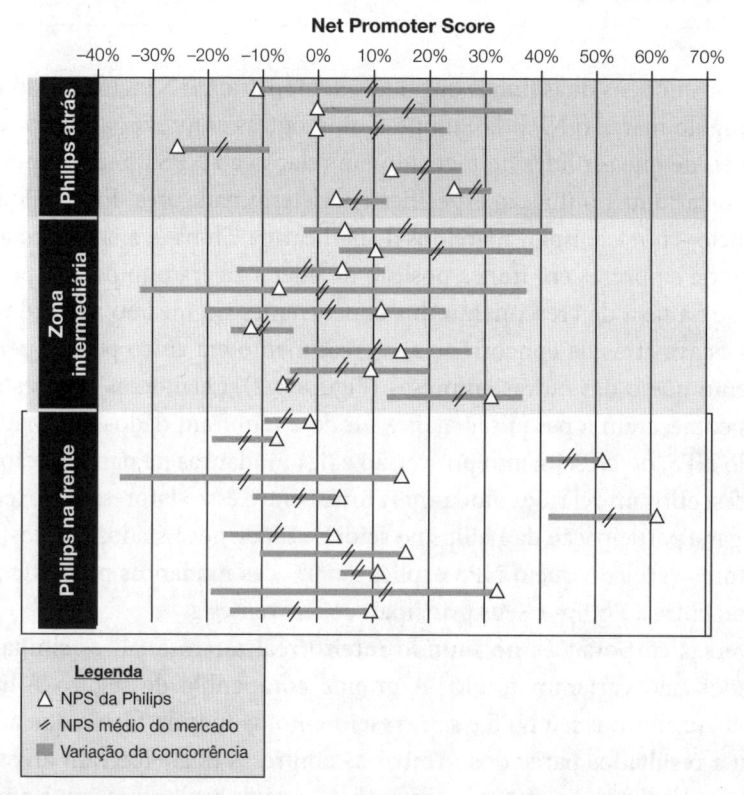

Legenda
△ NPS da Philips
⁄⁄ NPS médio do mercado
■ Variação da concorrência

Fonte: Philips; análise Bain.

FIGURA 3-2

Divisões da Philips que lideram o mercado, crescem com mais rapidez e ganham participação

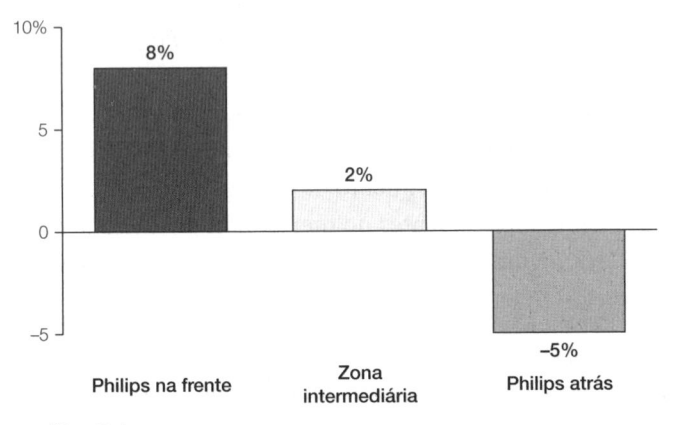

O crescimento da Philips menos o crescimento do concorrente médio no mercado

- Philips na frente: 8%
- Zona intermediária: 2%
- Philips atrás: –5%

Fonte: Philips; análise Bain.

da concorrência, as duas linhas diagonais demonstram o NPS médio do mercado e o triângulo marca o NPS da Philips. Como outras empresas, a Philips chegou à conclusão de que ser líder de mercado em relação ao NPS é mais importante do que alcançar uma pontuação específica em determinada área. Em qualquer ramo de negócio – por exemplo, aparelhos de barbear na China –, a taxa média de crescimento de empresas em franca posição de liderança era oito pontos percentuais maior que a taxa de crescimento dos concorrentes no mesmo mercado. Onde a Philips estava atrás da concorrência, o crescimento era cinco pontos percentuais mais lento que o das outras empresas (Figura 3-2). Quando as equipes locais da Philips começaram a pesquisar mais a fundo e reuniram dados detalhados a respeito do NPS, do crescimento por região e das mudanças na participação de mercado, descobriram relações ainda mais fortes entre esses fatores. Por exemplo, ao investigar a participação da Philips no setor de saúde nos Estados Unidos, a equipe de gestores verificou que o NPS explicava 90% das mudanças na participação de mercado entre a Philips e seus principais concorrentes.

Diversas corporações no mundo inteiro realizaram análises similares, e os resultados não variaram muito. A grande companhia de seguro Allianz, por exemplo, examinou seu NPS e seu crescimento da mesma forma que a Philips e chegou a resultados parecidos. Ambas as empresas estabeleceram alvos estratégicos com base nesse sistema de referência e compartilharam-nos com investidores e analistas de mercado. Em 2009, o relatório anual da Philips apresentou atualizações das análises referentes ao NPS e anunciou que 60% das receitas da empresa eram provenientes de negócios em posições de liderança ou coliderança em NPS. Atualmente, a meta de longo prazo que Kleisterlee e sua equipe incorporaram nos bônus executivos para todos os gestores da Philips baseia-se apenas na liderança direta (a coliderança já não é uma opção). O objetivo é conseguir que 50% dos negócios alcancem posições de liderança em NPS até 2015.

"(...) e conduzir à ação." Embora o índice tenha sido útil para estabelecer metas e mensurar o progresso, o principal benefício do NPS, segundo van Kuyck e os líderes das unidades de negócios da Philips, foi ajudar a tomar medidas práticas, com *feedback* específico, tangível e imediato. Funcionários de todos os níveis da empresa entendiam o que a pontuação indicava e eram capazes de determinar a melhor estratégia a seguir. Por exemplo, líderes do setor de saúde no ambiente *business-to-business* (B2B) identificaram oportunidades de melhorar os serviços de tomografia computadorizada, ressonância magnética, ultrassom, entre outros, com base no *feedback* específico recebido diretamente dos clientes em laboratórios e dos departamentos administrativos dos hospitais, incorporando esse *feedback* na redefinição de prioridades quanto ao replanejamento e a melhorias do serviço. Nos capítulos a seguir, veremos mais exemplos, da Philips e de outras empresas, que ilustram a importância do NPS, não só no crescimento, mas também nas ações que levam ao crescimento.

O poder econômico de relacionamentos de alta qualidade

A fim de compreender a relação entre relacionamentos com o cliente e crescimento, é importante ter em mente um fato simples: nos negócios, cada decisão sempre acaba envolvendo contrapartidas econômicas. Qualquer empresa desejaria promover melhores relacionamentos com seus clientes se esses bons relacionamentos fossem gratuitos. Qualquer CEO preferiria bater as metas de lucratividade com lucros bons a fazê-lo com lucros ruins se não houvesse custos envolvidos. Na verdade, o "abuso" aos consumidores terminaria amanhã se o término deste não tivesse nenhum efeito no desempenho financeiro da empresa. Mas é claro que construir relacionamentos de qualidade tem um custo – e esse custo, em geral, é alto. Exige investimentos. Exige que a empresa não esteja tão apoiada em lucros ruins. Não é possível enganar ou explorar os clientes e construir bons relacionamentos com eles ao mesmo tempo, pelo menos não no longo prazo. De modo geral, para construir relacionamentos de alta qualidade, é necessário investir mais que a concorrência em valor de produto, serviços, equipes, treinamentos e tecnologia. Muitas empresas importantes – companhias rentáveis e de rápido crescimento como a Apple Retail, Costco, Vanguard, TD Bank e Chick-fil-A – investiram pesado em relacionamentos e ainda conseguiram excelentes resultados financeiros. Para alguns analistas de investimentos, o sucesso de uma Costco ou um TD Bank chega a ser algo intrigante. De acordo com suas análises contábeis, alguns gastos parecem altos demais, as receitas de algumas áreas parecem baixas e, no entanto, essas empresas seguem de vento em popa, com lucros bons e crescimento mais rápido que o dos concorrentes.

A questão, portanto, não é apenas quanto pode custar a construção de bons relacionamentos – em geral, é fácil verificar os custos num demonstrativo de resultado ou nos relatórios de contabilidade da empresa –, mas a magnitude dos benefícios daí advindos e, evidentemente, qual a relação desses benefícios com os custos. Para responder à pergunta, as empresas precisam entender o valor econômico resultante da construção de melhores relacionamentos com seus clientes. Elas devem ser capazes de responder a perguntas como: qual o valor de transformar um detrator em um cliente neutro ou promotor? Até quanto valeria a pena investir para aumentarmos nosso NPS em 10 pontos? Onde e quando essa melhoria apareceria em nossos números? Poucos gerentes podem responder a essa pergunta agora. Este capítulo começará a explicar a geração de valor do NPS em termos que os executivos orientados a números entendam. A análise pode parecer complexa no início, mas vale a pena ir até o final, pois é nessa hora que o Net Promoter Score mostra a que veio, do ponto de vista econômico.

Comecemos examinando os aspectos econômicos dos clientes individuais. O valor de um promotor ou detrator pode ser quantificado. Na verdade, dado o papel vital dos promotores no desenvolvimento de uma empresa, o valor de melhorias no NPS deve ser quantificado e colocado em termos financeiros. Você pode não ter todas as informações necessárias ao alcance dos olhos, mas a maioria das empresas é capaz de produzi-las. Lembre-se de que essa quantificação é uma ciência incipiente – mesmo após anos de experiência, a maioria das empresas ainda está desenvolvendo uma visão geral dos benefícios econômicos e descobrindo a melhor forma de calculá-los. O ótimo é inimigo do bom. Se os números exatos não estiverem disponíveis, utilize estimativas razoáveis – e continue inovando.

O primeiro passo é calcular o valor gerado ao longo do tempo de vida útil de um cliente médio. Esse processo é descrito em meu livro *A estratégia da lealdade*[1] (Campus/Elsevier) no Capítulo 2 (para sua conveniência, disponibilizamos uma série de recursos para você calcular esse valor em nosso site www.netpromotersystem.com). A abordagem fundamental é somar todos os fluxos de caixa que ocorrem ao longo da vida de um relacionamento típico com o cliente e, então, convertê-los ao valor atual. Você não precisa ser doutor em finanças para entender que um real hoje não vale o mesmo que um real amanhã. Portanto, será necessário calcular o "fluxo de caixa descontado", utilizando uma taxa de desconto razoável. Depois, utilizando o valor do tempo de vida útil de um cliente médio como referência, some as diferenças de valor de promotores, neutros e detratores. Esses três grupos apresentam comportamentos muito díspares entre si e produzem resultados econômicos muito diferentes. A lista a seguir descreve vários fatores que diferenciam esses grupos e oferece algumas dicas para se estimar os efeitos econômicos em seu negócio.

- *Taxa de retenção* – Os detratores geralmente mudam de empresa a taxas maiores do que os promotores, o que significa que estabelecem relacionamentos mais curtos e menos lucrativos com uma empresa. Ao identificar os clientes como promotores ou detratores tomando por base suas respostas à questão "você recomendaria", é possível determinar padrões reais de retenção ao longo do tempo e quantificar seu impacto. Você pode estimar o tempo médio de permanência de sua população atual de detratores e promotores muito antes de obter os dados relacionados às séries de tempo. Simplesmente pergunte a eles na mesma pesquisa da questão "recomendaria" há quanto tempo são clientes, e utilize esse tempo médio para fazer inferências sobre padrões de retenção. (Observe que esse procedimento pode gerar algumas dúvidas – o Capítulo 2 do livro *A estratégia da lealdade* e o site www.netpromotersystem.com explicam como fazê-lo corretamente.)
- *Precificação* – Os promotores normalmente são menos sensíveis a preços do que outros clientes. De modo geral, o preço não é o principal motivador de sua escolha, e sim a qualidade e o valor que a empresa oferece. O oposto é verdadeiro para os detratores: eles são mais sensíveis a preço. Você precisa examinar a cesta de produtos ou serviços adquiridos por promotores e detratores ao longo de 6 a 12 meses e depois calcular a margem sobre cada cesta, observando os descontos de preço e promoções concedidos.
- *Gasto anual* – Os promotores aumentam o volume de suas compras mais rapidamente do que os detratores. O motivo é que eles tendem a concentrar mais suas compras por categoria em seu fornecedor preferido. Sua participação nos gastos do cliente (*share of wallet*) aumenta conforme os promotores passam a adquirir produtos ou serviços a preços mais altos e respondem com entusiasmo aos esforços de vendas cruzadas. O interesse dos promotores em novas ofertas de produtos e extensões de marca excede em muito o interesse dos detratores ou neutros.
- *Eficiência de custos* – Os detratores reclamam com mais frequência, consumindo, assim, os recursos do atendimento ao cliente. Algumas empresas também relatam que as perdas de crédito são maiores entre os detratores (talvez seja essa a maneira de eles se vingarem). Da mesma forma, a maioria das despesas legais pode ser atribuída aos detratores, pois é raro haver ações judiciais por parte dos promotores. Os custos de vendas, marketing, propaganda e outros custos de aquisição de cliente são mais baixos entre os promotores

graças à maior longevidade de seus relacionamentos e à sua predisposição em responder a ofertas ou procurar produtos e serviços adicionais. O tamanho médio do pedido também é maior entre promotores. Seus padrões de compra são mais previsíveis (e podem ser adaptados em certos casos para ajudar a harmonizar o processo de produção), resultando em custos administrativos e de estoque mais baixos. Finalmente, talvez os maiores propulsores de produtividade atribuídos aos promotores – embora os mais difíceis de quantificar – sejam a energia e a motivação dos funcionários da linha de frente ao receber *feedback* positivo, o que renova o ciclo de melhoria da produtividade e reduz custos devido à menor taxa de rotatividade.

- *Boca a boca* – Esse componente do NPS merece consideração especial por sua importância vital e por ser o item que mais confunde os analistas. Comece quantificando (por meio de uma pesquisa, se for necessário) a proporção de novos clientes que escolheram sua empresa por reputação ou recomendação. Se os clientes mencionarem mais de um motivo, estime a importância da recomendação ou da referência na decisão deles. O valor de tempo de vida útil desses novos clientes, incluindo economias em vendas ou gasto com marketing, deveria ser alocado aos promotores (entre 80% e 90% das recomendações positivas vêm dos promotores). Tenha em mente que os clientes que vieram por recomendação geralmente têm maior poder aquisitivo. Eles também são mais propensos a se tornar promotores, o que acelera a espiral positiva de recomendações. Enquanto isso, os detratores são responsáveis por 80% a 90% da propaganda negativa, e o custo dessa limitação ao crescimento deveria ser alocado a eles. Talvez a maneira mais fácil de estimar esse custo seja determinar quantos comentários positivos são necessários para neutralizar um comentário negativo, e quantas recomendações potenciais foram perdidas dessa forma. Esse número pode ser determinado de forma precisa apenas por entrevistas com o cliente, mas, para uma estimativa inicial (com base na experiência dos clientes da Bain e relatórios de outros pesquisadores), é mais seguro supor que cada comentário negativo neutralize de 3 a 10 comentários positivos. Considere, por exemplo, o processo pelo qual você deve passar em busca de um dentista quando se muda para uma nova cidade. Se você ouvir um comentário negativo sobre determinado dentista, vindo de um amigo ou colega, quantos comentários positivos serão necessários até que você opte por consultar esse profissional?

As equipes da Bain do mundo inteiro costumam aplicar esse sistema para quantificar os aspectos econômicos da vida de um cliente utilizando dados internos sobre ele. Evidentemente, essas informações são confidenciais, mas podemos demonstrar como usar o modelo lançando mão de dados disponíveis ao público e algumas pesquisas de mercado – como você fará para avaliar um candidato a aquisição ou concorrentes. Comecemos com um exemplo em que a equipe da Bain utilizou esse método para estimar os aspectos econômicos do NPS de clientes de bancos de varejo americanos em 2008. Primeiro, a equipe realizou uma pesquisa com 4.300 clientes de bancos nos Estados Unidos. Com os resultados da pesquisa, classificamos os clientes de cada banco em promotores, neutros e detratores. Incluímos perguntas sobre que produtos e serviços bancários os clientes utilizavam, saldos de conta, há quanto tempo eles eram clientes, como se tornaram clientes, se pretendiam mudar de banco e até que ponto recomendariam seu banco atual.

A equipe encontrou diferenças significativas no comportamento de promotores, neutros e detratores, no que se refere à geração de lucros. Essas diferenças condiziam perfeitamente com o que havíamos verificado em nosso trabalho junto a clientes de bancos de varejo ao longo dos anos. Os promotores entregam aos bancos com os quais fazem mais negócios quase 45% a mais dos saldos de depósito do que os detratores. Eles compram, em média, 25% mais produtos do banco que os detratores, e seu mix de produtos tende a contas-correntes e poupanças mais lucrativas. As taxas de cancelamento de promotores equivalem, em média, a apenas um terço das taxas de cancelamento de detratores, e os promotores costumam fazer quase sete recomendações a mais do que os detratores.

Para calcular o impacto financeiro desse comportamento e criar um demonstrativo padrão de lucros e perdas de um banco de varejo, utilizamos as margens de juros líquidos sobre depósitos e empréstimos praticadas no mercado e uma média das despesas gerais e outros custos administrativos do setor. Em seguida, basta dividir o valor final para se chegar ao demonstrativo de lucros e perdas de um cliente médio. Incluímos a conduta de promotores, neutros e detratores num modelo simples para estimar o impacto financeiro de seus diferentes comportamentos, convertendo-os em valor permanente por meio do cálculo do fluxo de caixa descontado. Com base nessa análise, um promotor vale cerca de US$9.500 a mais para um banco que um detrator (ver Figura 3-3). Aliás, os detratores têm um valor permanente *negativo*, ou seja, eles destroem valor para acionistas e funcionários.

Essa análise, porém, não explica todos os elementos de valor. Nosso trabalho demonstra que os novos clientes vindos por intermédio de promotores, por exemplo, têm maior chance de tornarem-se promotores também e, portanto, são mais valiosos que um novo cliente comum. Se tivéssemos sido menos conservadores, teríamos atribuído esse valor extra aos promotores. Da mesma forma, os clientes da Bain descobriram que servir os detratores custa muito mais do que servir os promotores. Eles fazem mais reclamações nas centrais de atendimento, geram mais problemas e costumam utilizar menos ferramentas independentes,

FIGURA 3-3

Entre clientes afluentes, os promotores valem US$9.500 a mais que os detratores

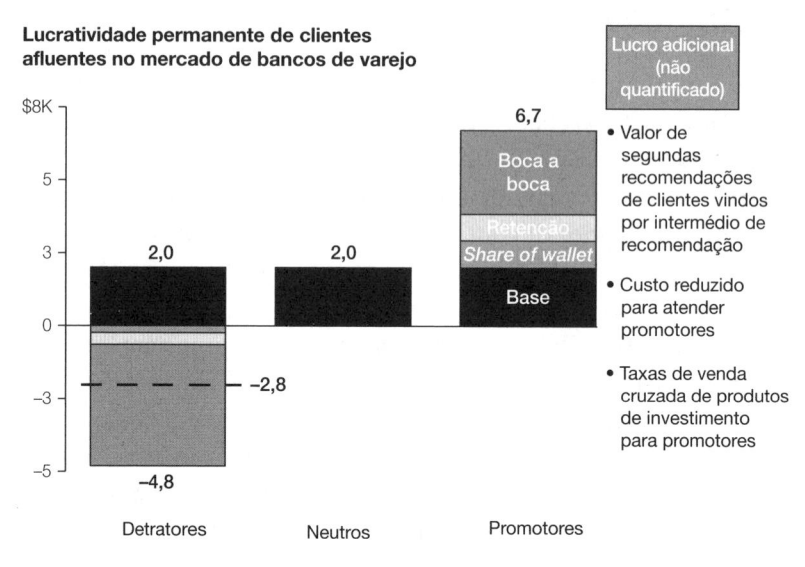

Lucratividade permanente de clientes afluentes no mercado de bancos de varejo

[Gráfico de barras:
- Detratores: -4,8 (com marcação -2,8)
- Neutros: 2,0
- Promotores: 2,0 + Base, Share of wallet, Retenção, Boca a boca = 6,7
- Lucro adicional (não quantificado):
  • Valor de segundas recomendações de clientes vindos por intermédio de recomendação
  • Custo reduzido para atender promotores
  • Taxas de venda cruzada de produtos de investimento para promotores]

Escala: $8K, 5, 3, 0, -3, -5

Fonte: Pesquisa Bain de NPS Serviços Financeiros 2008.

---

como serviços bancários on-line. Se essas diferenças de custo adicionais tivessem entrado no cálculo, a precisão da estimativa de diferenças de valores teria aumentando ainda mais.

Os aspectos econômicos do boca a boca na Dell

No exemplo dos bancos, a equipe da Bain teve de calcular o valor de clientes vindos por intermédio de comentários, tanto positivos quanto negativos. Como podemos ver na Figura 3-3, boa parte da diferença de valor entre promotores e detratores deve-se ao impacto do boca a boca. Em nosso trabalho com clientes, encontramos padrões similares em muitas áreas. Ainda assim, os gestores, de modo geral, mostram-se relutantes em incluir o valor da recomendação nos cálculos finais, pois existe pouca informação a respeito desse assunto nos livros de administração e finanças. Mas é importante. Uma boa reputação pode gerar muitos negócios novos, ao passo que uma reputação negativa pode acabar com suas iniciativas de crescimento.

Outra equipe da Bain utilizou essa abordagem para quantificar o valor dos promotores e detratores no negócio de computadores pessoais. A equipe se concentrou na Dell, que, na época, estava enfrentando sérios problemas de relacionamento com o cliente. Calculamos o valor de detratores e promotores para o negócio de consumo da Dell utilizando um modelo econômico que levava em consideração as variáveis que mencionamos. Enquanto os analistas econômicos estimavam que o cliente médio valia US$210 para a Dell, um detrator custa US$57 à empresa e um promotor gera US$328. Vamos acompanhar o processo utilizado pela equipe da Bain, prestando especial atenção à economia do boca a boca.

A equipe trabalhou com a Satmetrix, a qual examinava as listagens públicas em busca de clientes da Dell, com a finalidade de desenvolver uma pequena pesquisa por e-mail. Os pesquisadores, então, faziam uma série de perguntas aos clientes, incluindo por que haviam escolhido a Dell em detrimento dos concorrentes. Os resultados mostraram que pouco mais de 25% dos novos clientes da Dell procuravam a empresa por causa de recomendações de amigos ou colegas. A pesquisa também fez a pergunta "você recomendaria" para determinar se o cliente era um promotor, um neutro ou um detrator, e quantos comentários positivos ou negativos eles haviam feito a amigos ou colegas. As respostas revelaram que 60% dos clientes da Dell eram promotores, 25% eram neutros e 15% eram detratores. Com base no número de comentários positivos e negativos relatados por esses promotores, neutros e detratores, a equipe estimou que os 8 milhões de clientes que eram clientes da Dell no início do período de pesquisa haviam feito cerca de 40 milhões de comentários positivos e 5 milhões de comentários negativos.

Temos aqui um cálculo detalhado do valor dessa propaganda positiva:

- Em nossa pesquisa, 25% dos novos clientes afirmaram que a principal razão de terem escolhido a Dell fora a recomendação. Um milhão dos 4 milhões de novos clientes que a empresa obteve naquele ano veio por meio de propaganda positiva.
- Já que cada novo cliente vale cerca de US$210 cada, 1 milhão de clientes rendeu à empresa US$210 milhões.
- Se 40 milhões de comentários positivos geraram um valor de US$210 milhões, cada comentário positivo gerou US$5,25.
- Se o promotor médio afirmou ter feito comentários positivos a oito pessoas por ano, o valor da recomendação positiva do promotor é US$42 (8 × US$5,25).

A pesquisa também perguntava aos clientes sobre seu gasto médio anual, seu tempo de permanência na empresa e o número de vezes que haviam telefonado para o atendimento ao cliente da Dell, o que permitiu fazer estimativas sobre as outras vantagens econômicas dos promotores. Em média, os pesquisadores concluíram que os promotores valem US$118 a mais do que o cliente comum, ou seja, US$328. Se essa análise tivesse sido realizada com os dados internos da

Dell, os números provavelmente seriam maiores, já que seria possível quantificar o valor superior dos clientes vindos por meio de recomendação ao longo do tempo. Também seria possível rastrear de modo mais eficaz o comportamento de compras repetidas dos promotores.

Ao estimarem o custo dos detratores, os pesquisadores primeiramente descobriram que eles eram responsáveis pela maior parte da propaganda negativa da Dell. Para realizar a estimativa desses comentários negativos, a pesquisa pediu aos clientes para estimar quantos comentários positivos de amigos ou colegas são necessários para se neutralizar um comentário negativo. Em média, os clientes afirmaram que é preciso haver pelo menos cinco comentários positivos para neutralizar um comentário negativo. Já que os dados da pesquisa indicavam que cada detrator fez comentários negativos para cerca de quatro pessoas por ano, cada detrator neutralizava 20 comentários positivos estimados em US$5,25 cada. Considerando apenas esse cálculo, cada descontente custava US$105 anuais à empresa.

A pesquisa também revelou que os detratores ligavam para os atendentes do serviço ao consumidor quase três vezes mais frequentemente do que os clientes médios, gastavam menos anualmente e eram menos propensos a voltar a comprar um produto Dell. Ao longo de sua vida de clientes da Dell, os detratores geraram um total de US$267 a menos do que os clientes médios, o que significa que cada detrator estava, na verdade, destruindo US$57 do valor da Dell e de seus acionistas.

Como no caso das análises de bancos de varejo, esse cálculo certamente subestima o custo total dos detratores. Nossa análise ignorou o efeito da propaganda negativa sobre os clientes existentes e também o efeito negativo que os clientes insatisfeitos podem trazer para os negócios corporativos da Dell. Também ignorou qualquer impacto negativo sobre a motivação e o comprometimento dos funcionários da Dell ao lidar com clientes insatisfeitos, além de diversas consequências econômicas potencialmente significativas, como dívidas incobráveis, despesas legais e motivação de funcionários. Para isso, seria necessário ter acesso a informações internas. Ainda assim, esse cálculo fornece uma estimativa razoável para a avaliação de empresas que têm como meta construir melhores relacionamentos.

A abordagem da equipe da Bain revelou a poderosa economia gerada pelos promotores. Como mencionamos, na época a Dell contava com cerca de 8 milhões de clientes individuais. Os 15% de clientes detratores custavam à empresa cerca de US$68 milhões (1,2 milhão de detratores, cada qual gerando uma perda de US$57). Se convertermos apenas metade desses detratores em clientes médios – o que é um objetivo factível, visto que outras empresas no segmento da Dell com alto NPS geram apenas 3% a 8% de detratores –, teríamos mais de US$160 milhões adicionados anualmente a seu resultado (600 mil detratores a um acréscimo de US$267 por conversão). Essa matemática simples poderia auxiliar os gerentes da Dell a atribuir a prioridade correta na redução de detratores e aumento de promotores. A Dell, ou outra empresa qualquer, pode avaliar grandes investimentos para a melhoria da experiência do cliente, pois essas propostas podem estar sujeitas à mesma análise econômica rigorosa já aplicada a outros investimentos.

Em suma, agora que você pode ir além das pesquisas de satisfação tradicionais e acompanhar de forma rigorosa seu NPS, é possível criar uma relação entre o *feedback* do cliente e o fluxo de caixa. Você pode começar a eliminar os lucros ruins de seu demonstrativo de resultados e ajustar o motor de crescimento para um desempenho superior constante.

A relação entre NPS e crescimento: NPS relativo ou NPS competitivo

Essa microvisão dos aspectos econômicos do cliente serve de base para a análise de custo-benefício a fim de respaldar decisões de investimentos voltadas para a construção de relacionamentos mais sólidos com os clientes. Os líderes, contudo, também precisam da macrovisão. Eles devem ser capazes de determinar o valor final decorrente de um aumento do NPS para poder fixar metas de melhoria, responsabilizando os executivos pelo cumprimento dessas metas.

Embora seja tentador estabelecer metas absolutas de melhoria anual ou comparar Net Promoter Scores por segmento ou região, as empresas mais experientes no uso do NPS, como a Philips e a Allianz, verificaram que é melhor concentrar-se em melhorar mais rápido que a concorrência em mercados específicos (isto é, relativamente aos concorrentes numa região em que os clientes locais podem efetivamente comprar). O motivo disso é que a média do NPS em diferentes linhas de negócio ou localidades pode levar a um erro de análise. Algumas linhas de negócio e regiões possuem um NPS mais baixo do que outras. Por exemplo, quase todas as seguradoras de automóveis da Austrália têm NPS negativo. Mas, assim como no jogo de basquete, sua pontuação isolada não importa. Para vencer o jogo, basta apenas ter mais pontos do que o adversário. É por isso que gestores experientes aprenderam a usar o NPS *relativo* ou "NPS competitivo de referência" como base para estabelecer prioridades e metas empresariais. (Observe na Figura 3-1, em relação à Philips, que as variações no crescimento relativo não se basearam no NPS médio; basearam-se no NPS de cada negócio, em diferentes localidades.)

Para administrar seu portfólio, essas empresas alocam recursos visando oportunidades de crescimento em unidades de negócios líderes em NPS e reúnem gerentes capazes de desenvolver *business cases* atraentes que lhes possibilitem superar a concorrência em termos de NPS. Uma postura inteligente do ponto de vista estratégico, porque só os mais preparados alcançarão maturidade profissional. Não há como evitar o declínio das margens, e as empresas que dependerem de motores de aquisição de cliente caros e ineficientes – aquelas com baixo NPS – não conseguirão mais competir com empresas que estão gerando crescimento pela lealdade do cliente (aquelas com os maiores Net Promoter Scores do mercado). Devido à função vital que desempenha na estratégia competitiva, é fundamental determinar o NPS de sua empresa em relação ao NPS de seus principais concorrentes. Você pode começar desenvolvendo uma amostragem representativa de clientes não só de sua empresa, mas também da concorrência. As abordagens mais rigorosas requerem o que os pesquisadores chamam de *estudo de mercado duplo-cego*, em que os clientes preservam o anonimato, e os pesquisadores não revelam a empresa que está realizando a pesquisa. Isso minimiza o prejulgamento tanto na amostragem em si quanto na forma de responder às perguntas, criando um campo de jogo nivelado para comparação. Após calcular o NPS de cada empresa da concorrência, você pode determinar o NPS relativo de sua empresa subtraindo a pontuação do maior concorrente de sua própria pontuação.

A equipe da Bain que analisou os aspectos econômicos dos clientes de bancos de varejo americanos também analisou a relação entre o NPS e o crescimento orgânico desses mesmos bancos, constatando que as diferenças de Net Promoter Scores em determinada região explicavam a maior parte das diferenças nas taxas de crescimento relativo de depósitos. No entanto, para entender a relação entre NPS relativo e taxas de crescimento orgânico relativo, é essencial definir criteriosamente o contexto da concorrência. Por exemplo, o Bank of America tem como concorrente o TD Bank na região nordeste dos Estados Unidos, mas não na região oeste do país, onde o TD Bank não possui agências. Portanto, uma base para o cliente avaliar o Bank of America depende, em parte, de quais outros bancos ele julga ter como alternativa. Além disso, a força das operações de varejo do Bank of America ou do Wells Fargo pode variar consideravelmente de uma região para outra, uma vez que esses bancos, em grande parte, são aquisições realizadas nos últimos anos. Aliás, o aumento do número de fusões e aquisições entre os bancos dificultou ainda mais a análise. As taxas de crescimento informadas pelos concorrentes foram drasticamente afetadas pelas aquisições de banco ou filiais. Conseguimos controlar essa variável retirando o ganho artificial resultante das fusões e aquisições da taxa de crescimento geral do banco. Finalmente, como as receitas dos bancos dependem muito das taxas de juros, e as taxas de juros flutuam o tempo todo, precisávamos de uma forma de mensurar o crescimento que refletisse o comportamento do cliente mais do que as tendências macroeconômicas. No caso dos bancos de varejo, os saldos de depósito (divulgados publicamente) acabaram se revelando um bom indicador do crescimento orgânico.

Os resultados da análise conduzida pela equipe da Bain podem scr vistos na Figura 3-4, que mostra a ligação entre o NPS e o crescimento nos bancos do Meio-Oeste dos Estados Unidos. (Um segundo gráfico, com base nos resultados regionais do total de depósitos, apresenta um método para se criarem o NPS

FIGURA 3-4

Relação entre o NPS e o crescimento orgânico de depósitos no Meio-Oeste dos Estados Unidos

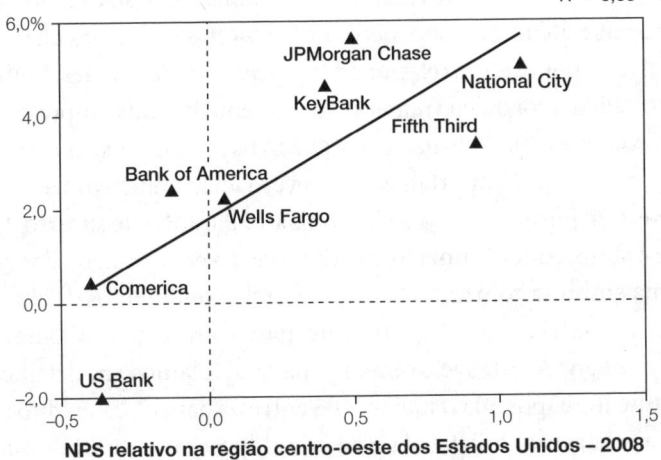

Crescimento orgânico de depósitos no Meio-Oeste dos Estados Unidos (de 2001 a 2007)

$R^2 = 0{,}63$

[Gráfico de dispersão com eixo Y de -2,0% a 6,0% (crescimento orgânico) e eixo X de -0,5 a 1,5 (NPS relativo na região centro-oeste dos Estados Unidos – 2008). Bancos plotados: JPMorgan Chase, National City, KeyBank, Fifth Third, Bank of America, Wells Fargo, Comerica, US Bank.]

NPS relativo na região centro-oeste dos Estados Unidos – 2008

Fonte: Bain Financial Services NPS Survey 2008, SNL, database.

médio e a taxa de crescimento orgânico em nível nacional. Você encontrará esse gráfico em nosso site.) Os bancos, evidentemente, são apenas um exemplo. No trabalho com clientes da Bain e com membros do NPS Loyalty Forum e outros ao longo dos últimos anos, chegamos à conclusão de que a relação entre o NPS e o crescimento orgânico dentro de um mercado específico definido é muito forte na maior parte dos casos. Desenvolvemos um estudo de mercado que inclui diversos setores em muitos países. Para mais exemplos e informações, visite www.netpromotersystem.com.

Outras considerações

Sejamos francos: o NPS não explica todos os casos de crescimento relativo existentes. Outros fatores além da lealdade do cliente podem desempenhar papel importante. Empresas com muitos recursos podem abrir um monte de lojas novas ou inundar o mercado com promoções e descontos. As fusões e aquisições podem distorcer as relações, como vimos no exemplo dos bancos de varejo. Empresas que formam monopólios e empresas que dominam os canais de distribuição às vezes crescem mesmo com NPS baixo (pense na empresa de TV a cabo de sua região). E os avanços tecnológicos podem criar surtos de crescimento. Entretanto, mesmo em situações como essas, as empresas devem classificar os clientes em promotores, neutros e detratores, pois isso ajudará os gestores a gerar crescimento de forma mais rápida e eficiente. Nenhuma empresa é capaz de sustentar seu crescimento por um longo período e em relação a diversos projetos de produtos e ciclos tecnológicos sem construir bons relacionamentos. Além disso, o efeito negativo de um baixo NPS sobre a motivação dos funcionários acaba tendo seu preço. Isso explica por que até mesmo a poderosa Microsoft decidiu vincular a remuneração de executivos a pontuações relacionadas ao *feedback* de clientes. Embora a lealdade não seja o único fator a determinar o crescimento de uma empresa, o crescimento orgânico com rentabilidade não consegue mais se manter sem isso.

Outra observação importante: nosso verdadeiro objetivo não deve ser ter um alto NPS em si, porque um NPS elevado não é garantia de sucesso. O Net Promoter Score é simplesmente uma forma de mensurar a qualidade dos relacionamentos de uma empresa com seus clientes, e os relacionamentos de alta qualidade são condição necessária, mas não suficiente, para o crescimento rentável. Por exemplo, a HomeBanc Mortgage Company, da qual falamos em detalhes na primeira edição deste livro, possuía o maior NPS entre os bancos de crédito imobiliário da época e, ainda assim, foi afetada pela crise hipotecária de 2007, que levou a HomeBanc e muitos de seus concorrentes à falência. Uma empresa precisa formar um exército de promotores, como a HomeBanc fez, mas o potencial criado irá por água abaixo se a empresa não for capaz de tomar decisões acertadas sobre risco, precificação, inovação, gerenciamento de custos e tudo o que for necessário para obter um crescimento sustentável e lucrativo.

Net Promoter e participação de mercado

O objetivo da maior parte das estratégias corporativas é construir vantagem competitiva e obter a maior participação de mercado possível. Aumentar o número de promotores e reduzir o número de detratores deve, com o tempo, ajudar uma empresa a crescer mais rápido e de maneira mais rentável. Conforme comentado, muitos dos primeiros líderes a adotar o sistema Net Promoter descobriram que desenvolver o NPS relativo à concorrência pode ajudá-los a superar os concorrentes e ganhar participação de mercado.

A ironia está exatamente aí: quanto mais participação de mercado uma empresa ganha, mais dominante se torna – e mais provável é que vá cair na armadilha dos lucros ruins. Mesmo que os CEOs não tenham o menor desejo de encontrar lucros ruins pelo caminho, por reconhecerem os efeitos nocivos que trazem ao crescimento, eles e suas equipes estão sob intensa pressão para aumentar o lucros. Isso, por si só, torna os executivos suscetíveis à tentação de explorar os relacionamento com o cliente.

Em casos extremos, as empresas formam monopólios ou quase monopólios. Se você quiser voar direto de uma cidade pequena para outra cidade pequena, provavelmente descobrirá que tem apenas uma companhia aérea para escolher. Em muitas cidades americanas, se você quiser ter TV a cabo, existe somente uma opção. Você pode descobrir que apenas uma operadora de telefonia celular oferece um bom sinal em sua residência, em seu escritório e no trajeto entre um e outro. Se esse provedor insistir em fechar um contrato de dois anos em troca de um plano de tarifas razoável, em tese o deixará preso em um monopólio temporário. Todas essas estratégias geram lucros substanciais, mas os clientes que pagam por elas estão mais vulneráveis do que nunca a receber um tratamento abusivo, manipulador e coercitivo. A operadora de telefonia celular com a melhor cobertura de rede, por exemplo, está mais propensa a oferecer um serviço moroso, cobranças complexas, minutos extras e taxas de roaming onerosas, além de atendentes ineficientes.

Faz algum sentido para essas empresas, que já conquistaram ou compraram seu domínio em alguns mercados, investir na construção de bons relacionamentos? Ou elas ganham mais se preocupando apenas com a maximização dos lucros de curto prazo? Pense no exemplo das empresas de TV a cabo americanas que negociaram contratos de exclusividade com os governos municipais. No segmento de cabo, há baixa correlação histórica entre o crescimento relativo e o NPS relativo porque o crescimento é conduzido mais por aumento da população e renda em determinado mercado do que pelos níveis de serviço prestados pela empresa de cabo. Na verdade, os NPS do segmento cabo são extremamente baixos, atingindo uma média de –3%. É raro ver clientes entusiasmados quando têm limitação em suas escolhas – e, mesmo assim, muitas empresas de TV a cabo aumentam os preços e fornecem um serviço insatisfatório.

O consolo é que nenhum monopólio dura para sempre. Novas tecnologias são desenvolvidas. As regulamentações mudam. Construir bons relacionamentos com o cliente prepara uma empresa para a possibilidade de acirramento da concorrência. Além disso, um alto NPS aumenta o potencial de crescimento de uma empresa por permitir que ela se expanda em áreas afins. Por exemplo, uma das oportunidades de expansão mais lucrativas para as empresas de cabo foi a entrada no segmento de telecomunicações – e o NPS funciona para explicar o sucesso relativo das empresas nesse mercado. As equipes da Bain analisaram uma série de mercados nos Estados Unidos e no Canadá, examinando a velocidade com que a empresa de TV a cabo local era capaz de realizar vendas cruzadas de serviços de telecomunicações a clientes já existentes. A melhor explicação para o sucesso relativo foi a diferença entre o NPS que a empresa recebia de seus clientes cujos principais serviços eram TV a cabo e NPS recebido pela companhia telefônica local de seus clientes que utilizavam primariamente serviços de telefonia.

Quando a diferença era positiva – o NPS da empresa de cabo era maior do que o NPS da companhia telefônica –, a penetração dos serviços de telecomunicações da empresa de cabo era rápida. Quanto maior a diferença, mais rápida era a penetração.

Os líderes em NPS reconhecem o valor da liderança em participação de mercado. A Intuit desfruta de uma participação no mercado de varejo de 80% ou mais em seus três negócios principais, enquanto a Southwest Airlines tem participação de 80% nas decolagens e aterrissagens em seus 25 principais aeroportos. A Enterprise tem liderança absoluta no segmento doméstico de aluguel de carros, mas o que mantém essas empresas crescendo não é sua devoção à participação de mercado; é sua capacidade de manter os funcionários focados na obtenção de lucros bons. Bons relacionamentos com o cliente não significa apenas expandir o *core business*; eles abrem a porta para extensões bem-sucedidas em negócios complementares (outro exemplo é a expansão lucrativa da Enterprise no aluguel de carros em aeroportos e vendas de veículos usados por conta de seu grande desempenho no negócio de aluguel no país). A revolucionária tecnologia do iPhone permitiu que a Apple dominasse o mercado de smartphones, com filas e mais filas de clientes esperando, ansiosos, pelo novo modelo. Mas os líderes da empresa tiveram de dar duro para que o pessoal da linha de frente se mantivesse sempre gentil e atencioso, em vez de arrogante e complacente. Como resultado, os clientes receberam o iPad com o mesmo entusiasmo e aumentaram as compras de Macs no embalo. Querer uma grande participação de mercado é um excelente objetivo. Para atingi-la e sustentá-la, contudo, é preciso encontrar uma maneira de acompanhar o NPS e construir melhores relacionamentos – não apenas porque é a coisa certa a ser feita, mas porque faz sentido econômico.

4
A história da Enterprise Rent-A-Car – mensurando o que importa

Estamos no Turnberry Isle Resort, Flórida. O ano é 1996. O clima no encontro dos executivos da Enterprise Rent–A-Car deveria ser de comemoração. Esse era o ano mais bem-sucedido na história da Enterprise. A empresa estava crescendo rapidamente e acabara de ultrapassar a Hertz como a número 1 em aluguel de veículos nos Estados Unidos. Apesar disso, a apresentação de abertura do evento adquiriu um tom sombrio. Os índices de satisfação do cliente estavam estagnados. Em um estudo de satisfação que envolvia agentes de seguros que lidam com sinistros (uma fonte primária de recomendações de clientes), alguns corretores haviam classificado a Enterprise abaixo de seus concorrentes.

O CEO Andy Taylor se recorda quando o slide foi projetado na tela: "Era possível ouvir as pessoas engolindo em seco na sala." Todos os olhos se voltaram para o fundador e chairman, Jack Taylor, pai de Andy, que havia dedicado sua vida a construir uma empresa que servisse a seus clientes melhor do que qualquer outra. Jack estava chateado. Após as apresentações da manhã, tivera um encontro em particular com Andy, e seu recado foi curto e grosso: "Andrew", ele disse, como o patriarca, "nós temos um grande problema".[1]

Andy Taylor, que não era chamado de Andrew por seu pai (ou quem quer que fosse) desde a infância, se recorda disso como um momento decisivo. Ele fora nomeado presidente e COO (Chief Operating Officer) dessa empresa de capital fechado em 1980 e CEO em 1991. Agora ele sabia que estava em suas mãos a missão de mudar as coisas. Prometeu que a Enterprise definiria novos padrões para excelência em serviço e relacionamento com os clientes. A única pergunta era como fazer isso.

A empresa já vinha tentando realizar pesquisas de satisfação de clientes desde 1989, quando iniciou as atividades de aluguel de veículos. Naquela época, muitos gerentes duvidavam que as pesquisas significassem alguma coisa. É claro que os números indicavam alguns problemas, mas a empresa não estava crescendo? Não estava ganhando dinheiro? Os gerentes diziam que as dificuldades que apareciam não eram sistêmicas; elas poderiam ser resolvidas no local. Isso ajudava a manter a tradição de descentralização da Enterprise.

Mas no início da década de 1990, Andy Taylor estava preocupado, em parte porque ele próprio estava ouvindo mais reclamações dos clientes do que de costume. Resolveu, então, designar uma equipe de gerentes para trabalhar com as pesquisas. Aquela equipe desenhou um novo instrumento de pesquisa – e tal qual a maioria desses instrumentos, esse sofria de "perguntice aguda". A versão inicial tinha 1 página, continha 9 perguntas e pedia 17 respostas em separado, incluindo uma pergunta aberta: "Como poderíamos ter atendido você melhor?" Bem no topo da folha, no entanto, estava a pergunta que se tornaria a pergunta-chave de todo o projeto: "Em termos gerais, qual foi seu grau de satisfação em relação ao último aluguel de veículo com a Enterprise?" As cinco caixinhas que o cliente poderia marcar iam de "alto grau de satisfação" a "insatisfação completa". Taylor e sua equipe decidiram que a empresa calcularia os percentuais para essa pergunta em cada categoria. Eles acabaram chamando o índice de Enterprise Service Quality index, ou ESQi (Índice de Qualidade de Serviço Enterprise).

E foi dessa forma que a Enterprise lançou um processo de métricas que lhe permitiu "passar de um negócio que faturava US$2 bilhões em 1994 para um faturamento de US$7 bilhões" em 2004,[2] conforme declarado por Taylor em uma entrevista à *Fortune Small Business*. Em 2009, a Enterprise Holdings faturava mais de US$12 bilhões, incluindo a compra da Alamo e da National. Naquele semestre, Andy Taylor explicou numa conferência a executivos do setor: "A primeira coisa que fizemos quando fechamos o contrato foi implementar nosso processo ESQi na National e na Alamo – assim nasceram o NSQi (National Service Quality index) e o ASQi (Alamo Service Quality index). Nosso objetivo era mostrar a importância dessa estrutura para a família Enterprise – e que as mudanças subsequentes no processo de fusão não enfraqueceriam o relacionamento com os clientes.

Mas ainda havia um longo caminho a ser percorrido em 1994. Tornar o índice ESQi uma ferramenta útil e confiável acabou se revelando um processo longo, complexo e fonte de muitos desentendimentos.

Aprendendo a mensurar

Os primeiros questionários da Enterprise foram aplicados em julho de 1994, e a empresa reportou seus primeiros três meses de resultados aos executivos em outubro. Em termos gerais, as respostas ficaram na média. Dos respondentes, 86% estavam pelo menos "mais ou menos satisfeitos", mas apenas 60% marcaram o "quadradinho de cima" – como a empresa se referia a ele – para indicar que estavam completamente satisfeitos. Taylor achou que aquela pontuação estava muito abaixo do que poderia ser.

O pior é que havia enormes disparidades entre as várias regiões, algumas registrando pontuações mais altas, entre 80% e 89%, e outras caindo para os 50%.

Uma das maiores e mais rentáveis regiões foi classificada com míseros 54%. "Estávamos bem perto da pior classificação da empresa", reconheceu o vice-presidente da área de aluguel da região. "Era uma notícia muito ruim para pessoas competitivas como nós, especialmente na frente de nossos colegas."

Não foi surpresa que a primeira reação entre alguns gerentes tenha sido descontar a frustração em quem deu a má notícia e tentar desqualificar a pesquisa. Taylor se recorda de que aqueles com índices ruins "rasgaram as métricas, os questionários e a técnica de amostragem que sustentava tudo aquilo". Os gerentes reclamavam que o processo não considerava as diferenças de tamanho entre as agências; também não levava em conta que as diferentes regiões do país poderiam ter expectativas diferentes sobre atendimento a cliente. Além disso, eles perguntavam, o que tudo isso provava? O ESQi poderia ser uma métrica válida de satisfação, mas teria alguma coisa a ver com fazer a empresa crescer? Haveria mesmo uma relação entre a satisfação do cliente e os resultados financeiros?

Em vista disso, Taylor e sua equipe de trabalho continuaram a examinar e refinar seus métodos. Eles descobriram que o tamanho da agência e a região geográfica não faziam diferença – os melhores e piores desempenhos podiam ser encontrados em qualquer categoria. A equipe desafiou a ideia de que os executivos já sabiam onde os problemas estavam. Quando se pediu aos gerentes que classificassem suas várias operações acima ou abaixo da média de serviço da empresa sem consultar os índices ESQi mais recentes, por exemplo, eles não acertaram mais do que a metade, o que equivale a "chutar" a resposta.

A equipe de trabalho também realizou três mudanças que acabaram se tornando muito importantes:

- *Granularidade e confiabilidade.* Já que a experiência do cliente era controlada principalmente pela agência local, os integrantes da equipe chegaram à conclusão de que a empresa precisava pontuar não apenas suas regiões, mas cada uma de suas milhares de agências. (A Enterprise possuía, na época, mais de 1.800 agências; hoje, possui mais de 7.600, incluindo a National e a Alamo.) Somente com esse grau de granularidade, os gerentes regionais poderiam responsabilizar as agências pelo estabelecimento de bons relacionamentos com o cliente. Além disso, já que cada agência necessitaria do *feedback* de pelo menos 25 clientes por mês, o tamanho da amostra deveria aumentar. Uma média móvel de três meses desse *feedback* produziria uma pontuação respeitável.
- Feedback *oportuno.* Após ouvir as opiniões dos gerentes de campo, a equipe decidiu que a informação precisava estar disponível com mais rapidez. Os índices de satisfação do cliente que eram coletados a cada trimestre e publicados muito depois do término do trimestre não significavam muita coisa. Que

gerente de agência conseguiria se recordar do que havia acontecido durante aquele trimestre para gerenciar os índices para um lado ou para o outro? Na verdade, Taylor e sua equipe desejavam informações atualizadas o mais depressa possível para que o pessoal da linha de frente pudesse se lembrar de eventos que poderiam ter influenciado os índices. O *feedback* oportuno também permitiria que as agências testassem novas ideias para depois avaliá-las quando os índices da pesquisa chegassem. Para acelerar as coisas, os pesquisadores passaram da correspondência escrita para as entrevistas por telefone, e passaram a reportar o ESQi mensalmente, como era feito com o relatório mensal de lucros e outras métricas de desempenho.

- *Relação com o comportamento.* Por fim, já que os executivos queriam evidências de que os investimentos para o aumento dos índices ESQi se pagariam, a equipe analisou o grau de relação das perguntas nas pesquisas com o comportamento do consumidor, como aluguéis repetidos e recomendações – comportamento que gerava crescimento. Os pesquisadores voltaram a telefonar para centenas de clientes que haviam respondido à pesquisa alguns meses antes, perguntando quantas recomendações positivas e negativas eles haviam feito. Perguntaram aos clientes quantos veículos eles haviam alugado desde que responderam à pesquisa, e qual era a participação da Enterprise no aluguel daqueles veículos. Essas perguntas foram bem-sucedidas: a pergunta no topo da página – "Você ficou completamente satisfeito?" – foi responsável por uma impressionante variação de 86% nas recomendações dos clientes e compras repetidas. Aqueles que avaliaram a empresa como 5 em uma escala máxima de 5 – o equivalente aos promotores no Net Promoter Score – tinham três vezes mais propensão a retornar à Enterprise do que um cliente que dera uma nota menor. E quase 90% das recomendações positivas foram feitas pelos clientes que marcaram o quadradinho de cima. Conclusão: os altos índices de pontuação significavam crescimento e lucratividade.

Todas essas conclusões silenciaram os executivos céticos. As métricas significavam alguma coisa, mas nada parecia *melhorar* os índices da empresa, como o encontro de 1996 deixou claro. O próximo desafio de Andy Taylor foi fazer com que seus executivos e agências fizessem algo sobre as métricas. Ele escreveu na época: "É chegada a hora de exercer liderança, de 'mostrar os dentes' com relação aos esforços em torno do ESQi."

Levando o ESQi a sério

O primeiro passo de Taylor foi atrelar os índices ESQi aos sistemas de recompensas da empresa. Na Enterprise, o avô dos programas de reconhecimento é o prestigiado Prêmio do Presidente, um prêmio cobiçado entregue a pessoas que dão contribuições excepcionais à empresa. Após o ano de 1996, um gerente ou executivo da Enterprise só poderia concorrer se sua agência ou região tivesse atingido ou superado a média da companhia no índice ESQi. O grupo dos 32 gerentes e executivos do sul da Califórnia, que recebera um número desproporcional de prêmios no passado, voltou para casa de mãos vazias nos dois anos subsequentes. A mensagem foi entendida. "As pessoas diziam: 'Esta empresa leva o ESQi a sério'", lembra Tim Walsh, ex-integrante do grupo dos 32.

O segundo passo propagou uma mensagem ainda mais forte. A empresa redesenhou seus relatórios mensais de operações para destacar o ESQi, publicando os índices de cada filial ao lado dos respectivos lucros líquidos. Os relatórios traziam cada filial, região e gerente do grupo na empresa para que todos soubessem imediatamente como se comparavam uns em relação aos outros. Além disso, a empresa anunciou que ninguém com índice ESQi abaixo da média era candidato a uma promoção – e respaldou esse anúncio ao não promover um executivo com desempenho destacado da Califórnia. Taylor comentou: "Ele teria ganhado disparado se estivéssemos no sistema antigo."

Terceiro passo: comunicação e mais comunicação. "O ESQi se tornou assunto-chave de *cada* discurso que eu fazia internamente", disse Taylor. "A satisfação do cliente estava na agenda de *cada* reunião de gestão e operações em todos os níveis. Quando eu estava presente, ia diretamente às pontuações ESQi e pedia que cada um dos gerentes presentes explicasse o que estava acontecendo e o que eles estavam fazendo a respeito. Essas eram as primeiras perguntas da sabatina."

Antes do esperado, o ESQi havia se tornado parte visceral da cultura corporativa da Enterprise. Os requisitos para promoção de um ESQi acima da média ficaram conhecidos como "valetes ou melhor", como num jogo tradicional de pôquer, quando é necessário um par de valetes ou melhor para abrir uma aposta. As agências ou os grupos que estavam abaixo da média e, dessa forma, eram inelegíveis para uma promoção, estavam na "Prisão ESQi". Aos poucos, os índices ESQi começaram a melhorar. Em 1994, a média fora em torno de 67. Já em 1998, alcançara 72 e, em 2002, 77. A distância entre os melhores desempenhos e os piores diminuiu, indo de 28 pontos em 1994 para apenas 12 em 2001. Até mesmo o sul da Califórnia viu seu número superar a média e passou a receber novamente os Prêmios do Presidente.

Por que o ESQi funciona

O sistema ESQi da Enterprise foi projetado de forma a ajudar os gerentes de linha de frente na busca de dois objetivos: obter mais pontuações altas e receber menos pontuações neutras ou ruins. Na linguagem usada neste livro, os objetivos consistem em aumentar o número de clientes promotores e reduzir o número de detratores. O ESQi é o exemplo mais eficaz de processo para mensuração de relacionamentos que eu já vi, e apresenta vários diferenciais.

Foco estrito. Ao contrário de muitas pesquisas de mercado, o ESQi não foi projetado pelo pessoal da matriz para atender a todas as perguntas ou projetos de alguém na organização. Ao contrário. A empresa foi eliminando todas aquelas perguntas do questionário inicial ao longo do tempo, a fim de privilegiar apenas uma: *O quão satisfeito você ficou com sua experiência mais recente de aluguel de veículos?* Se o cliente afirma ter ficado insatisfeito, o pesquisador oferece desculpas e diz: "Uma pessoa deve lhe telefonar para falar sobre isso no momento mais conveniente para você." Simples assim. Se o marketing ou outro departamento deseja investigar outras questões, a Enterprise encomenda pesquisas à parte. Na verdade, a pesquisa com o cliente passou de um instrumento de pesquisa de mercado para uma ferramenta prática de pontuação – um sistema operacional.

Responsabilidade operacional. O processo organizacional para gerenciar a pesquisa também foi transformado. Já que os gerentes de linha iriam utilizar a ferramenta, o ESQi foi retirado por completo do departamento de pesquisa de mercado. Dan Gass, gerente responsável por controlar o novo sistema, se reporta a Greg Stubblefield, executivo de operações responsável pela unidade de locações da Enterprise. Gass fica completamente envolvido com o processo, enquanto um pesquisador externo realiza as pesquisas telefônicas. Gass visita a sede da empresa de pesquisas e conversa com os atendentes. Ele monitora ligações por pelo menos 15 horas mensais. Dessa forma, ele é alertado quando há algum problema que precise de atenção executiva, e pode descobrir maneiras de aprimorar o processo como um todo.

Rapidez e alta taxa de participação. Os computadores da Enterprise fazem a transferência regular dos dados de uma amostra aleatória de contratos de locação fechados recentemente para o pesquisador, a fim de assegurar que os clientes sejam pesquisados dentro de poucos dias após o aluguel do veículo. Pelo fato de a pesquisa ser tão curta, a taxa de respostas supera os 95%. A alta taxa de respostas elimina a parcialidade da amostra e fortalece a confiabilidade dos resultados.

Um sistema fechado. Uma decisão fundamental para o sucesso do ESQi foi o fato de não se pedir ao pesquisador para realizar o diagnóstico da causa-raiz de um resultado do cliente. Para espanto da empresa de pesquisa contratada, Taylor e sua equipe insistiam que tentar gerar o resultado e o diagnóstico na mesma pesquisa levaria ao fracasso em ambos os objetivos.

Os argumentos eram fortes. Quem já fez análises de causa-raiz sabe que é preciso fazer pelo menos quatro ou cinco perguntas inteligentes para determinar o problema que merece atenção. E fazer perguntas em busca da causa-raiz das preocupações de um cliente em particular muitas vezes exige conhecimento do cliente ou da transação. Por exemplo, pode ser fundamental saber se a agência estava com seu pessoal reduzido temporariamente, se a transação foi um primeiro aluguel ou qual o padrão histórico de locação do cliente. Nenhum entrevistador externo pode ter toda essa informação e entendimento.

Portanto, quando o cliente manifesta alguma insatisfação na pesquisa do ESQi, o atendente pergunta se ele "aceita que o gerente da agência entre em contato". Mais de 90% dos clientes aceitam – e um e-mail com o telefone e a pontuação do cliente é enviado à agência em questão. Os gerentes foram treinados a ligar imediatamente, para se desculpar, saber a causa da insatisfação do cliente e apresentar uma solução. Em alguns casos, o pedido de desculpa já é suficiente para resolver o problema. Em outros, a oferta de um aluguel gratuito é mais eficiente. O primeiro diagnóstico é sempre realizado na linha de frente, de modo que a agência possa saber o que precisa ser consertado e tome as medidas pertinentes.

Um vínculo com os aspectos econômicos do negócio. Graças ao ciclo fechado, a Enterprise teve muito sucesso na redução dos detratores: a proporção de clientes neutros ou detratores baixou de 12% para 5% desde 1994. Essa queda em si já melhorou a economia da empresa – existe menos crítica negativa. O aumento da porcentagem de promotores também melhora os aspectos econômicos, estimulando o crescimento e reduzindo os custos. Por exemplo, a Enterprise pode gastar menos do que a Hertz em propaganda e, ainda assim, crescer mais rápido, devido às críticas positivas. Mensurar e controlar o número de clientes promotores gerados em cada agência é uma forma de utilizar o boca a boca como arma de quantificação competitiva.

Evolução contínua. Evidentemente, o sistema está em constante evolução, e é muito mais eficaz atualmente do que quando foi criado. A eficiência dos pesquisadores cresceu de 12 ligações por hora em 1996 para quase 20 ligações hoje em dia, o que significa que o custo do sistema por agência é inferior a US$550 anuais. A Enterprise também deu continuidade a seu plano de entregar informações atualizadas de forma mais rápida. Pouco tempo atrás, a média da empresa parecia estagnada em 77%. Ao procurar explicações para essa estagnação, Dan Gass percebeu um efeito sazonal: a pontuação da maior parte das agências caía durante o verão. O verão era uma época em que se contratava muitos funcionários novos, e a empresa desviava a atenção do ESQi. Para manter o foco no cliente, Gass determinou que as agências da Enterprise apresentassem o ESQi semanalmente. Em 2004, com esses novos dados disponíveis, não houve declínio nos resultados durante o verão. O truque? Simples: gerar os números com mais frequência para manter o foco da organização no cliente. Em novembro, quase 80% dos clientes marcaram o "quadradinho de cima", indicando satisfação completa.

Como o ESQi gera melhorias

O ESQi em si, obviamente, é apenas uma forma de mensuração. O verdadeiro desafio é melhorar de forma contínua os resultados. Os esforços da Enterprise nesse sentido podem ser divididos em algumas categorias:

- *Treinamento.* Gass desenvolveu um programa de treinamento abrangente em torno do conceito de ciclo de serviço. Os funcionários da Enterprise interagem com os clientes em vários momentos do processo de aluguel, desde a ligação inicial até a assinatura do contrato, passando por etapas intermediárias. O programa de treinamento estabelece padrões de referência para cada ponto do ciclo e inclui dicas de como os funcionários podem garantir uma experiência agradável para o cliente em cada passo.
- *Soluções imediatas.* Os gerentes desencorajam o uso do linguajar técnico de pesquisas em suas agências. Os funcionários não devem perguntar ao cliente se ele está totalmente satisfeito. Devem descobrir o que podem fazer para melhorar a experiência de aluguel e então partir para a ação. O objetivo é fazer com que os clientes voltem várias vezes e recomendem a empresa aos amigos. Mas os gerentes também ficam de olho nos custos, porque não adianta ter um alto índice ESQi e não ter lucro.
- *Experimentação.* Funcionários e equipes testam novas abordagens, novas táticas e novas estratégias e depois verificam se essas mudanças geraram bons resultados. Na verdade, as mais de 7.600 agências e os 12 *feedbacks* mensais da Enterprise possibilitam mais de 91 mil experiências de aprendizagem por ano. A experimentação é um componente particularmente importante no tocante ao desenvolvimento de promotores. Os detratores, em princípio, querem que seu problema seja resolvido, mas o que os promotores querem? Como se pôde constatar, o desenvolvimento de promotores requer iniciativas como oferecer água gelada no ônibus de traslado. Essa ideia surgiu quando um motorista da empresa decidiu colocar um pequeno frigobar em seu ônibus. O aumento do índice ESQi daquela agência serviu de exemplo de inovação para as outras. Aliás, a maior parte das melhorias nos serviços da empresa, como o serviço de transporte gratuito dos clientes até o ponto de locação, resulta do sucesso de agências isoladas.
- *Fechamento do ciclo ainda mais rápido.* Se você alugar um carro na Enterprise, verificará um fenômeno interessante: ao devolver o automóvel no final, verá que o funcionário da empresa responsável pelo processo de devolução lhe fará duas ou três perguntas. Como foi nosso serviço? O que poderia melhorar? Se houve algum problema, o que podemos fazer para compensar? O funcionário se esforçará ao máximo para reparar imediatamente qualquer insatisfação. Na maior parte das agências, no fim do expediente esse tipo de *feedback* instantâneo é colocado em uma tabela que servirá de base para a reunião dos funcionários que abrirão a loja no dia seguinte.
- *Aprendizado com os melhores.* A Enterprise descobriu que as melhores ideias raramente vêm dos executivos da matriz; elas são desenvolvidas, testadas e aprimoradas nas agências. O truque da empresa é criar grupos

de discussão para a troca de ideias. É por isso que ela gasta tanto tempo com o ESQi, em reuniões locais, regionais ou nacionais – e por isso os resultados são amplamente divulgados. Nos encontros nacionais, alguns líderes pedem para os gerentes de loja colocarem seus índices ESQi no crachá, embaixo do nome, para que todos saibam quem pode ensinar a quem. Graças a esse sistema de classificação, os gerentes em busca de boas ideias podem espelhar-se nos exemplos das agências com melhores resultados, e não em quem conta as histórias mais impressionantes.

Como a Enterprise vincula os resultados do *feedback* de clientes a promoções, é surpreendente o fato de não ouvirem funcionários implorando notas altas aos clientes. Ao contrário das concessionárias, as agências da Enterprise não penduram as pesquisas de satisfação no mural da empresa, com os "quadradinhos de cima" sugestivamente marcados. Em vez disso, ensinam aos funcionários que manipular os resultados, além de ser antiético – tão antiético quanto roubar dinheiro do caixa ou esconder os lucros –, contradiz o verdadeiro objetivo da companhia, que é o de proporcionar a melhor experiência para o cliente.

Evidentemente, alguns funcionários se veem tentados a burlar as regras e manipular os resultados. A Enterprise chama tal prática de *aceleração* e considera-a motivo de demissão. Pouco tempo após a implementação do processo nas agências, por exemplo, correu o boato de que algumas lojas estavam mudando os números de telefone dos clientes insatisfeitos. Apenas um algarismo diferente bastava para que o pesquisador nunca mais conseguisse falar com o cliente e a agência evitasse um mau resultado. Na Enterprise, porém, é difícil esconder esse tipo de fraude por muito tempo, pois os funcionários estão sendo frequentemente transferidos de agência, e quem for pego adulterando números de telefone pode ser demitido. A empresa agora está rastreando os números de telefone errados, identificando as agências irregulares e supervisionando de perto seus processos.

Em outra medida de segurança contra a manipulação de resultados, os gerentes locais ocasionalmente pedem os relatórios de clientes insatisfeitos para acompanhamento e falam diretamente com os detratores. Os executivos também ligam aleatoriamente para alguns clientes a fim de saber sobre sua experiência. "O ESQi, como qualquer sistema, é eficaz somente se as informações fornecidas forem verdadeiras", diz Andy Taylor. Aliás, qualquer questão referente à licitude da manipulação do ESQi é respondida pela declaração de valor da empresa: "A honestidade e integridade pessoal são a base do sucesso de nossa companhia." Para evitar qualquer tentativa de má interpretação, Taylor incentiva os altos executivos a ressaltar sempre a importância da integridade no ESQi. Casos sobre tentativas de manipulação do sistema – e as demissões decorrentes – tornam-se lendas nas reuniões regionais de gerentes de loja. As histórias são contadas tantas vezes que todo mundo entende as consequências de fraudar o ESQi.

Voto para o crescimento

Um dos avanços mais significativos no desenvolvimento do trabalho em equipe nas agências da Enterprise é um processo conhecido como "O Voto".

Neil Leyland, gerente responsável por diversas agências em Londres, deparou com um enigma: seus funcionários acreditavam que deviam ter índices ESQi maiores, mas os índices não aumentavam muito. Leyland chegou à conclusão de que os grupos não trabalhavam em equipe de modo tão eficiente quanto poderiam, e ninguém se responsabilizava pelos resultados.

Resolveu, então, pôr em prática um plano. Toda segunda-feira de manhã, antes de abrir a loja, cada funcionário teria de classificar os outros, com base na qualidade do serviço de atendimento ao cliente da semana anterior. Os votos eram contados e expostos para todos verem. Leyland pediu que os comentários sobre os votos fossem positivos, e que incluíssem exemplos específicos de bom e mau comportamento. Entre os comentários mais comuns, havia: "Você ficou em último lugar na minha lista porque percebi que raramente atende o telefone antes do terceiro toque, e várias vezes tive de largar meu cliente para fazer um trabalho que é seu" e "Você não olha diretamente nos olhos do cliente quando o cumprimenta". O grupo se esforçou para que as observações fossem sempre construtivas, e todos tinham de dar sugestões aos companheiros de equipe classificados abaixo da média. Nas segundas seguintes, Leyland concedeu prêmios ao funcionário com melhor votação e ao funcionário que mais se transformou naquela semana.

No início, os gerentes acharam essa ideia de *feedback* mútuo um pouco radical. Temiam que o programa gerasse brigas e enfraquecesse o espírito de equipe. Mas em pouco tempo, as piores agências de Leyland dispararam do último para o primeiro lugar nos índices ESQi, e sua taxa de crescimento anual ultrapassou os 50%. Ao ver esses números, Dan Gass passou a acreditar no programa – assim como muitos gerentes. Alguns implementaram o sistema, mas decidiram que os votos deveriam ser confidenciais, com a divulgação apenas do resultado final. Outros descobriram que o melhor método era a votação aberta, porque assim cada funcionário se sentiria responsável pelas mudanças.

Dois anos depois, mais da metade das agências da Enterprise no mundo inteiro já havia adotado "O Voto" como ferramenta básica para melhorar o serviço de atendimento ao cliente. Os gerentes que temiam que o processo fosse radical demais começaram a convidar os funcionários mais bem votados para almoçar, o que representava tanto uma recompensa para os funcionários como uma fonte de novas ideias para os gerentes. Por exemplo, um dos vencedores observava detalhes pessoais no contrato de locação do cliente, como "visita ao filho no hospital", para depois perguntar como havia sido essa visita quando o cliente viesse devolver o carro.

Enquanto isso, na terra natal de Leyland, a Inglaterra, a Enterprise continuava em ascensão. Com "O Voto" como motor de desempenho, a empresa superou rapidamente a concorrência, alcançando a liderança em NPS com mais de 25 pontos de diferença em relação ao segundo colocado numa avaliação independente. Crescendo, em média, 20% ao ano, enquanto os concorrentes perdiam força, a Enterprise conquistou sólida participação de mercado. Quase nenhuma empresa conseguiu repetir o sucesso de um país ao abrir lojas em outro. A Enterprise parece ter descoberto o segredo e desenvolveu um processo rigoroso para assegurar que sua estratégia de foco no cliente funcionasse bem no mundo inteiro.

Um sistema único

O sistema de avaliação do relacionamento com o cliente desenvolvido pela Enterprise é um pouco diferente do sistema descrito neste livro. A Enterprise não usa os termos *promotores* e *detratores*. A empresa utiliza uma escala de 0 a 5, em vez da escala de 0 a 10 adotada no NPS. O ESQi baseia-se somente nos melhores resultados – a porcentagem de promotores –, não nos promotores *líquidos*, ou seja, o número de promotores menos o número de detratores. Acredito que o passo adicional de se calcular o NPS vale a pena, porque dessa forma as empresas darão atenção a ambos os grupos e porque as taxas de crescimento estarão mais vinculadas ao NPS do que ao número de promotores isolado.

Mas sucesso não se discute. Aliás, quanto mais estudamos o processo de mensuração ESQi da Enterprise, mais nos impressionamos. O sistema de ciclo fechado da empresa garante que a mensuração esteja atrelada à ação. As agências não param de crescer. A porcentagem de clientes promotores continua aumentando. E, embora o número de detratores não esteja incluído no índice ESQi, a Enterprise controla esse número, trabalhando para diminuí-lo ao reduzir os erros operacionais.

Segundo Andy Taylor, o ESQi é o principal responsável pelo crescimento contínuo da Enterprise em seu negócio principal, apesar de sua enorme escala. Graças ao ESQi, as agências da empresa foram capazes de promover a melhor experiência para o cliente, sem pensar em incrementar artificialmente os lucros. Como resultado, a lealdade resultante por parte dos clientes permitiu que a companhia expandisse os negócios para mercados adjacentes, como locações em aeroportos e vendas de carros usados, tudo isso com o vento a seu favor. Ao descartar os métodos tradicionais de pesquisa de satisfação e substituí-los por um único número confiável, a Enterprise não para de crescer e prosperar, estabelecendo o padrão do setor para a criação de mais promotores e menos detratores.

5

As regras para medir o NPS

Os métodos tradicionais de mensuração da satisfação dos clientes possuem tantas deficiências que dediquei um capítulo inteiro a eles na versão original deste livro. Como essas deficiências já não são mais segredo atualmente, decidi mencionar aqui apenas as mais comuns:

- A maioria das pesquisas é longa e complexa demais, desperdiçando o tempo dos entrevistados.
- As pesquisas servem apenas como relatório, sem influenciar no aprendizado prático do pessoal da linha de frente.
- As pesquisas geralmente são anônimas, o que elimina a possibilidade de se fechar o ciclo com clientes individuais.
- As pesquisas são estruturadas na linguagem do pesquisador, não na do cliente.
- As taxas de resposta normalmente são baixas, de modo que não é possível confiar nos resultados.
- Via de regra, quem responde às pesquisas é a pessoa errada – principalmente em contextos *business-to-business*, em que os altos executivos responsáveis pelas decisões de compra raramente têm tempo para isso.
- Os resultados são facilmente manipuláveis (pense na última vez em que foi a uma concessionária e o vendedor implorou por uma avaliação positiva da sua parte).

Para ler a crítica inteira em relação às pesquisas de satisfação de clientes da edição original, visite o site www.netpromotersystem.com. Neste momento vamos discorrer sobre assuntos mais relevantes.

O objetivo deste capítulo é mostrar como mensurar e gerenciar o *feedback* do cliente de forma tão rigorosa quanto se mensuram e gerenciam os lucros. O próximo passo é desenvolver um processo de métricas tão eficaz quanto o da Enterprise ou da Apple e evitar as armadilhas das pesquisas de satisfação. Não é tarefa fácil. O NPS pode ser um conceito simples na teoria, mas na prática dá trabalho. Será necessário alocar tantos esforços e recursos ao processo quanto os que você já dedica (ou desperdiça) com pesquisas de satisfação. Se sua prioridade for realmente o foco no cliente, talvez você deva empenhar o mesmo esforço que dedica hoje na obtenção de demonstrações financeiras confiáveis.

Para descobrir *como* fazer isso, é necessário um pouco de humildade. Os princípios de contabilidade evoluíram ao longo dos anos. Eles estão detalhados em obras extensas, resultando em milhares de páginas (e, mesmo assim, ainda são aprimorados e não estão imunes à manipulação). Só agora estamos nos preocupando com medidas igualmente rigorosas para relacionamento com o cliente. Não é de surpreender que tenhamos de fazer experiências antes de produzir padrões amplamente aceitos.

Isso não deve nos impedir de começar. Muitas empresas já aprenderam os princípios de mensuração rigorosa das atitudes e do comportamento do consumidor. Podemos citar uma série de princípios fundamentais – que podem servir como um ponto de partida. Essas regras lhe permitirão calcular o nível de promoção que seu cliente faz de você de maneira precisa, detalhada, rápida e confiável – em outras palavras, avaliar o que seus clientes realmente sentem. Você também pode usar os princípios para focar a atenção no cliente em todos os níveis da organização e atribuir responsabilidade por bons relacionamentos com ele.

1º Princípio: Faça a pergunta definitiva e nada muito além disso

Na maioria das empresas, basta fazer uma pergunta para determinar o número de clientes promotores, neutros ou detratores: "Qual é a probabilidade de você nos recomendar a um amigo ou colega?" Uma segunda pergunta pode ser: "Qual é a principal razão da nota que você nos atribuiu?" A resposta a essas perguntas permitirá realizar um diagnóstico da posição inicial do cliente. Se for o caso, o gerente poderá contatá-lo para realizar um novo diagnóstico. Outra boa pergunta para qualquer nota abaixo da máxima é: "Qual a principal ação corretiva que faria você nos recomendar?" Observe que as respostas a essas perguntas são para fins de diagnóstico; elas não afetam a nota.

Você também pode acrescentar informações extras sobre o indivíduo ou a conta – e, uma vez que o sistema esteja operando de forma eficaz, você pode testar se a adição de uma ou duas perguntas pode ser feita sem corromper o processo de mensuração ou incorrer em aumento de custos. Mas tenha cuidado! A lista deve ser pequena. Acrescentar uma bateria de perguntas genéricas "de satisfação" é contraproducente: elas geram poucos *insights* passíveis de ação, desperdiçam o tempo dos clientes e reduzem a taxa de respostas; além disso, causam incerteza entre o pessoal da linha de frente, quando tudo o que eles precisam é de simplicidade e clareza. Insisto neste ponto porque os gerentes se sentem tentados a acrescentar mais perguntas à pesquisa. Entretanto, no que diz respeito ao Net Promoter Score, cada pergunta adicional aumenta a complexidade e tem um custo indesejado embutido. Na Bain, por exemplo, usamos o processo Net Promoter com nossos próprios clientes – geralmente diretores de grandes multinacionais – e verificamos que reduzir as pesquisas a poucas perguntas dobra as taxas de resposta para mais de 60%.

A melhor maneira de saber mais a respeito das notas que os clientes dão é estimular o diálogo entre gerentes/supervisores e clientes, seja pessoalmente, por telefone ou por e-mail – logo após receber o *feedback*. Outra opção é criar fóruns de discussão. "Nós temos muitas pesquisas, e elas são muito longas", lembrou o cofundador da Intuit, Scott Cook. "O que precisamos é de gerentes que falem diretamente com seus clientes, ouvindo atentamente e dando respostas. Enviar mais pesquisas pode dar a ilusão de foco no cliente, o que acaba sendo uma desculpa para os gerentes seniores que não desejam gastar seu tempo falando com os clientes." Se sua atual pesquisa interna NPS tem mais de cinco perguntas, você estará fazendo um favor, tanto a seus clientes quanto à sua empresa, ao reduzi-la.

2º Princípio: Escolha uma escala que funcione, e fique com ela

Fale com 10 empresas de pesquisa e ouvirá 10 argumentos diferentes favoráveis à melhor escala para um sistema de *feedback* – sim/não, três alternativas, quatro, sete, se haverá um ponto central neutro. Não importa. Cada uma delas será defendida apaixonadamente. O objetivo do NPS, porém, não é rigor científico *per se* na pesquisa, e sim um sistema operacional confiável. Na Bain, estávamos abertos a qualquer tipo de escala no início, mas, com o passar do tempo, encontramos vantagens na escala de 0 a 10, em que 10 significa "altamente provável" e 0 "nem um pouco provável". Outras escalas funcionam igualmente bem. A Enterprise atingiu grande sucesso com uma escala de 5 pontos. A seguradora Progressive também teve sucesso com sua tradicional escala de 1 a 5, que foi mantida para que os pesquisadores pudessem tomar como base as pesquisas do passado. Hoje em dia, entretanto, os diretores da companhia lamentam não terem mudado para a escala de 0 a 10, pois aquele sistema antigo e ineficiente não é muito útil como referência. A escala de 0 a 10 traz vantagens significativas:

- Os clientes consideram a escala intuitiva, talvez por se lembrar da avaliação escolar. Eles entendem que 10 ou 9 correspondem a Muito Bom, 8 ou 7 são Bom ou Médio, e 6 ou menos é Insuficiente. Até mesmo em países como a Alemanha, onde o sistema educacional é diferente, o sistema de 0 a 10 funciona bem. Os funcionários também passaram anos na escola, e podem entender as pontuações sem a necessidade de um curso de estatística.
- Praticamente o mundo todo utiliza o sistema métrico nas relações comerciais, não porque o metro é uma unidade mágica, e sim porque o sistema

- decimal funciona melhor para nós, humanos de 10 dígitos. A maioria das culturas e pessoas pensa em um sistema com base 10. Todos entendem quando uma ginasta olímpica recebe nota 10.
- Os clientes que acreditam que sempre é possível melhorar podem recusar-se a atribuir nota máxima a alguém, não importando quão encantados estejam. Uma nota 9 oferece uma alternativa que evita empurrá-los diretamente para a categoria dos neutros. Também é um alerta antecipado se um 10 cai para um 9 em uma pesquisa posterior.
- Não importa o cuidado empregado na elaboração de uma pesquisa, alguns clientes inverterão uma escala de 1 a 10, marcando 1 quando, na verdade, desejam marcar 10, já que o número 1 é tido como o melhor. Essa inversão raramente ocorre em uma escala de 0 a 10, já que o 0 representa a menor nota possível. Os médicos do mundo inteiro utilizam a escala intuitiva de 0 a 10 para que os pacientes classifiquem a intensidade de sua dor. Mesmo sob pressão, os pacientes sabem responder, sem precisar explicar muito. A Escala de Apgar é outro exemplo. Consiste na avaliação da saúde dos recém-nascidos, numa escala de 0 a 10 – qualquer médico, enfermeira ou técnico sabe aplicar essa escala sem maiores dificuldades.
- Escalas com menos pontos costumam atenuar diferenças importantes quanto à lealdade dos clientes. Clientes que marcam 10 demonstram mais comportamentos de lealdade, como recomendações e recompras, do que aqueles que marcam 9. Uma caída para 8, portanto, não é pouca coisa. O cliente que marca 8 já é considerado neutro. De qualquer maneira, faz sentido manter a diferenciação entre 9 e 10 – e incentivar as equipes a lutar pelo 10.
- Por fim, o padrão 0 a 10 é adotado em muitas empresas líderes no mercado, como Philips, Apple, General Electric, American Express, Allianz, Intuit, Home Depot, PricewaterhouseCoopers, KPMG, Southwest Airlines e JetBlue. As empresas que optam por adotar esse padrão acharão mais fácil comparar-se à nossa crescente base de dados de melhores práticas.

Cabe ressaltar que clientes de diferentes países apresentam diferentes resultados quanto à avaliação. Na Holanda e no Japão, pouca gente dá 10 para um serviço. Já na América Latina, essa nota é bastante comum. Mesmo assim, não é necessário adaptar métricas. As empresas internacionais só precisam saber que não vale a pena avaliar unidades entre regiões. A medida de referência relevante é sempre a concorrência local, cujas pontuações serão igualmente afetadas pelas particularidades do lugar.

De qualquer maneira, ainda que eu prefira a escala de 0 a 10, a lição mais importante sobre escalas é escolher uma que funcione melhor para seu segmento de mercado. A melhor maneira de avaliar se sua escala funciona bem é verificar se é capaz de segmentar precisamente seus clientes em promotores, neutros e detratores, de acordo com seus comportamentos – e se ela estimula os funcionários a tomar as medidas certas. Se a escala passar neste teste, você pode estabelecer um padrão consistente para cada pesquisa de NPS em todas as suas linhas de negócio e regiões geográficas.

3º Princípio: Evite confusão entre índice interno (de baixo para cima) e índice externo (de cima para baixo ou benchmark)

A melhor forma de se comparar com a concorrência é utilizar o índice externo (de cima para baixo ou benchmark), descrito no Capítulo 3. A pontuação de cima para baixo foi criada, essencialmente, para avaliar o desempenho relativo, não para gerar *insights* sobre diagnósticos. As empresas normalmente medem esses pontos num processo de pesquisa duplo-cego: nem o pesquisador nem o respondente sabem quem está realizando a pesquisa. Por exemplo: todos os anos, a Philips contrata uma empresa de pesquisas para identificar amostragens comparáveis de seus clientes e de clientes de cada concorrente importante, abrangendo praticamente todas as áreas de atuação da companhia. O anonimato da pesquisa elimina a parcialidade em termos de quais clientes escolher – parcialidade que distorceria os resultados relativos. Evidentemente, também elimina a possibilidade de se saber mais a respeito da experiência de um cliente específico e corrigir os problemas que surgirem por meio de um processo de ciclo fechado. As empresas, então, incluem algumas perguntas de diagnóstico em suas pesquisas de cima para baixo para obter informações gerais sobre os clientes e o motivo da classificação em promotores, neutros ou detratores.

Seja como for, as regras mais importantes numa pesquisa de cima para baixo servem para assegurar: primeiro, que os clientes certos estão respondendo à pesquisa; segundo, que suas respostas sejam verdadeiras; e terceiro, que o tamanho das amostras seja suficiente para se estabelecer intervalos de confiança razoáveis, de modo que as variações entre os concorrentes sejam significativas.

Embora o processo de pesquisa de cima para baixo seja fundamental para se determinar métricas relativas, veja-o como um boletim de colégio. Ele mede seu progresso e ajuda a definir prioridades de aprimoramento, mas não serve para efetuar melhorias diárias e semanais. Para isso, você precisa de outro processo: o processo interno ou de baixo para cima, que possibilita fechar os ciclos com clientes, gerando *insights* operacionais e mudança.

As pesquisas de baixo para cima geralmente ocorrem após negociações específicas. A Enterprise, por exemplo, avalia os clientes poucos dias após o término da locação. A Apple os avalia logo após as negociações na loja. A American Express avalia os usuários de cartão após uma importante ligação de prestação de serviço. Em relações *business-to-business* com interações contínuas, uma pesquisa de baixo para cima pode ser realizada trimestralmente ou em data de aniversário. A Philips, por exemplo, realiza uma pesquisa com seus principais clientes em hospitais e laboratórios sobre equipamentos e serviços de imagem duas vezes por ano. As companhias variam em relação a que negociações escolhem como ponto de partida para uma pesquisa, e diferem também quanto às perguntas que fazem. Algumas julgam inadequada a pergunta "recomendaria" em certas circunstâncias; preferem perguntar se o cliente ficou satisfeito. (Há empresas que fazem as duas perguntas. Para uma discussão mais aprofundada sobre esse assunto, visite o site www.netpromotersystem.com.) Seja qual for a especificidade da pesquisa, o objetivo da mensuração NPS é classificar os clientes de modo confiável, para que os funcionários da linha de frente possam formar um diagnóstico e agir. No processo de baixo para cima, a pessoa que faz a pesquisa é a mesma cujo comportamento precisa mudar (ou de seu supervisor direto). Essas pesquisas operacionais de baixo para cima e as respostas de ciclo fechado que elas geram são a base do sistema Net Promoter – assim, é importante não errar aqui.

4º Princípio: Busque altas taxas de resposta dos clientes certos

Seria ótimo poder colher o *feedback* de todos os clientes, mas é melhor começar pelos clientes com os quais você mais se importa – seus principais clientes, os clientes ligados ao seu serviço ou produto principal. Isso também faz sentido para os negócios. Seus clientes principais são os mais lucrativos e aqueles que você deseja que se tornem promotores. Quando você segmenta clientes dessa maneira, é possível criar estratégias adequadas e que façam sentido econômico para melhorar os relacionamentos de negócios. Por exemplo, muitos bancos de varejo lutam para reter e atender melhor seus clientes mais rentáveis, mas eles podem arcar com os investimentos necessários? Se eles se concentrarem apenas no *feedback* genérico – dominado pelas vozes dos clientes marginalmente lucrativos –, podem chegar à conclusão de que grandes investimentos estão fora de questão. Mas, segmentando os clientes por lucratividade, eles descobrem que há uma margem considerável para investimento que pode aprimorar a experiência dos clientes de alto valor.

Lembre-se de que o objetivo das pesquisas NPS não é apenas determinar intenções, mas, sim, comportamentos tangíveis e quantificáveis. Você quer saber exatamente quantos clientes são promotores, detratores e neutros e qual a variação desses números ao longo do tempo. Não é recomendável confiar em uma amostra reduzida de clientes; você precisa de uma amostragem maior, ou de um censo completo. Você também precisa ter altas taxas de resposta para assegurar a confiabilidade. Na Enterprise, a taxa de resposta para clientes que atendem ao telefone supera 95%. Na Allianz, as taxas de resposta tanto no segmento individual quanto no cenário *business-to-business* passam de 80%. Uma boa regra a ser seguida é: se suas taxas de resposta de clientes estão abaixo de 65%, seu processo precisa ser aperfeiçoado. Da mesma forma, se suas taxas de resposta estão caindo, você precisa reavaliar sua abordagem.

Em situações *business-to-business*, pode ser muito difícil obter respostas suficientes dos clientes certos. Na Bain, por exemplo, nossos parceiros fazem questão de atualizar regularmente a lista de tomadores de decisão importantes de cada cliente, além dos gerentes que trabalham diretamente conosco. Rastreamos as respostas com cuidado para ter certeza de que estamos investigando a amostra certa de cada cliente. Nesse caso, também, uma alta taxa de resposta comprova que o processo é confiável. Algumas empresas classificam os não respondentes como detratores, já que a escolha de não investir tempo na resposta a uma breve pesquisa indica um relacionamento que apresenta problemas.

Um teste que pode ajudá-lo a determinar a confiabilidade de seu método de amostragem é comparar o comportamento dos clientes que não responderam à pesquisa com o comportamento daqueles que responderam. A seguradora Progressive analisou a taxa de retenção no caso de não respondentes, por exemplo, e verificou que ela era bastante inferior à taxa de retenção dos respondentes. De modo geral, medir o NPS de baixo para cima por meio de um processo de pesquisa com baixa taxa de resposta pode gerar resultados enganosos e pouco concludentes.

FIGURA 5-1

Se os não respondentes forem como os respondentes, o NPS geral é de 50%

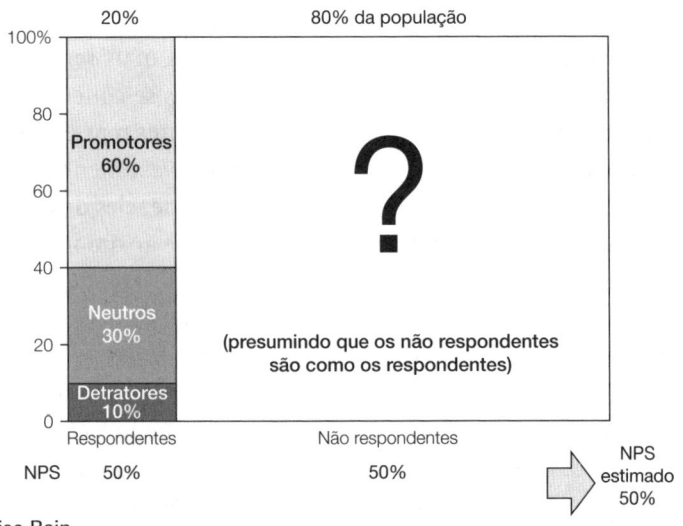

Fonte: Análise Bain.

FIGURA 5-2

Mas os não respondentes costumam ser neutros ou detratores – ou seja, o verdadeiro NPS é de –22%

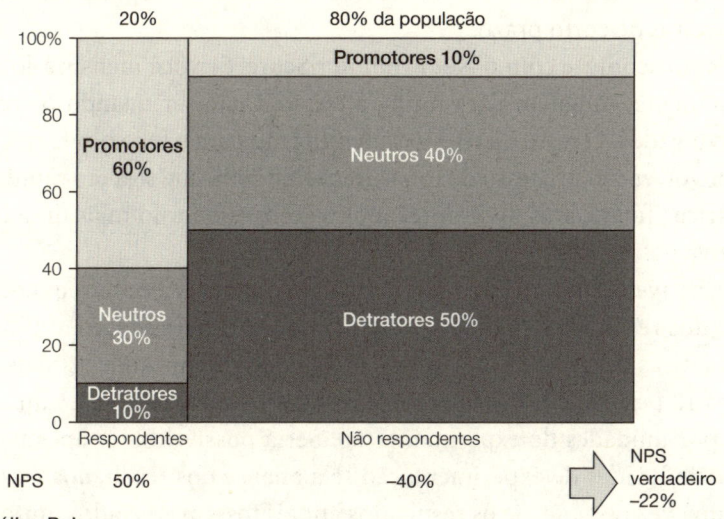

Fonte: Análise Bain.

Considere o exemplo ilustrado nas Figuras 5-1 e 5-2, que é hipotético mas realista, com base nas diversas empresas que estudamos. A pesquisa de baixo para cima interna dessa empresa, que teve uma taxa de resposta de 20%, indicava que seu NPS era de 50% (60% de promotores menos 10% de detratores). Mas quando a companhia estudou o comportamento dos não respondentes – compras repetidas, compras maiores com o tempo, e assim por diante –, chegou à conclusão de que esse grupo se dividia em 10% de promotores, 40% de neutros e 50% de detratores. Em outras palavras, 80% dos clientes que ignoraram a pesquisa tinham um NPS de –40%. Ou seja, o verdadeiro NPS da empresa era de –22%.

5º Princípio: Faça relatórios de dados de relacionamento e de dados financeiros com a mesma frequência

Uma grande empresa high-tech promove os resultados de sua pesquisa anual de satisfação de clientes como prova de seu compromisso com o bom relacionamento com clientes. A empresa envia um e-mail com 80 perguntas a milhares de clientes por volta de março. Em junho, a maioria dos resultados já foi tabulada e divulgada. Os bônus dos empregados, desde o CEO até o representante de vendas, estão atrelados a esses resultados – mas os bônus só são pagos no final do ano. Durante esses 12 meses, a empresa prepara 12 planejamentos de venda mensais e projeção de lucro, junto com quatro relatórios trimestrais cuidadosamente elaborados e que geram grande especulação em Wall Street. Todos na empresa estão cientes de que atender clientes é um componente importante para o sucesso, mas o resultado da pesquisa com os clientes ganha atenção por uma semana das 52 anuais. Nas outras 51, o foco da empresa está nas métricas financeiras de curto prazo.

O mesmo acontece com o Net Promoter Score. Se você mensurá-lo anual ou trimestralmente, ninguém dará muita atenção a não ser quando os resultados forem divulgados. O resto do tempo será utilizado para o foco nos lucros. Se você não desenvolver um processo de mensuração do NPS que seja tão rápido quanto suas métricas financeiras, os empregados irão considerá-lo mais uma iniciativa corporativa passageira.

Métricas ágeis têm outra grande vantagem: quanto maior a frequência na divulgação dos resultados, maiores as chances de se experimentarem novas abordagens e táticas para tentar melhorar os resultados. Vimos que as mais de 7.600 filiais e os 12 períodos de divulgação de resultado da Enterprise levam a mais de 91 mil oportunidades de experimentação. Seria possível obter apenas cerca de 7.600 possibilidades de experimentação se a análise dos resultados fosse gerada apenas uma vez por ano. Se os resultados anuais fossem coletados junto aos cinco países nos quais a empresa opera, haveria apenas cinco.

Pode ser difícil para sua empresa criar um fluxo contínuo de *feedback*, seja porque as transações com o cliente são pouco frequentes, seja porque há rejeição por parte dos clientes a perguntas frequentes. Mas não desista. Poucos clientes se recusam a responder a uma ou duas perguntas. As pesquisas podem ser distribuídas ao longo do ano, em vez de enviadas em massa. O mesmo princípio pode ser aplicado nas pesquisas com funcionários. Atualmente, muitas empresas realizam uma batelada de pesquisas uma vez por ano, mas os principais usuários do NPS já migraram para sistemas que criam fluxos de informações mais constantes. Como veremos nos capítulos seguintes, a JetBlue, a Rackspace e outras empresas pioneiras no uso do NPS avaliam seus funcionários 90 dias após contratá-los e, depois, a cada aniversário da contratação. Esse processo possibilita o fluxo contínuo de informações, permitindo que os executivos acompanhem as tendências de forma semanal ou mensal. O fluxo de dados informa suas prioridades e lhes permite mensurar o sucesso de suas iniciativas de melhoria.

6º Princípio: Aprenda mais rápido e aumente sua capacidade de atribuir responsabilidades com dados mais detalhados

Imagine como se sentiria um médico que só pudesse aferir a pressão média de todos os seus pacientes, em vez da pressão de cada paciente individual. Imagine o sentimento de impotência de um policial caso os radares medissem apenas a velocidade média dos carros em uma estrada, e não a dos carros individualmente. O mundo dos negócios aprendeu essa lição há muito tempo e a aplicou às métricas financeiras. As empresas não calculam seus lucros apenas em nível corporativo. Elas desdobram esses números por unidade de negócio, linha de produto, região geográfica, fábrica, loja, entre outros. Medidas granulares de desempenho permitem que pessoas e equipes pequenas tomem melhores decisões e sejam responsabilizadas pelos resultados.

As métricas Net Promoter exigem o mesmo tipo de precisão e granularidade. O NPS deve ser visto como uma ferramenta de gestão operacional, e não de pesquisa de mercado. Os gerentes de linha devem apropriar-se da ferramenta e sentirem-se responsabilizados por utilizá-la em favor da melhoria do desempenho. O grande avanço da Enterprise foi levar a medição da lealdade do cliente ao nível da filial. O nível de especificidade dos dados ajudou e incentivou os empregados a serem mais responsáveis pelo *feedback* do cliente.

Na maioria das empresas, não é fácil coletar os dados de forma detalhada. Muitos departamentos diferentes podem influenciar a experiência do cliente e, por consequência, sua lealdade. Um cliente de uma seguradora, por exemplo, interage com seu corretor, com o departamento de cobrança, de sinistros e até mesmo com o de avaliação de riscos. Os executivos da Intuit se deram conta de que a avaliação precisa da experiência do cliente deveria incluir atendimento ao cliente, suporte técnico, projeto de software, marketing e vendas e engenharia.

O segredo é distinguir entre a satisfação específica de um cliente com uma interação, como um contato telefônico, e sua lealdade quanto ao relacionamento geral. Por isso as pesquisas de baixo para cima e de cima para baixo são importantes. No setor de serviços, por exemplo, uma empresa pode perguntar a uma amostragem de clientes: "Nós resolvemos os problemas que levaram você a nos contatar?" e "Você nos recomendaria a um amigo ou colega?". Acompanhar o Net Promoter Score em cada interação permitiria aos gerentes identificar tendências ou problemas emergentes. Também os ajudaria a identificar quais departamentos e atendentes estão fazendo o melhor trabalho na transformação de clientes em promotores, e recompensar esses empregados de acordo. No setor de relacionamentos, essa empresa poderia continuar a avaliar sua base de clientes maior, fazendo apenas as perguntas "você recomendaria" e "por quê". A integração desses dados permitiria aos gerentes agrupar os resultados por segmento de clientes, lucratividade de clientes e tipo de solicitação ou problema. Também seria possível ajudá-los a identificar quais dimensões da experiência do cliente requerem investimento.

Não acredite de imediato se um gerente afirmar que sua empresa já adota granularidade suficiente em suas métricas de cliente. Um executivo de uma empresa de serviços financeiros explicou que a empresa havia organizado seus representantes de atendimento a cliente em pequenos grupos, e pagava bônus com base no desempenho individual, levando a responsabilidade até a linha de frente. Uma avaliação mais cuidadosa, porém, revelou contradição. A empresa estava mensurando a produtividade (número de chamadas atendidas por hora) para cada representante, mas registrava o *feedback* do cliente em um nível agregado – para um turno de 150 empregados. Dessa forma, a porção "cliente" do bônus de um representante estava baseada no resultado médio do turno inteiro. Os empregados do mesmo turno não se conheciam e não recebiam incentivo algum para colaborar na resolução de problemas ou investir em treinamento e desenvolvimento. Os empregados se concentravam na única coisa passível de avaliação individual – sua própria produtividade, ou seja, com que rapidez conseguiam livrar-se dos clientes ao telefone.

Outro desafio para muitas empresas é que os grupos se reorganizam com frequência. O paciente de um hospital, por exemplo, pode interagir com um médico responsável por seu caso, um nutricionista, oncologista, anestesiologista, fisioterapeuta, radiologista, vários turnos de enfermeiros e serviços administrativos. Cada departamento designa empregados diferentes para o paciente. Como mensurar a eficácia dos pequenos grupos em volta de cada paciente? Não é possível pedir ao paciente que preencha uma avaliação após cada exame de sangue ou sessão de radioterapia.

Uma cadeia americana de hospitais de oncologia, o Cancer Treatment Centers of America (CTCA), encontrou uma solução engenhosa para esse problema. Ele está retrabalhando o sistema de rastreamento de atendimento a pacientes para registrar quais departamentos e quais empregados de cada departamento têm contato com o paciente. Os dados são obtidos junto ao paciente e, quando necessário, junto ao responsável da família ao término de cada internação. Essa metodologia permitirá ao CTCA calcular um Net Promoter Score para cada departamento e cada empregado, a exemplo de como é feita a coleta estatística nas equipes esportivas para calcular a contribuição de cada jogador. No basquete, a diferença de pontuação compara os pontos de uma equipe contra e a favor de um time quando o jogador está em campo com os mesmos números de quando ele está no banco. Um hospital pode classificar as equipes e os indivíduos por meio de um Net Promoter Score que represente a média de todos os pacientes por eles atendidos. Cada departamento pode beneficiar-se desse tipo de *feedback*, e as melhores práticas devem ser documentadas como modelos.

Ao chamar a atenção tanto da linha de frente quanto dos conselheiros para o encantamento dos clientes, o CTCA atingiu resultados impressionantes. Sua pesquisa interna relatou percentuais do Net Promoter Score na faixa dos 80%. Steve Bonner, presidente e CEO do CTCA, explica: "A iniciativa de operacionalizar o NPS está permitindo que nos livremos da complexidade associada com a mensuração e o gerenciamento da lealdade do cliente. Os resultados possibilitam a extensão de nosso histórico de quatro anos consecutivos de crescimento de receita de dois dígitos em um segmento de mercado maduro."

7º Princípio: Faça auditorias para assegurar precisão e isenção

Ironicamente, quanto maior o progresso na atribuição de responsabilidade granular, mais difícil se torna a coleta de *feedback* honesto de seus clientes. Se um hospital leva a classificação de seus médicos pelo Net Promoter Score a sério, logo os médicos solicitarão boas notas a seus pacientes. Associar qualquer métrica à compensação de empregados assegura que a disciplina de apuração será testada, como os vendedores de automóveis mostram diariamente. Pode-se dizer que nos negócios, tal qual Heisenberg demonstrou na Física, o mero ato de se mensurar algo muda sua localização e seu estado. Você pode reduzir sensivelmente esse princípio de incerteza ao prever fontes potenciais de viés e minimizá-las por meio de técnicas sofisticadas de mensuração.

Fontes de viés

Os Net Promoter Scores são vulneráveis a quatro tipos de viés: medo de retaliação, fraude (ou uma mão lava a outra), amostragem parcial e notas infladas. A importância relativa do viés varia de acordo com a natureza de seu negócio, mas cada um deles requer uma solução prática específica (ver a seção "Eliminando o Viés").

Medo de retaliação. Se um fornecedor tem poder de mercado – seja porque é muito maior do que um cliente ou é líder em tecnologia – os clientes tenderão a evitar notas negativas. Um cliente pode evitar avaliar um fornecedor negativamente com receio de, por exemplo, ver reduzida sua prioridade no acesso a lançamentos ou de ter níveis reduzidos de atendimento. Uma maneira de se encorajarem respostas sem viés é garantir a confidencialidade das respostas aos clientes. Em contextos *business-to-business*, é possível, por exemplo, divulgar as notas médias aos avaliados e, ao mesmo tempo, manter-se a confidencialidade dos avaliadores. Apesar de isso complicar o processo de diagnóstico, ajuda a gerar *feedback* honesto.

Fraude. O outro lado da retaliação é o risco de os fornecedores utilizarem fraude e favores para obter altas pontuações. Concessionárias oferecem jogos de tapetes grátis; vendedores de tecnologia oferecem viagens gratuitas ou equipamentos de golfe. Uma maneira de se proteger contra fraudes é educar os clientes acerca do propósito de seu sistema e dos princípios éticos subjacentes. Seu cliente pode aprender a resistir a esses lances desonestos e a relatá-los. Uma defesa ainda melhor consiste em educar seus empregados, enfatizando que tais táticas vão contra a ética da cultura da empresa. Você também pode recorrer à autossupervisão da própria comunidade, especialmente se os resultados forem classificados por ranking. Quando as atitudes de alguns empurram outros participantes ladeira abaixo, estes procuram assegurar-se de que os colegas se comportem de forma aceitável. Por fim, tornar o timing do *feedback* imprevisível ajuda a prevenir fraudes. Quando é difícil prever a época dos pedidos de *feedback*, é mais difícil burlar o sistema. O vendedor não saberá para quando agendar o pedido dos acessórios de golfe.

Amostragem parcial. Uma das formas mais fáceis de aumentar artificialmente o NPS é não realizar pesquisa de satisfação com detratores. Quando um cliente insatisfeito devolve o carro que alugou, o atendente pode se ver tentado a modificar seu número de telefone ou e-mail no formulário de modo que o cliente nunca mais seja encontrado. Se um cliente parece empolgado ao sair da loja de materiais de construção e decoração, o vendedor pode sublinhar a parte de baixo da nota fiscal, mostrar que ali há algumas perguntas relacionadas à satisfação do cliente e dizer que ficaria muito agradecido se o cliente pudesse ligar para o telefone 0800 e responder à pesquisa. Alguns gerentes utilizam outros macetes para diminuir o número de detratores. Um gerente de teleatendimento, por exemplo, determinou que, em vez de selecionar os clientes por *feedback* num grupo com todas as ligações, a seleção se limitaria aos clientes cujos casos estivessem encerrados. Portanto, se um cliente insatisfeito ligou quatro vezes para solucionar um problema, ninguém sabia. Só a ligação final recebia retorno.

Artimanhas à parte, há sempre uma parcialidade embutida na amostragem: é inerente a dificuldade de fazer com que clientes neutros e detratores (exceto os detratores mais furiosos) se dediquem a responder a pesquisas. Os promotores, em geral, são os que têm as maiores taxas de resposta. A única forma de as empresas minimizarem esse viés é criar um sistema com taxas de resposta muito altas da amostragem correta de clientes.

Notas infladas. Alguns professores em faculdade dão notas máximas a mais da metade de seus alunos. Por quê? Os professores que dão menos notas baixas recebem menos queixas, e não precisam passar tempo demais em sala justificando suas notas para alunos desgostosos. Da mesma forma, muitos clientes hesitam em serem avaliadores duros. A relutância é ainda maior quando o *feedback* negativo deve ser comunicado diretamente. Em um restaurante, quando o garçom pergunta se você gostou da refeição, é muito provável que responda que tudo estava bom. Se um estranho do lado de fora lhe fizer a mesma pergunta, você certamente será mais honesto a respeito da má qualidade da comida ou dos frequentadores barulhentos na mesa central.

Os clientes também hesitam em fazer comentários negativos quando não creem que seu *feedback* levará a melhorias de fato, ou quando acreditam que um comentário negativo irá prendê-los em uma longa e desagradável conversa subsequente. É por isso que, em geral, as notas negativas costumam vir das pessoas profundamente desapontadas com suas compras ou atendimento.

Uma maneira de se lidar com essa questão é pedir que um terceiro solicite o *feedback* na hora certa. Por exemplo, os atendentes da Enterprise telefonam aos clientes logo após o término da locação. Os nomes dos entrevistados permanecem anônimos a não ser que seja dada permissão para que o *feedback* seja repassado à filial. Uma segunda solução é provar que vale a pena avaliar de forma correta. Se os clientes notarem que notas baixas levam à melhoria nos serviços, é mais provável que eles sejam honestos. Outra possibilidade é solicitar uma classificação das experiências, em vez de uma nota absoluta. O "ranking forçado" traz a verdade à tona, pois alguém deve ser o número 1, outro o número 2, e assim por diante. Se isso for impraticável, a pergunta "você recomendaria" ajuda a reduzir as notas infladas, pois força os clientes a pensar em termos relativos. Se você não brilhar mais que o concorrente, seus clientes não se tornarão promotores entusiasmados.

Eliminando o viés

Não há uma receita simples para neutralizar as influências que impedem o *feedback* honesto do cliente. Você deve avaliar as quatro fontes potenciais de viés em seu caso e elaborar uma solução adequada a partir das estratégias a seguir:

- Use e-mail quando possível. O custo é mais baixo e o sistema já possui uma trilha de auditoria própria. Essa opção é válida somente se você tiver altas taxas de resposta. Caso contrário, utilize o método de ligação por terceiros, como a Enterprise faz – o que dificulta a manipulação de resultados.
- Se a única forma de conseguir altas taxas de respostas for por meio de pesquisas por telefone *a la* Enterprise, adapte-se à mudança pensando nos telefones celulares, que contam com identificador de chamadas.
- Estabeleça um calendário imprevisível para os pedidos de *feedback* caso seus empregados tenham incentivo para manipular as respostas.
- Divulgue as pontuações da equipe ou de empregados individuais para permitir o controle pelos próprios colegas.
- Utilize um terceiro para coletar o *feedback*, a fim de permitir que os clientes sejam totalmente honestos – e para que a promessa de confidencialidade seja mais crível. Essa opção também reduz o risco de manipulação de resultados.
- Eduque os empregados e clientes quanto aos objetivos e princípios éticos de seu processo de *feedback*. Incorpore esse treinamento a programas de ambientação de clientes e orientação de funcionários.
- Desenvolva procedimentos de auditoria que revelem fraudes e manipulação.
- Crie um processo simples e consistente que encoraje os clientes a participar.
- Em pesquisas de baixo para cima, considere todos os não respondentes como detratores (o que provavelmente não está muito longe da verdade em contextos *business-to-business*) ou como uma mistura de clientes neutros e detratores (uma estimativa razoável para o mercado de consumo).

Consistência e precisão

Outra chave para métricas precisas é a consistência. Uma cadeia de restaurantes estava estudando a aquisição de outra cadeia, e seus gerentes desejavam coletar *feedback* sobre a empresa a ser adquirida, a fim de mensurar a lealdade do cliente. A empresa pediu a um pesquisador de mercado que perguntasse aos clientes que saíam do restaurante qual era a probabilidade de recomendarem o restaurante a um amigo ou colega. Se mensurado dessa maneira, o Net Promoter Score chegava a quase 40% – percentual bem respeitável se comparado a outros restaurantes do mesmo tipo. Mais tarde, uma equipe de *due diligence* obteve uma amostra maior dos clientes do restaurante por meio de uma breve pesquisa por e-mail, e calculou um Net Promoter Score de –39%. Essa variação de 79 pontos foi alarmante. A equipe tentou, então, segmentar as respostas enviadas por e-mail com base no número de vezes que os clientes haviam visitado o restaurante. Mesmo para clientes que visitavam o restaurante mais de 10 vezes por mês, o NPS era de apenas 13%.

Qual dos números era o mais preciso? Provavelmente os números piores, mas a empresa que solicitara a pesquisa tinha motivo para se sentir confusa. A lição a ser extraída desse episódio é que é de vital importância utilizar um processo consistente para coletar *feedback*. Você não pode comparar lojas, filiais, regiões ou concorrentes de forma precisa se não utilizar um processo consistente e confiável. Se suas tentativas iniciais falharem, tente novamente.

Ao vincular o NPS aos bônus e reportar resultados ao conselho diretor e investidores, as empresas precisam certificar-se de que as informações fornecidas são precisas e verificáveis. Algumas das maiores empresas de auditoria e contabilidade, entre elas a PricewaterhouseCoopers e a KPMG, começaram a se preparar para oferecer a seus clientes auditoria NPS e/ou produtos relacionados. Para ter algum valor, os Net Promoter Scores devem ser reportados conforme as regras descritas neste capítulo. Em princípio, essas regras se tornarão claras a usuários e auditores à medida que forem implementadas em outros contextos, tanto em ambientes comerciais quanto em organizações sem fins lucrativos. Como os relatórios financeiros, os relatórios de NPS devem incluir notas de rodapé que expliquem detalhadamente os procedimentos utilizados para a obtenção dos resultados, em particular fatores como taxas de resposta, amostragem e processo de seleção, veículo de pesquisa e grau de confidencialidade.

8º Princípio: Valide a relação entre resultados e comportamentos

Há apenas uma maneira de se verificar se seu sistema desarmou as armadilhas do viés do *feedback*, fraude e manipulação: você deve validar com frequência a relação entre resultados de clientes individuais e o comportamento do consumidor ao longo do tempo. Uma análise constante sobre retenção, padrões de compra, *feedback* e recomendações (como descrito nos Capítulos 2 e 3) é necessária para confirmar a integridade de seu processo de *feedback*. Pense em estender sua análise de rotina para checar aleatoriamente os resultados dos clientes, monitorar as chamadas telefônicas e redirecionar uma parte dos alertas dos clientes aos executivos seniores.

Toda essa auditoria vale o trabalho e os gastos. Os clientes reagem de forma previsível quando sua lealdade foi conquistada de forma justa. Em primeiro lugar, eles fazem propaganda; em segundo lugar, compram mais; em terceiro lugar, investem tempo para fornecer *feedback* construtivo. Você deve fazer a auditoria periódica desse comportamento junto a pelo menos uma amostra de clientes, a fim de assegurar que a conta bate com os Net Promoter Scores. Se isso não ocorrer, revise a maneira como coleta *feedback* – a escala, as perguntas, a amostra de clientes, a honestidade das respostas, as salvaguardas contra fraude – até que os resultados identifiquem de forma confiável os segmentos de clientes que se comportam como promotores, neutros e detratores. O fracasso nesse tipo de auditoria é garantia de que seu sistema se distanciará da realidade, principalmente se os resultados estiverem atrelados a recompensas aos empregados. Lembre-se de que é o comportamento, e não os resultados, que define se os clientes são promotores, neutros ou detratores. É o comportamento, e não as pontuações, que conduzem ao crescimento. O Net Promoter Score é ferramenta valiosa apenas quando as pontuações refletem a força ou a fragilidade dos relacionamentos.

Se as organizações levarem a sério o objetivo de transformar clientes em promotores, também devem levar a sério a necessidade de mensurar seu sucesso. À medida que essas regras de mensuração forem amplamente postas em prática, minha expectativa é de que se transformarão em uma série de princípios para medir relacionamentos que direcionem energia organizacional para a qualidade dos relacionamentos da mesma maneira que a contabilidade foca nos lucros. Com o tempo, cada vez mais investidores e conselheiros solicitarão um conjunto de métricas de relacionamento que se harmonize com as regras detalhadas neste capítulo.

Caso seu impulso inicial seja de hesitação frente ao investimento necessário para gerar métricas Net Promoter sólidas, veja quanto sua organização gasta com o acompanhamento e a auditoria dos lucros contábeis, que fornecem apenas uma visão do passado. O Net Promoter Score ajuda a ver o futuro e a gerenciá-lo para obter melhoria de desempenho. Enquanto o NPS de sua empresa não for tão sólido quantos seus resultados financeiros, você dificilmente terá o tipo de foco no cliente que lhe possibilitará vencer a revolução silenciosa.

Conclusão

Chegamos ao final da Parte I. O objetivo até aqui foi apresentar a história do Net Promoter, explicar seus princípios básicos e examinar a necessidade de uma nova abordagem para medir a lealdade dos clientes. Este quinto capítulo focou especificamente nos desafios de mensuração, pois somente com métricas significativas e confiáveis é possível tirar proveito do método NPS. Não se esqueça, porém, da mensagem mais importante deste livro: o Net Promoter é muito mais do que um índice – é um sistema de gestão. Sem um processo de mensuração sólido como base, o sistema todo se põe a perder.

Na Parte II, falaremos de empresas vanguardistas cujos líderes aplicaram os princípios do sistema Net Promoter, obtendo resultados extraordinários. E mais: veremos como fizeram isso. Agora que você já sabe os princípios básicos do NPS, concentremo-nos em como utilizar o sistema para alcançar o sucesso.

Parte II

Obtendo resultados

6

Obtendo resultados com o NPS

Por que as empresas adotam o Net Promoter System? O que acontece quando o fazem? Via de regra, quais são os primeiros passos? E os segundos? E os terceiros? Quais os fatores de sucesso e os maiores obstáculos? O que esperam realizar? Aonde pretendem chegar nessa jornada rumo ao foco no cliente?

É importante fazer essas perguntas antes de adotar o Net Promoter. No restante deste livro, arriscaremos algumas respostas. Desde o lançamento da primeira edição, milhares de empresas passaram a adotar o NPS como forma de conquistar a lealdade dos clientes e transformar os negócios – e, ao fazê-lo, aprenderam muito, em parte umas com as outras, mas, principalmente, com a própria experiência. Nos Capítulos 7, 8, 9 e 10 desta edição, inteiramente inéditos, vamos detalhar essas lições.

Neste capítulo, no entanto, queremos fazer algo diferente: simplesmente contar algumas histórias. É claro que elas têm um propósito e, principalmente, ajudarão você a responder às perguntas que acabamos de fazer. Mas o principal: é inspirador ler e contar histórias divertidas. Elas ilustram executivos em uma variedade de situações, enfrentando diferentes desafios. Mostram como as empresas aprenderam a tirar proveito dos recursos do Net Promoter para solucionar os desafios e obter resultados supreendentes. As histórias darão uma ideia do que a jornada rumo ao NPS envolve e estabelecerão alguns pontos de referência comuns, mais adiante, quando passarmos a analisar o que funciona e o que não funciona.

Começaremos falando da Charles Schwab Corporation, empresa de serviços financeiros que, em 2004, enfrentou uma séria mudança, para pior. A situação era tão aflitiva que a diretoria solicitou ao fundador, Charles "Chuck" Schwab, que se aposentara da função de CEO (Chief Executive Officer) no ano anterior, que voltasse a assumir as rédeas da empresa.

Charles Schwab Corporation

Ao reassumir o trabalho, Chuck Schwab encontrou uma empresa em dificuldades. Os custos estavam fora de controle. A expansão dos negócios a fizera entrar em atividades nas quais não tinha vantagem sobre a concorrência. Ao longo de um período de três anos, o valor de suas ações havia despencado de US$40 para meros US$6. E o pior de tudo: na opinião de Chuck Schwab, o tratamento então dispensado aos clientes parecia medíocre. Ele sempre se esforçou para desenvolver no DNA da empresa o foco no cliente e, durante muitos anos, foi bem-sucedido. Mas agora a empresa parecia ter perdido o rumo. Por exemplo, em consequência de tantos aumentos, as tarifas extras e punitivas já respondiam por 25% da receita. A devolução de um cheque sem fundos custava à empresa US$0,82, mas ela cobrava do cliente US$40. Não surpreendia que os custos administrativos fossem altos – um número muito grande de funcionários já não chegava a se relacionar com os clientes. Havia sete presidentes de varejo, por exemplo, cada qual responsável por uma equipe inteira e um *call center* próprio.

Primeiro, Chuck Schwab voltou o foco para o corte de despesas, o que lhe permitiu reduzir as tarifas extras e voltar a alinhar os preços aos da concorrência. No outono de 2005, a empresa buscava um meio de manter todos os funcionários focados nos clientes, para não se desviar do curso novamente. Em dezembro, Schwab convidou um de nós, Fred, a indicar os 600 líderes corporativos mais importantes; pouco depois, essa equipe decidiu organizar o processo de mudança tomando por base o sistema Net Promoter. Logo, uma equipe liderada por um executivo sênior conversou a respeito do NPS com pessoas de todos os níveis na organização e, lenta e disciplinadamente, conseguiu apoio para a ideia. Ao testarem técnicas de pesquisa, seus membros aprenderam a desenvolver uma medida tão confiável quanto a capacidade financeira da empresa. No momento propício, Schwab lançou o NPS com o nome de Client Promoter Score.

Foi o início de uma reviravolta de grandes proporções. Em 2008, a Schwab havia recuperado a posição de liderança no mercado. O valor das ações triplicara. Nesse ínterim, o Client Promoter Score havia subido de –35% para +35% – uma oscilação de 70 pontos percentuais em poucos anos.

A chave dessa reviravolta foi uma série de ações audaciosas, adotadas inicialmente em 2004 e que continuam até os dias de hoje:

- *Mais valor por menos dinheiro.* A Schwab promoveu uma agressiva redução de preços. Mas em vez de reduzir proporcionalmente os serviços, aprimorou o que os clientes recebiam. As filiais, por exemplo, que no passado haviam focado principalmente nas transações, passaram a cultivar relacionamentos com muitos clientes. A empresa também procedeu a uma revisão de seu site e seus recursos on-line, e introduziu no mercado produtos irresistíveis, como uma conta-corrente de alto rendimento.
- *Eliminando os lucros ruins.* A cobrança de tarifas extras e de tarifas punitivas prejudicava a relação com os clientes. Não era possível acabar com todas de uma vez, mas a empresa traçou um plano para se livrar delas em dois anos e

meio. Hoje, essas tarifas são coisa do passado. A Schwab também eliminou as tarifas de manutenção de conta e a exigência de saldo mínimo.
- *Reforçando o contato direto com o cliente.* Para que tudo funcionasse, do ponto de vista econômico, a Schwab cortou gastos na ordem de mais de US$600 milhões. Mas, ao mesmo tempo que reduziu as despesas gerais, alocou novos recursos nos setores que se relacionavam diretamente com os clientes. Por exemplo, antes, o serviço oferecido pelos *call centers* era considerado uma despesa, e o sistema de incentivos estimulava os funcionários a atender o máximo de ligações possível. Hoje, os executivos da Schwab encaram o atendimento ao cliente como uma vantagem competitiva, e os *call centers* recebem os recursos necessários para oferecer serviço de alta qualidade, capaz de gerar promotores.
- *Aprendendo a fechar o ciclo.* Todo dia, os gerentes das filiais e das equipes de *call center* da Schwab examinam as classificações NPS e os relatos textuais dos clientes, e neles se baseiam para orientar suas ações. Identificam os setores problemáticos e procuram corrigi-los. Oferecem treinamento adicional a representantes e consultores que são objeto de *feedbacks* negativos. Os gerentes fazem contato individual com os detratores individuais, em geral num prazo máximo de 24 horas, para descobrir a natureza do problema e tentar corrigir a situação.

"Não importa em que tipo de negócio se está", declarou Chuck Schwab ao repórter de um jornal. "O fato de os clientes nos recomendarem aos amigos e parentes é de uma eficácia muito maior que qualquer publicidade. Falamos disso um bocado no trabalho."[1] Schwab e Walt Bettinger, que se tornou CEO em 2008, mencionam o NPS em quase todo evento com os funcionários e em todo foro público. Debatem com analistas financeiros a respeito do papel central do NPS, inclusive procedendo a uma análise econômica na qual se determina o valor dos promotores e detratores. A comissão executiva da empresa embutiu o NPS nos Key Business Indicator Reports (Relatórios dos Principais Indicadores Comerciais), e quase toda semana Bettinger ouve as gravações das chamadas nas quais as equipes da linha de frente fecham o ciclo com clientes insatisfeitos. A prática torna mais produtivo o percurso até o trabalho, diz ele, e o transporta diretamente para a linha de frente, onde se cultiva ou se destrói a lealdade. "O NPS é a primeira tela que vejo no computador ao chegar ao escritório de manhã – é a prova dos nove do quanto praticamos nossos valores essenciais."

Apple no Varejo

Ron Johnson, o executivo que esteve à frente da criação e da introdução no mercado da aposta da Apple no varejo, enfrentou um desafio diferente, mas igualmente intimidador. Em 2001, quando abriu a primeira loja, a empresa estava restrita ao nicho da fabricação de computadores – o iPod ainda estava em desenvolvimento, e o iPhone e o iPad eram coisas de um futuro distante. John sabia que outros fabricantes de computador, lamentavelmente, haviam fracassado ao venderem os produtos em lojas próprias.

Assim, Johnson começou a conceber um tipo de experiência inteiramente diversa. A missão da divisão de varejo – declarou – era "melhorar a vida de clientes e funcionários". As lojas seriam lugares nos quais as pessoas se encontrariam para aprender, em vez de só comprar. Seriam concebidas de modo a estimular um relacionamento constante com os clientes, em vez de uma única transação de compra. Encantados com o tratamento – acreditava Johnson –, os clientes falariam aos amigos e colegas da experiência maravilhosa passada nas lojas Apple. Antevia que a vizinhança nas imediações de cada uma delas acabaria povoada de defensores da marca, que a promoveria agindo como missionários, ajudando a converter amigos e vizinhos usuários de PC em entusiastas dos equipamentos Mac.

Mas como Johnson e seus gerentes conseguiriam mensurar se cada uma das lojas correspondia a esse ideal? A maior parte dos varejistas mede a satisfação do cliente por meio de pesquisas nos recibos das registradoras: mensagens impressas na margem inferior solicitam aos clientes que liguem para um número 0800 ou visitem um site. Via de regra, apenas alguns atentam para a solicitação e a levam adiante. Esse processo de amostragem se mostrava muito ineficaz para os objetivos de Johnson, e, quando ele descobriu o Net Promoter, adotou-o de imediato. Desde então, a Apple investiu uma quantidade substancial de recursos na conversão do NPS em ciência. Abrindo uma média de três a cinco lojas por mês em várias partes do mundo, Johnson e sua equipe usam a medida para aferir o quanto cada loja corresponde, de forma eficaz, ao objetivo de melhorar vidas e ajudar a construir a marca Apple.

O NPS em funcionamento

O Net Promoter exerce um papel central no gerenciamento diário das mais de 300 lojas da Apple. Os funcionários recém-contratados passam por um treinamento de três semanas antes de atenderem sozinhos a um cliente, e parte substancial do treinamento está focada nos meios para proporcionar ao cliente a experiência certa. O Net Promoter decora a "carteira de princípios" que todo funcionário leva consigo. A Apple desenvolveu uma marca própria de NPS – um promotor com um *emoticon* e um balão de diálogo contendo o logotipo da empresa –, que ela afixa a todo comunicado do Net Promoter. Os comentários dos clientes ajudam os gerentes da loja a se preparar para as ligações de retratação para os detratores, de modo a fechar o ciclo do *feedback*. Os resultados dessas ligações, juntamente com os comentários dos clientes, transmitem mensagens importantes para o treinamento e o *feedback* dos funcionários, aos quais elas são repassadas.

Os gerentes de loja da empresa demonstram gratidão por quem transforma cliente em promotor; alguns chegam a colocar lado a lado a fotografia do funcionário e o texto com o comentário do promotor, que depois são exibidos numa grande tela na sala de repouso dos funcionários. Ao mesmo tempo, a equipe principal do NPS da Apple analisa o *feedback* dos clientes de todas as lojas, para entender as razões sistêmicas do entusiasmo dos promotores. Embora acredite-se que o entusiasmo seja principalmente motivado pelos fantásticos produtos da Apple ou pelo projeto arrojado de suas lojas, de longe a razão apresentada com maior frequência pelos clientes para sua felicidade é o modo como são tratados pelos funcionários.

Os funcionários de uma loja Apple sabem qual é sua posição entre os colegas, em termos do NPS, e qual é a posição de sua loja com relação às demais da região. Sabem que a nota lhes diz como estão se saindo no objetivo de melhorar vidas. Os funcionários discutem o *feedback* do Net Promoter em toda reunião de início de turno (o chamado download diário), o que lhes permite integrá-lo à rotina. A Apple avalia as lojas semanalmente, com base no NPS, e a cada trimestre homenageia aquelas que tiraram as maiores notas e aquelas que mais progrediram, com um "Prêmio de Aclamação". (Para a empresa, uma nota 9 ou 10 de um cliente equivale a um artista ser aplaudido de pé.)

Quando a Apple passou a mensurar o Net Promoter Score em 2007, havia 163 lojas e o NPS era de 58%. Hoje, com mais de 320 lojas, seu NPS corresponde a expressivos 70%. As melhores lojas do sistema atingem marcas superiores a 90%, o que é tão impressionante quanto incomum. Mas, como Johnson não demora em ressaltar, o objetivo de melhorar vidas tem como foco funcionários e investidores, tanto como clientes. O motivo de a Apple estar tão envolvida com o Net Promoter é que ele ajuda todo mundo a fazer a coisa certa – a melhorar vidas com as quais entram em contato, o que abre portas para um crescimento lucrativo. Onde uma típica loja de equipamentos eletrônicos registraria vendas de pouco mais de US\$100 por metro quadrado, as lojas mais antigas da Apple superaram a estimativa de US\$550 por metro quadrado. Trata-se, de longe, da mais alta produtividade no varejo de qualquer natureza – e não restam dúvidas de que o número está abaixo do real, pois não considera as vendas on-line inspiradas pelas lojas.

A Apple Retail também foi pioneira na aplicação do esquema Net Promoter ao quadro de empregados. A equipe de Johnson sabia que só os funcionários que fossem promotores estariam aptos a transformar clientes em promotores, de modo que os membros desenvolveram o assim chamado Net Promoter for People (NPP), em que, a cada quatro meses, as lojas fazem uma pesquisa com os funcionários para determinar a probabilidade de eles recomendarem sua loja como um bom lugar para se trabalhar. Falaremos dessa iniciativa mais adiante, no Capítulo 10. É só uma das muitas inovações desenvolvidas pela Apple Retail, com base no NPS, com o objetivo de aferir o quanto estão sendo rigorosos em cumprir com sua missão – de modo que a preocupação no sentido de melhorar vidas se torne tão importante quanto a obtenção de lucros.

Ascension Health

Nem todos que adotam o Net Promoter exercem atividades voltadas para o lucro. A Ascension Health, por exemplo, é uma das maiores redes de saúde dos Estados Unidos. Em 2010, dispunha de mais de 500 unidades em 20 estados e no Distrito de Colúmbia. As *pastorais da saúde* – nome dado pela organização às suas unidades regionais – geriam 78 hospitais, empregavam 112.500 associados, trabalhavam com 30 mil médicos e registravam receitas operacionais na ordem de US$14,8 bilhões. A Ascension Health também trabalhava numa ambiciosa "Orientação Estratégica" de 15 anos, que tivera início em 2005. Parte fundamental do esforço era a completa satisfação do paciente. "Empenhamo-nos em proporcionar uma experiência de atendimento correspondente àquela que cada um de nós gostaria que fosse dispensada às pessoas por quem nutrimos carinho", diz John Doyle, CSO (Chief Strategy Officer) da Ascension Health.

Muitas *pastorais da saúde* incorporadas pela Ascension Health já mediam a satisfação dos pacientes nos hospitais, mas das mais variadas formas. Entre elas, encarregavam sete corretores diferentes a fazer quase 600 perguntas ao todo. Desse modo, os dados saíam pelo ladrão, mas o fato é que os líderes não faziam ideia de como comparar a satisfação dos pacientes entre as diversas unidades da rede. Para resolver o problema, o grupo de trabalho focado na satisfação dos pacientes conduziu uma pesquisa com quase 2 mil deles, visando definir o tipo de experiência que desejavam e determinar o meio de medir se a organização a proporcionava. Em junho de 2006, o grupo recomendou que o sistema inteiro adotasse o NPS.

Lançando o NPS

Quando a diretoria da Ascension Health deu sinal verde, a equipe encarregada de implementar o NPS passou a manter contato com os CEOs das *pastorais de saúde*. "A abordagem ocorreu em várias frentes", diz Peggy Kurusz, diretora sênior de excelência operacional e líder da iniciativa. "Primeiro, nas reuniões dos CEO daquele verão. Depois, na Leadership Convocation, em que se reúnem curadores, patrocinadores e líderes de toda a rede. Eles foram informados sobre a pesquisa e as definições a que havíamos chegado com relação à experiência dos pacientes." Kurusz e sua equipe passaram a expedir informes regulares sobre o NPS, inclusive um relatório em que se destacava a posição de cada sistema local e de cada unidade hospitalar em relação às demais. Nesse ínterim, a diretoria decidiu que o NPS seria incorporado à compensação de risco no longo prazo dos executivos do sistema (medido a cada três anos) e incluído no Scorecard Integrado da organização. Ambas as medidas proporcionaram a essa nova abordagem alto grau de visibilidade.

Mas nem toda comunicação se fazia de cima para baixo. Os especialistas operacionais de Kurusz visitavam os hospitais com regularidade, para flagrar *flashes das experiências dos pacientes*, como são conhecidos – um método sistemático de estudo dessas experiências. Com isso, tiveram a oportunidade de conversar com gerentes intermediários e funcionários da linha de frente sobre o NPS e os meios de fomentar a lealdade.

Formulando um plano de ação

Em sua pesquisa, a Ascension Health identificou os fatores mais importantes para os pacientes, medindo o impacto de cada um deles nos Net Promoter Scores: "receptividade ao tratamento", "comunicação e capacitação" e "cuidados humanos e respeitosos" apareceram no topo da lista. A equipe de Kurusz visitou diversos hospitais da rede, para identificar as melhores práticas e os pontos problemáticos. Seus membros ouviram atentamente o que tinham a dizer os clínicos e os administradores. "Acho que o fato de termos ido ao local e reservado um tempo para entender quem eles eram e o que faziam, o que funcionava e o que não funcionava, foi provavelmente o componente mais importante para obtermos o máximo sucesso", diz Kurusz.

Graças à pesquisa e à coleta de informações, por sua vez, a organização pôde traçar um plano de ação sustentado por quatro pilares:

- *Quadro de pessoal capacitado e equipado para solucionar problemas.* Com o incentivo da Ascension Health, os hospitais capacitaram seu pessoal a colocar as necessidades dos pacientes em primeiro lugar, aumentar a produtividade e eliminar o desperdício. As ferramentas e técnicas incluíram o Lean Seis Sigma e o Transforming Care at the Bedside (TCAB), um programa desenvolvido pelo Institute for Healthcare Improvement e a Robert Wood Johnson Foundation, envolvendo a participação de uma das *pastorais* da Ascension Health.
- *Apoio emocional, social e espiritual.* Uma pesquisa interna revelou que o apoio pessoal no âmbito dessas três dimensões era parte fundamental da experiência do paciente. A organização patrocinou workshops e programas de seguimento concebidos para fazer da oferta de apoio pessoal uma parte intrínseca da "Experiência Excepcional da Ascension Health".
- *Feedback de ciclo fechado em tempo real.* Diversas práticas possibilitaram aos associados receber e responder às informações prestadas pelos

pacientes o mais rápido possível. Uma delas é denominada *ronda horária*: os funcionários visitam os pacientes a cada uma ou duas horas, fazem perguntas a eles a respeito de suas necessidades específicas e, depois, respondem a essas necessidades. Uma segunda técnica são os telefonemas pós-alta, feitos pelas enfermeiras aos pacientes, perguntando sobre a experiência no hospital. Em qualquer dos casos, os sistemas de registros asseguram que os problemas sejam resolvidos e que as questões sistêmicas sejam tratadas como consequência do aperfeiçoamento do processo.

- *Alinhamento das práticas pessoais.* Ao reconhecer que somente com um quadro de funcionários dedicado e atencioso seria possível pensar em transformar os pacientes em promotores, a Ascension Health passou a modificar a política de recursos humanos. Aperfeiçoou os processos de seleção e de gerenciamento de desempenho e ampliou o treinamento, de modo a capacitar os funcionários para proporcionar a experiência desejada pelos pacientes. Também implementou programas de recompensa e reconhecimento como forma de dar destaque tanto àqueles com maior nota quanto às equipes com melhor aproveitamento segundo o *feedback* dos clientes e funcionários. A responsabilidade final também foi reforçada graças a "conversas decisivas" com os associados que não exibiam comportamentos consistentes com os valores da organização.

Com base nesses quatro pilares, as equipes da Ascension Health definiram uma variedade de práticas específicas capazes de aperfeiçoar a experiência dos pacientes. A entrada e a alta, por exemplo, eram etapas de crucial importância na permanência do paciente no hospital e exerciam impacto significativo em sua lealdade. Houve hospitais que criaram listas de verificação de alta, complementadas por cronogramas, como forma de assegurar que o procedimento transcorresse o mais tranquilamente possível. Outros criaram vídeos de boas-vindas para cada unidade. Alguns fizeram questão de coordenar sessões de terapia, a fim de evitar complicações na transferência dos pacientes de um setor para outro.

Os desafios a serem superados ainda são muitos, sem dúvida. Por exemplo, até o momento, os esforços da Ascension Health têm focado principalmente nos pacientes da internação, mas Kurusz espera estendê-los também aos do ambulatório. Além disso, embora os funcionários com melhor e com pior desempenho não demorassem a aderir ao NPS, aqueles com desempenho mediano não se mostraram tão entusiasmados. A equipe de Kurusz precisou dedicar mais tempo a esse grupo, ajudando-os a entender os benefícios. E alguns dos mais bem classificados, de tão empolgados com o NPS, às vezes acabavam dando um passo maior do que a perna. "Tivemos de dizer: 'Vamos com calma, por que não experimentamos uma ferramenta, em vez de quatro, e confirmamos que conseguimos implementar uma delas na organização, antes de adotarmos as demais?'", indagava Kurusz.

Nesse meio tempo, as realizações da Ascension Health foram notáveis. Com a mensuração inicial da organização, em 2007, foram estabelecidos valores de referência para o NPS: as 76 unidades (à época) variaram de um máximo de 83 a um mínimo de 21. Hoje, a variação é um pouco menor: a maior nota das pastorais da saúde chega a 93 e a menor, a 40. Muitas unidades hospitalares registraram aumentos de mais de 30 pontos. O desempenho do sistema como um todo subiu de 58 para 68, numa clara evidência de seu progresso rumo ao objetivo principal: a satisfação absoluta do paciente. "O Net Promoter Score nos proporcionou um meio quantificável de medir até que ponto estamos correspondendo aos valores e às expectativas que estabelecemos para nós mesmos", diz o CSO Doyle.

Carolina Biological Supply

Muitos que adotaram o Net Promoter são grandes organizações, com nomes imponentes, como Apple ou Schwab. Mas não é necessário ser uma grande empresa para se beneficiar do NPS. Basta perguntar a Jim Parrish, CEO da Carolina Biological Supply – um negócio familiar, com 450 funcionários, sediado em Burlington, na Carolina do Norte.

A Carolina Biological fornece produtos e serviços na área de educação em matemática e ciências. Os principais clientes são professores dos ensinos médio e superior. Quando Parrish chegou, em 2004, as vendas da empresa estavam em declínio e pela primeira vez em uma década tinham fechado o ano sem lucro. Havia muitos clientes gravemente insatisfeitos, e a motivação dos funcionários andava em baixa. Em cinco anos, a Carolina Biological obtinha lucros recordes e conquistava espaço no mercado, crescendo a uma taxa de dois dígitos em meio à estagnação do mercado de fornecimento de material didático. "Fizemos muito para mudar as coisas", confessa Parrish, "mas acredito que a mudança mais importante que fizemos foi implementar o Net Promoter".

Parrish, que na década de 1980 trabalhava na empresa de consultoria Bain & Co., descobriu o NPS ao ler um artigo original da *Harvard Business Review* em que Fred apresentava o Net Promoter. Ele gostou da ideia de uma medida capaz de garantir *feedback* constante e acompanhar o desempenho da empresa aos olhos dos clientes. E também achou que o índice poderia inspirar as pessoas – que ajudaria a empresa a crescer e ser mais bem-sucedida.

Em fevereiro de 2006, a Carolina Biological conduziu sua primeira pesquisa NPS, obtendo 33% no resultado geral, e também entrevistou os clientes sobre pontos problemáticos específicos, como prazos de entrega e receptividade. Muitos resultados foram negativos. Parrish deu início a uma "turnê" por toda a empresa, mostrando os diversos números em expositores. Conversou com todos a respeito das notas obtidas e da razão de sua importância. Não tardou até que a empresa passasse a fazer pesquisas NPS a cada dois meses e, também, criasse medidas internas que lhe possibilitassem acompanhar o desempenho em aspectos como prazo de remessa e disponibilidade dos produtos. No verão de 2010, o NPS da empresa havia passado de 33% para 70%, por isso a série de ações adotadas por Parrish e sua equipe merece um exame cuidadoso.

Fazendo o NPS funcionar

Parrish e sua equipe atacaram em diversas frentes. Os níveis de estoque eram um problema; os clientes haviam dito à empresa que uma das principais preocupações era a disponibilidade dos produtos. O número de ordens atendidas por rubrica ficava em insatisfatórios 92% – e a uma média de 2,5 rubricas por pedido, diz Parrish, "o que significa dizer que, em 20% das vezes, não tínhamos tudo que o cliente desejava". Um investimento significativo em gerenciamento de estoque fez o número de ordens atendidas subir para 98% dos itens principais e 95% dos demais.

A empresa também preparou um programa interno, concebido especificamente para diminuir os erros. Os representantes do atendimento a clientes (CSR) aprenderam quanto custava preencher incorretamente um endereço ou um item. Cada um deles pôde ver um cálculo das próprias falhas, junto com uma figura de dólar que mostrava o quanto custavam num período de seis meses. Com isso, todos se sentiram compelidos a assumir a responsabilidade pessoal de diminuí-las, resultando o declínio significativo do índice de erros. E menos erros resultaram em mais promotores e menos detratores.

Uma terceira ação: a eliminação dos lucros ruins. "Tínhamos um modelo de frete que calculava uma sobretaxa por uma coisa, um custo adicional por outra", diz Parrish, "e, às vezes, o montante acabava maior do que o valor do pedido, particularmente quando se encomendava algo pequeno para ser entregue no dia seguinte, e coisas desse tipo". Num primeiro momento, a empresa delegou aos CSRs autoridade para alterar as taxas, na hipótese de o cliente reclamar. Depois, reprogramou o sistema. Agora, os CSRs conversam antecipadamente com os clientes sobre os valores de frete e sobre como despachar os itens de um modo mais econômico.

Tom Graves, diretor de atendimento a clientes da Carolina, exerceu papel fundamental no apoio à aposta no NPS. Impressionou os clientes encaminhando bilhetes pessoais de agradecimento aos detratores, nos quais escrevia: "Obrigado por nos informar do problema. Informando-nos sobre ele, sua contribuição beneficia não só a você, mas também aos demais clientes." Essa mensagem foi tão bem recebida que Graves desenvolveu um programa para que os CSRs enviassem bilhetes pessoais de agradecimento para as mil contas mais importantes da empresa. "Os professores recebiam o bilhete no fim do ano letivo", diz ele, "ou, se o envio atrasasse, logo no início do ano letivo seguinte. Nos meses de agosto e setembro, recebemos mais ligações do que nunca. As pessoas estavam entusiasmadas. Ninguém nunca havia feito aquilo por elas!".

A classificação NPS da Carolina começou a subir de modo constante, e, em 2010, atingiu 70%. E quanto aos desafios restantes? Para Parrish, a avaliação dos clientes é como "combustível para o motor da empresa", e ele entende que a Carolina ainda não está suficientemente abastecida. A pesquisa inclui 10 perguntas, e os índices de resposta ficam entre 14% e 16%. O número de perguntas pode reduzir o número de respostas, mas "todos estão apegados à 'sua' pergunta", diz Parrish. Apesar dos desafios, ele está feliz. "Para mim, o NPS é a mais eficaz das ferramentas de comunicação que já conheci. No último ano, nossa principal atividade cresceu numa economia em que achávamos que iríamos minguar. E nesse ano estamos cruzando a linha de partida com um crescimento da ordem de dois dígitos, o que é extraordinário, considerando-se o contexto presente do mercado da educação."

"Não me lembro de nada que já tenha feito que pudesse ter contribuído mais para se fazer a coisa certa pelos clientes – o que, é claro, é a coisa certa para os negócios."

The Progressive Group of Insurance Companies

Uma coisa que percebemos, ao acompanharmos a difusão do NPS, é que as empresas estavam aprendendo umas com as outras. A Progressive, por exemplo, é uma das maiores clientes da Enterprise Rent-A-Car. Seu CEO, Glenn Renwick, há muito admirava o empenho da Enterprise em conquistar a lealdade dos clientes e a conhecia o suficiente para entender a importância do papel exercido pelo *feedback* deles. Isso contribuiu para convencê-lo da necessidade de adotar o Net Promoter na Progressive.

Todavia, Renwick também tinha uma razão econômica premente. A Progressive havia quantificado cuidadosamente o impacto financeiro da retenção (ou "persistência", como a conhece o mercado) dos clientes. Aumentando-se o prazo médio das apólices em um único mês, no vencimento de todas, os prêmios aumentariam em mais de US$1 bilhão – uma quantia impressionante mesmo para uma empresa como a Progressive, grande seguradora americana de imóveis e acidentes, com mais de US$14 bilhões em prêmios.

Mas como estimular a lealdade? No passado, diz Renwick, os esforços devotados "à gentileza e à atenção" aos clientes nunca chegavam a assumir uma visão profunda o bastante do que significava retê-los. "Tínhamos um forte componente analítico, mas era difícil abordarmos aspectos mais delicados." Graças à rigorosa metodologia numérica do NPS, conseguiu-se reduzir a disparidade. "O índice seria como uma medida analítica que, para nós, equivaleria em eficácia à 'taxa de prejuízo'", diz Renwick. "Ele estabelece uma medida da saúde do relacionamento com o cliente, tão eficaz e viável, do ponto de vista analítico, quanto nossos demais indicadores."

"A graça do NPS", acrescenta, "é que é uma linguagem comum – e não é necessário reinterpretá-lo para as diferentes pessoas com as quais se fala. Podemos nos dirigir aos funcionários mais analíticos da organização e pedir o NPS de todos os que tiveram uma solicitação atendida na Flórida. Eles serão capazes de entender e tomar uma providência."

Renwick passou a falar do Net Promoter para funcionários, diretores e investidores. Incluía relatos de progresso do NPS no relatório anual da empresa. Ao ser indagado sobre a tática mais eficaz para conseguir aceitação, explicou que ele, como CEO, pôde insistir na inclusão do NPS como um dos indicadores fundamentais da empresa e demonstrar associação direta entre o índice e a retenção de clientes e, portanto, os lucros. Mas o que realmente facilitou a aceitação foi o momento em que o departamento mais independente e imparcial nesse serviço testou o NPS – e gostou do que viu. "Nosso departamento de sinistros foi um dos primeiros a aderir. Após adotar o NPS, o grupo o validou para todo o restante da organização, em virtude de sua aversão a rodeios, seu pragmatismo e sua orientação para os resultados."

Não foi de todo ruim Renwick designar seu subordinado Richard Watts, presidente do grupo de vendas e serviços, para a função de coordenador executivo da implantação do NPS. Com seis *call centers* e cerca de 9 mil funcionários FTE (equivalentes a tempo completo) sob seu comando, Watts era responsável por mais de 60 milhões de contatos com clientes e pela experiência do cliente como um todo. Embora tendo se criado na cultura da empresa, voltada para números, acreditava que o NPS faria aumentar o foco no cliente. Mas também percebeu que seria trabalhoso.

Um primeiro passo, por exemplo, foi descobrir as políticas e os procedimentos que vinham gerando detratores. Quando um executivo descobriu que a apólice da própria mãe havia sido cancelada por conta de restrições burocráticas da Progressive, comentou: "Mas isso é jeito de tratar a mãe dos outros?" A frase tornou-se palavra de ordem em toda a organização: as pessoas passaram a questionar cada vez mais políticas e procedimentos, sempre usando o mesmo mantra. Ao ingressar no NPS Loyalty Forum, Watts testemunhou a eficácia do *feedback* em ciclo fechado e o adotou na empresa, primeiro no departamento de sinistros e, por fim, em todos os serviços de atendimento ao cliente. Hoje em dia, a Progressive monitora o NPS por equipe e por funcionário, assegurando que os astros em desempenho sejam amplamente reconhecidos. A empresa promove almoços locais e cerimônias de premiação, e todo ano o CEO Renwick convida o 1% com melhor desempenho (cerca de 200 representantes do departamento de sinistros) a voar até a matriz e jantar com ele. Lá, os representantes recebem um livro encadernado com comentários textuais a seu respeito feitos pelos próprios clientes, no processo de pesquisa do Net Promoter.

A Progressive ainda não vinculou qualquer tipo de compensação ao NPS. Mas a participação nos ganhos é acentuadamente orientada pelos números associados à retenção de clientes, e o índice tornou-se a principal ferramenta com a qual priorizar os aperfeiçoamentos que resultem em maior retenção. Em qualquer caso, a empresa está se saindo bem: as receitas e o número de clientes continuam a aumentar.

A propósito, assim como a Progressive adotou o Net Promoter em razão dos resultados positivos da Enterprise, seus fornecedores hoje em dia adotam o NPS. Um bom exemplo disso é a Belron, líder mundial no fornecimento de vidros automotivos para reposição. E também a KOA, rede de franquia de camping da qual a Progressive é patrocinadora, e que se tornou entusiasta do NPS.

Rackspace

Pegue uma atividade nova, empreendedora, num mercado de alta tecnologia extremamente competitivo. Adicione a crise financeira e o colapso da bolsa de valores de 2008. Poderia se imaginar que o resultado seja desastroso. Contudo, o Net Promoter ajudou uma empresa sediada em San Antonio, chamada Rackspace, a vencer as turbulências e se projetar para o topo do setor.

Graham Weston e seus parceiros fundaram a empresa em 1998 com a intenção de competir nas áreas de hospedagem gerenciada e, depois, de computação em nuvem. Weston era um empreendedor do setor imobiliário, e, ainda cedo, como a maior parte dos locadores, só queria saber do tipo de inquilino que pagava o aluguel em dia e jamais o incomodava. A Rackspace teve início com um modelo que, hoje em dia, ele apelida de "negação de serviço": alertava os clientes em potencial a não fazer negócios com eles a menos que fossem especialistas em TI e conseguissem resolver os próprios problemas com os computadores. Mas Weston e Lanham Napier – à época CFO (Chief Financial Officer), mas prestes a se tornar CEO – não demoraram a perceber que mesmo os clientes mais familiarizados com a tecnologia imploravam à empresa que fosse mais prestativa na hora de tratar com a complexidade e a rápida evolução dos desafios de TI. Ambos também perceberam que nenhum dos concorrentes atendia a essa necessidade, de modo que decidiram criar um diferencial para a empresa entre os serviços de atendimento ao cliente de qualidade internacional.

Napier é um gestor incomum, em sintonia tanto com os aspectos lideracionais e motivacionais dos negócios quanto com os financeiros e analíticos. Ele reconhece que o Net Promoter proporciona contribuição eficaz à condução dos dois lados do negócio, reforçando o que a empresa chamou "Suporte Fanático" aos clientes – e o Suporte Fanático, diz Napier, "é a razão de termos crescido tanto nos últimos 10 anos, ao ponto de virarmos líderes mundiais em hospedagem".

No primeiro relatório anual da empresa após sua oferta pública inicial, essa relação é descrita nos seguintes termos:

> *[O Suporte Fanático] Nosso jeito exclusivo de cuidar dos clientes é o nosso diferencial no competitivo mercado de hospedagem. É ele que justifica nossa filosofia operacional e permeia todo o nosso negócio... O objetivo do Suporte Fanático é criar clientes que sejam promotores. Os promotores nos recomendam aos amigos, tornando-se uma extensão de nossa força de vendas. Os clientes que são promotores também são mais rentáveis, uma vez que permanecem conosco por mais tempo e contratam mais serviços nossos... A criação de promotores leais não somente reduz os custos com a aquisição de clientes, como também faz aumentar os índices de retenção e inspira nossos Rackers [funcionários]. Somos testemunhas em primeira mão desses resultados.*

Quando a recessão atingiu a Rackspace, pouco após o IPO (Oferta Inicial de Ações), as ações despencaram dos valores iniciais de negociação, na casa dos US$10 a US$12 a unidade, para pouco mais de US$5. Sem problema: a empresa redobrou a dedicação à lealdade do cliente e ao NPS. A equipe de gestão concordou em adotar um amplo conjunto de iniciativas, que incluíam a mudança na estratégia de precificação, a reformulação do pessoal da linha de frente do atendimento telefônico em equipes multidepartamentais, aptas a servir melhor aos clientes, e o compromisso em estabelecer a última palavra em processo de *feedback* em ciclo fechado. De início, os atendentes da linha de frente e os líderes de equipe mostraram-se reticentes em ligar para os detratores. Mas graças a um treinamento intensivo e ao lançamento de um programa de reconhecimento das principais equipes, no entanto, os Rackers hoje mantêm contato com mais de 90% dos detratores e neutros.

Ao dobrar o empenho, a empresa obtém resultados impressionantes. Enquanto os concorrentes em seu produto principal, hospedagem gerenciada, empacaram, seu NPS subiu 20 pontos, atingindo a marca de 63%, o que lhe conferiu a liderança do mercado. Os índices de desistência dos clientes diminuíram mais de um terço, indo de 3% para 1,9%; hoje, eles correspondem aos níveis mais baixos mantidos pela empresa em toda sua história e, de longe, os melhores do mercado. Ambos os fatores contribuíram para que seu crescimento permanecesse nos dois dígitos: no momento em que escrevemos, as receitas estão fechando em US$1 bilhão, e o valor das ações aumentou 50% em 2010, atingindo mais de US$30. O CEO Napier comunicou à diretoria, aos analistas da bolsa de valores e aos funcionários que o NPS forneceria à Rackspace uma medida para acompanhar seu progresso rumo à meta de se tornar uma das maiores empresas de prestação de serviços do mundo. Ninguém pensa pequeno no Texas – mas Napier leva extremamente a sério essa meta elevada. Como disse aos funcionários numa postagem num blog: "Só somos importantes quando os clientes dizem que somos importantes. Há um motivo para nossa obsessão pelo NPS. Quando TODOS os nossos clientes virarem promotores, quando todos os nossos clientes nos atribuírem uma nota 9 ou 10, numa escala de 10, SÓ ENTÃO saberemos que nos tornamos uma das maiores empresas de prestação de serviços do mundo."

Virgin Media

Assim como os executivos da Progressive e da Rackspace, Neil Berkett compreendia os vínculos econômicos entre os índices de desistência, a longevidade dos clientes e o valor permanente dos clientes. Quando se tornou CEO da Virgin Media, em março de 2008, assumiu uma organização dotada de considerável potencial de aperfeiçoamento nessas dimensões. A avaliação que se fazia do serviço de atendimento ao cliente era o mais baixo do setor. O mesmo ocorria com os índices de retenção. Berkett expôs o problema de modo simples: "Nosso problema número um era os clientes não ficarem conosco tempo suficiente."

A Virgin Media é a maior empresa da Virgin Group. Produto de uma série de fusões e aquisições nos setores de telefonia e cabeamento no Reino Unido, a empresa tem uma receita de US$6 bilhões, cerca de 13 mil funcionários e milhões de clientes. Uma das primeiras medidas de Berkett para mudar as coisas na empresa foi adotar o Net Promoter System, cujo lançamento foi feito com um workshop (sob a orientação de Rob e vários colegas) ministrado aos 20 principais executivos. O evento abrangeu a lógica econômica por trás de sua implantação, bem como a reformulação cultural que deveria ter lugar. O grupo passou a expor situações que descreviam os resultados da mudança após muitos anos e também deu bastante atenção à necessidade de obter resultados rápidos. Ficou decidido que o NPS passaria a ser um ingrediente importante do *balanced scorecard* da empresa e que seria vinculado às gratificações dos executivos.

"O conceito do NPS não oferece dificuldades seja à compreensão, seja à mobilização", aponta Berkett; no entanto – acrescenta –, assume diferentes significados em diferentes níveis da organização. Os líderes mais antigos da empresa ficaram mais impressionados com seu aspecto econômico. O pessoal da linha de frente ficou mais entusiasmado com o impacto cultural. "Graças a uma comunicação eficaz, ficaram definitivamente eufóricos com a ideia de colocar o cliente no centro de tudo que fazemos. A vida desses funcionários melhora muito quando a empresa ajuda a descobrir os meios de agradar os clientes."

Berkett reorganizou a Virgin Media de forma a deixar clara a responsabilidade pela criação de mais promotores e menos detratores. Ele está sempre lembrando ao pessoal que o objetivo não é tirar uma nota melhor, mas usá-la como forma de aprendizado, aperfeiçoamento e motivação. Uma apresentação recente sobre a implantação do NPS na empresa se encerrou com um slogan que capta a essência de sua abordagem: *Net Promoter – é o modo como fazemos as coisas por aqui*. Em apenas 2 anos, a empresa melhorou em 15 pontos o NPS dos relacionamentos, de 3 para 18, o que resultou num decréscimo na desistência dos clientes, de 1,8% para 1,1% ao mês. Com isso, a empresa foi alçada do último lugar, quando comparada a seus concorrentes, para uma posição intermediária, o que ainda não é suficiente, como Berkett deixa claro. "Estamos contentes com o progresso obtido até o momento", diz, "mas nem de longe estamos satisfeitos. Nossa meta é nos tornarmos líderes do setor em NPS". Caso alcance seu objetivo, a Virgin Media terá os menores índices de desistência, o menor custo de aquisição e as maiores vendas por cliente. Com isso, ela obterá o maior valor permanente por cliente – uma senhora vantagem estratégica.

Outras histórias de sucesso

Há mais histórias de sucesso do NPS do que somos capazes de contar neste livro, que dirá neste capítulo. Mas alguns resumos ligeiros, que destaquem outras realizações dignas de nota, darão ideia da extensão do progresso que as empresas têm obtido graças ao NPS, num vasto conjunto de setores e de circunstâncias comerciais.

British Gas Services

A British Gas Services (BGS), maior fornecedora de gás do Reino Unido, adotou o Net Promoter para obter uma guinada em seus negócios de instalação de calefação residencial, que perdia dinheiro e fazia o caixa sangrar. O segmento de instalação não apenas treinou no esquema NPS todo o quadro de pessoal, como também desenvolveu um rigoroso processo de atribuição de notas, fazendo relatórios diários a todos os 75 distritos e a cada instalador e consultor de vendas em particular. Por ironia, há anos a equipe de marketing da BGS fazia pesquisas detalhadas, mas de pouco impacto, e acabou com o pé atrás ao saber que seriam substituídas pelo NPS. No entanto, o executivo responsável por promover a guinada, Eddy Collier, explicou: "Estávamos investindo grandes somas de dinheiro em métodos anônimos de pesquisa. Cortamos todo o desperdício de esforço porque sabíamos que o melhor meio de mudar a cultura era ouvir diretamente os clientes e encontrar soluções para cada um dos problemas. Tínhamos de conquistar a lealdade dos clientes porque sabíamos que o único meio de crescimento ao qual podíamos nos dar ao luxo era o das recomendações e referências."

A empresa estabeleceu um *feedback* em ciclo fechado para resolver os problemas dos clientes. E também estabeleceu um processo padronizado pelo qual os engenheiros que instalavam um aquecedor telefonavam para os clientes no dia seguinte, para ver se tinham alguma dúvida ou preocupação. Nesse setor, o Net Promoter Score aumentou de 45% para 75% em dois anos. As reclamações dos clientes diminuíram 75%, o que permitiu à BGS reduzir o número de pessoas encarregadas de solucioná-las e, desse modo, liberar a agenda dos gestores para liderar as respectivas equipes. As dívidas irrecuperáveis diminuíram mais de 90%, uma vez que clientes satisfeitos são mais inclinados a saldar as dívidas; o fluxo de caixa saiu do vermelho; e as margens de lucro aumentaram para dois dígitos. No início do período, a receita das unidades vinha minguando; no fim, os índices de crescimento haviam aumentado para 30% ao ano. "A situação na qual se deu a guinada era grave, com fluxo de caixa negativo", diz Collier. "O NPS nos ajudou a estancar a sangria e inverter o rumo das coisas – foi um meio incrivelmente eficaz de colocar cada um de nossos clientes no centro de tudo que fazemos e restaurar a saúde dos negócios."

Depois, Collier e equipe foram encarregados de assumir a direção de um novo negócio de peso, na América do Norte, para a Centrica, controladora da British Gas. Uma das primeiras coisas que fizeram assim que chegaram? Implantar o Net Promoter System.

American Express

Nos últimos cinco anos, a American Express reinventou a estratégia de atendimento ao cliente. A nova abordagem, que tem como foco a "opinião do cliente", é medida pelo NPS (que a empresa chama internamente "Recomende a um Amigo", ou RTF). Ela gerou benefícios tanto para os clientes quanto para os negócios, inclusive com aumento da nota relativa à satisfação do cliente, aumento da eficiência e das margens de serviço e redução em 50% dos atritos entre funcionários nos Estados Unidos, entre 2006 e 2009.

Quando o CEO Ken Chenault designou Jim Bush para a chefia do departamento de serviços da American Express nos Estados Unidos, em 2005, pediu a ele que ajudasse a empresa a realizar o sonho de se tornar "a marca mais respeitada do mundo em prestação de serviços". Com o tempo, o setor se tornara "um centro de custos administrativos, focado em reduzir despesas e efetuar transações", lembra Bush. "No que se referia a atender às necessidades e solicitações dos clientes, não nos faltavam eficácia e eficiência; mas estávamos desperdiçando a oportunidade de criar vínculos e estabelecer relacionamentos mais significativos com eles. Para isso, não havia dúvida de que precisávamos mudar a mentalidade e a cultura do departamento de serviços – não só pelo bem dos clientes, mas também para revigorar os funcionários e reduzir a rotatividade."

Bush incumbiu sua equipe de liderança de repensar o papel do departamento. "Uma das primeiras coisas que fizemos foi uma pesquisa junto aos funcionários para descobrir do que precisavam para dispensar aos clientes um cuidado excepcional e, depois, promovemos mudanças tomando por base esse *feedback*. Por exemplo, deixamos de chamar nosso pessoal de 'representantes do serviço de atendimento ao cliente' e passamos a chamar de 'Profissionais da Atenção ao Cliente' (CCP). Deixamos de contratar exclusivamente pessoas de outros *call centers* e passamos a contratar funcionários de setores como hotelaria e varejo, que, basicamente, atendem a pessoas. Também mudamos a medida adotada para aferir o sucesso. Deixamos de calcular o desempenho com base nas medidas tradicionais dos *call centers*, como o monitoramento interno da qualidade ou a mera 'satisfação', e passamos a focar na importância *do que o cliente pensa* após cada interação e medir as chances de ele recomendar a American Express a um amigo."

Com o uso do RTF para colher e influir no *feedback* dos clientes, Bush pode ajudar a equipe a perceber o papel vital que ela desempenhava no desenvolvimento do relacionamento com os clientes como um todo. Na verdade, ele exaltou sua missão, plantando em seus membros a convicção de que toda interação dava ensejo ao aprofundamento da relação com o cliente. Ao estabelecer a meta assustadoramente ambiciosa de dobrar o RTF em apenas três anos, Bush também pôde mobilizar colegas de outros grupos, inclusive do desenvolvimento de projeto, da gestão de riscos e do marketing, na empreitada de aperfeiçoar as estratégias da empresa, as características dos produtos e os demais elementos do sistema capazes de contribuir à criação de promotores. Além de alterar os critérios de contratação e a mensuração do desempenho, Bush e equipe alcançaram aquela meta ambiciosa. Livraram os CCPs do relógio e do roteiro. Puseram fim às metas de tempo médio de atendimento por ligação e, em vez disso, deixaram para os clientes a decisão sobre quanto tempo se dispunham a passar ao telefone. Aumentaram a ênfase nas resoluções no primeiro contato, indo mais rapidamente ao xis da questão, e trataram das políticas que dificultavam a criação de promotores. Onde, no passado, 70% do período de treinamento focava em competências técnicas e 30% em competências relacionais e pessoais, Bush e equipe inverteram essa proporção. "Estamos sempre buscando meios de melhorar, mas me sinto incrivelmente orgulhoso do progresso que nossa equipe já fez e do reconhecimento externo que recebemos ao longo desse percurso", diz Bush. "Nosso objetivo ainda é sermos não apenas os melhores em prestação de serviços no setor, mas também figurarmos entre as melhores marcas de prestação de serviços do mundo."

Vanguard

O Vanguard Group adotou as técnicas Net Promoter para descobrir oportunidades de melhorar um negócio já excelente. Há muitos anos, a importante empresa de serviços financeiros voltou seu foco para o programa Flagship Services, cujo objetivo é proporcionar um excepcional serviço de atendimento a pessoas com mais de US$1 milhão investidos nos fundos do Vanguard. Mesmo o programa tendo criado significativa lealdade por parte dos clientes, Bill McNabb, CEO do Vanguard, e Tim Buckley, diretor executivo do Retail Investor Group (Grupo de Investidores de Varejo) da empresa, não estavam satisfeitos. McNabb observou: "Tínhamos um NPS de 80% no Flagship. Mas estávamos convictos de que podíamos fazer ainda mais e sabíamos que havia alguns 'pontos nevrálgicos' aos quais queríamos nos dedicar."

John Marcante, chefe da unidade de serviços da Vanguard voltada para clientes de alto poder aquisitivo, coube a tarefa de reformular o modelo de serviço do Flagship. "Estávamos partindo de Net Promoter Scores tão altos que era difícil imaginar como poderíamos melhorar", diz ele. "Por isso focamos na ativação dos promotores. Tivemos de proporcionar a eles uma experiência tão extraordinária que, de fato, parecesse valer a pena contar aos amigos." Mesmo a Vanguard já fazendo isso de vez em quando, Marcante e equipe puseram-se a pensar num modo de a unidade Flagship Services proporcionar experiências como essa de modo mais sistemático.

Um dos aperfeiçoamentos envolveu a unidade da Vanguard responsável por prestar consultoria de investimentos. O representante da Flagship designado para tratar da maioria dos problemas de um cliente encaminhava as solicitações de consultoria a um profissional autorizado de outra unidade. Mas quase sempre esses consultores não estavam familiarizados com a conta do cliente e, em geral, sequer conheciam o representante da Flagship que fazia o encaminhamento. Sob a liderança de Marcante, a Vanguard mudou esse modelo e passou a incorporar os profissionais de investimento às equipes Flagship, inclusive treinando representantes do programa para lidar com muitas das solicitações de rotina. Antes da mudança, cerca de 33% dos clientes atribuíam nota 10 ao modelo de consultoria; poucos meses depois, o número havia dobrado para 66%.

As três chaves para o sucesso do NPS

Estas histórias indicam que as empresas têm chances de obter resultados impressionantes com o Net Promoter System. E isso é igualmente válido para uma ampla variedade de circunstâncias: grandes empresas globais e pequenas companhias privadas, alta tecnologia e baixa tecnologia, empresas de rápido crescimento e empreendimentos sólidos. É claro que as circunstâncias são singulares, mas quase todas as aplicações bem-sucedidas do NPS parecem apresentar três características específicas. Sempre que ele contribui para a ocorrência de aperfeiçoamentos extraordinários:

1. A equipe sênior de liderança e, em especial, o CEO assumem pessoalmente o aperfeiçoamento da lealdade dos clientes, por meio do Net Promoter,

como prioridade de missão crítica. Eles compreendem tanto o imperativo econômico (uma vez que ele cria a oportunidade de crescimento rentável) quanto os imperativos motivacionais e morais (ele mede o quanto a empresa corresponde a seus valores essenciais).

2. Eles vinculam o *feedback* NPS dos clientes aos processos decisórios fundamentais de todas as instâncias da organização, criando ciclos fechados de aprendizado e aperfeiçoamento. Não o tratam como se fosse um departamento ou programa à parte, mas associam-no integralmente à configuração das prioridades diárias e mensais.

3. As empresas organizam a iniciativa Net Promoter como uma longa jornada de transformação e crescimento cultural, em vez de um programa ou iniciativa de curto prazo. Elas compreendem que, caso queiram ser exitosas na geração de um crescimento rentável e sustentável, o NPS deve estender-se a todos os níveis da organização.

Eis as três chaves para o sucesso, e os próximos três capítulos tratarão delas mais a fundo.

7
Economia e inspiração: o duplo imperativo

Tal qual um arco bem construído, o Net Promoter System repousa firmemente sobre dois pilares distintos. Se não se der atenção a qualquer um deles, o conjunto inteiro virá abaixo.

Um pilar é econômico. Com o Net Promoter, é possível investir na lealdade do cliente e calcular o retorno desse investimento. Ele cria a possibilidade de um círculo virtuoso – a maior lealdade dos clientes resulta em lucros maiores, lucros maiores permitem que se invista mais na conquista da lealdade dos clientes, e assim por diante. As empresas com esse tipo de vantagem econômica aceleradora são capazes de fazer a concorrência comer poeira.

O outro pilar é motivacional. A maioria das pessoas tem o desejo de fazer a coisa certa pelos clientes – influenciar a vida deles de modo positivo. Com o Net Promoter, elas conseguem saber se estão tendo sucesso, se estão deixando a desejar e por quê. Com ele, conseguem aperfeiçoar-se. A Apple acredita que receber uma nota 9 ou 10 é como ser aplaudido de pé. É a marca de um trabalho benfeito, fonte de profunda satisfação.

Há o risco de se exagerar na mão em qualquer dos pilares – erguê-lo alto demais para o arco, por assim dizer. Os membros da equipe podem ficar tão encantados com a sensação de bem-estar proporcionada pelo Net Promoter, por exemplo, a ponto de imaginar que só o que importa é a criação de promotores. Com um número suficiente deles – podem acabar pensando –, os lucros podem ser deixados à própria sorte. É claro que isso não faz sentido algum, pois há vários modos de criar promotores no curto prazo que acabariam levando a empresa à bancarrota. Baixe os preços! Ofereça produtos e serviços de graça! É provável que o Net Promoter chegue às alturas, mas os lucros despencariam. "É preciso certificar-se", adverte Ron Johnson, da Apple, "de que o pessoal entenda que a meta de criação de promotores deve ser proporcional à necessidade de garantir que os negócios sejam rentáveis".

Muitos executivos, por sua vez, desejam as vantagens econômicas da lealdade dos clientes, mas ignoram o aspecto inspirador do NPS. Esquecem-se de que é impossível conquistar clientes leais sem primeiro estimular uma equipe de empregados a se tornar eles mesmos promotores. Quem se dedicaria a um cliente, a menos que sentisse orgulho e entusiasmo de fazer parte da equipe? E, ainda que entrem muitos ingredientes no engajamento dos empregados – treinamento e desenvolvimento adequados, prêmios, oportunidade de crescimento, sensação de ser valorizado etc. –, o verdadeiro fundamento é o seguinte: os empregados devem estar aptos a tratar clientes e colegas de um modo que os deixe orgulhosos. Quando líderes e equipes sempre tratam as pessoas do jeito certo, quando se confia que farão a coisa certa, então a organização se torna verdadeiramente digna de lealdade.

O Net Promoter System constitui o elo (o arco) entre os pilares. Ele conjuga o aspecto econômico à Regra de Ouro do pensamento e do comportamento – fazer bem e fazer o bem. Quando optou pelo NPS como o sistema que o ajudaria a imprimir uma guinada na empresa, Chuck Schwab estava plenamente ciente de que era seu nome que estava na porta do escritório e a reputação da empresa estava intimamente associada à dele. Estava empenhado em fazer por merecer a lealdade dos clientes porque isso simbolizava que ele fazia a coisa certa pelas pessoas. Eliminar os lucros ruins e investir na criação de promotores proporcionou a ele um meio de construir uma reputação da qual tivesse orgulho. Mas ele também reconheceu que as recomendações dos clientes são um ingrediente crucial do crescimento rentável. Aproximadamente metade de todas as novas contas da Schwab se devia a recomendações ou indicações. Clientes assim acabam superando, tanto em qualidade quanto em rentabilidade, aqueles atraídos por outras razões. Desse modo, as duas funções do NPS – medir o quanto você trata bem os clientes e medir a eficiência do motor econômico de sua empresa – são inseparáveis. Trata-se tão-somente de duas faces da mesma realidade.

Este capítulo mostra como as empresas aprenderam a focar em ambos os pilares e a evitar a negligência de qualquer um dos dois.

O pilar motivacional: meça sua missão

Via de regra, as grandes empresas cultivam grandes valores – e os levam a sério. Desejam fazer a coisa certa para o cliente. Desejam criar um excelente local de trabalho. Desejam fazer o bem às comunidades, tanto quanto aos acionistas. Seus valores tornam-se parte de sua missão, de sua visão, de sua razão de ser. Algumas organizações, como a Four Seasons e a Southwest Airlines, usam a linguagem da Regra de Ouro. Essas organizações pedem aos empregados que tratem os clientes e outros interessados do mesmo modo como gostariam de ser tratados, se estivessem no lugar deles. O juízo de valor embutido na pergunta da Progressive Insurance – "Mas isso é jeito de tratar a mãe dos outros?" – tem o mesmo sentido. Seja qual for a linguagem, a ideia principal (tratar bem as pessoas) serve de alicerce para qualquer missão verdadeiramente inspiradora. Somente uma empresa que corresponda a esse padrão é capaz de atrair excelentes empregados e motivá-los às grandes realizações.

Mas como uma organização consegue saber se, no dia a dia, vive de acordo com seus valores? É onde entra o pilar motivacional do Net Promoter – por isso ele é tão importante. Com o NPS, uma empresa é capaz de medir o sucesso na realização de seus valores e na consecução de sua missão. Ele serve para aferir sua grandeza.

Veja o caso da Charles Schwab Corporation. Walt Bettinger, que fora aproveitado na chefia da divisão de varejo da empresa durante a guinada e, depois, foi promovido a CEO, trabalhou com sua equipe para esclarecer as principais convicções da Schwab. Depois, ele as publicou e distribuiu em toda a empresa. A lista inclui declarações do tipo: "Toda interação com um cliente transforma o futuro da empresa", "Todos os clientes serão encarados como uma pessoa integral" e "Investir em nossa gente é fundamental para o sucesso presente e futuro". Periodicamente, Bettinger desafia os membros da equipe a explicar as políticas, decisões e recomendações com base na conformidade deles a esses princípios.

Também para ele, o Client Promoter Score da empresa é basicamente um indicador do quanto ela vive à altura de seus princípios. Schwab desenvolveu um processo de acompanhamento diário do NPS de cada filial, de cada central telefônica, por equipe, por empregado etc. "Todo dia, em todos os níveis da organização, são tomadas muitas decisões relevantes e irrelevantes", explica Bettinger. "A graça do Net Promoter é que ele ajuda a simplificar questões complexas e ajuda as pessoas a tomar a decisão certa. Com ele, são induzidas a se perguntar: "Será que estou fazendo a coisa certa pelo cliente? E será apropriado para a empresa, do ponto de vista econômico?" Bettinger também lembra à equipe que a intenção de medir o NPS é garantir que a empresa viva à altura dos valores de seu serviço de atendimento.

De modo semelhante, a missão da Apple Retail consiste em melhorar a vida dos outros. E um papel vital do NPS é medir de modo preciso o quanto a divisão leva a efeito sua missão de modo coerente. Quando o cliente atribui à experiência numa loja uma nota 9 ou 10, a Apple pode presumir que os empregados melhoraram a vida desse cliente e que, ao fazê-lo, melhoraram a própria vida. Quando o cliente atribui à experiência uma nota entre 0 e 6, é quase certo que algo ou alguém piorou a vida dele. Graças ao acompanhamento e ao gerenciamento diários dos resultados do NPS – por loja, por produto, por equipe, por empregado –, Ron Johnson estabeleceu uma disciplina, relacionada ao compromisso com a missão, que se estende a todas as lojas Apple, seja em Paris, Dallas ou Pequim. As notas das avaliações em tempo real, que indicam se a missão chegou a ser cumprida (promotor) ou não (detrator), resultam em debates diários entre os gerentes de loja e os membros da equipe. As notas tornam a missão de melhorar a vida das pessoas mais imediata e mais real.

O pilar econômico: garanta a adesão de seu CFO ao NPS

Bettinger, Johnson e quase todos os demais adeptos bem-sucedidos do NPS, além de realistas, são também visionários. Quando indagaram o que diria a um CEO em vias de embarcar numa jornada Net Promoter, por exemplo, Bettinger respondeu: "É preciso que a diretoria esteja do seu lado. Serão necessários investimentos, e ela deve entender o aspecto econômico que os justifica." Uma vez que, na maior parte das empresas, é ele quem tem a palavra final quanto à sensatez de um investimento, do ponto de vista econômico, o CFO (Chief Financial Officer) precisa ser amigo do NPS. Do contrário, é possível que acabe se tornando seu inimigo.

Não nos entenda mal: não estamos dizendo que o CFO que não se mostra disposto a aderir ao NPS é necessariamente hostil. Há muita coisa no Net Promoter System que interessa a um CFO, como as associações bem documentadas entre as notas, as condutas de cada cliente e os resultados financeiros. Mas os CFOs que forem deixados de fora do ciclo se tornarão inimigos *de fato*, com o tempo. Um déficit nos lucros, por exemplo, é capaz de induzir o pessoal do financeiro a procurar oportunidades de reduzir custos. Os primeiros cortes quase sempre incidem sobre as rubricas cujo investimento apresente um retorno mais demorado ou menos seguro. A menos que o pessoal entenda exatamente quais são as consequências econômicas, é bem provável que os investimentos na criação de promotores acabem nessa categoria. De igual modo, na procura por fontes imediatas de receita adicional, a tentação de aumentar o tipo de tarifa que cria detratores – lucros ruins – não raro se torna irresistível. Também nesse caso, a menos que as pessoas tenham quantificado e compreendido o impacto da criação de detratores, é quase certo que a empresa recorrerá aos lucros ruins. Se o aspecto econômico for minuciosamente esclarecido, os CFOs saberão defender os investimentos mais rentáveis em lealdade e evitar os lucros ruins.

Alguns exemplos podem esclarecer esse ponto. Na Apple, os gerentes de loja telefonam para todos os detratores num prazo de 24 horas, mas há alguns que jamais são contatados. A empresa acompanhou os padrões de compra dos detratores que haviam se reportado a um gerente de loja, em comparação com os de quem não havia feito isso. Nos dois anos subsequentes, os detratores que haviam sido contatados adquiriram uma quantidade substancialmente maior de produtos e serviços que os demais. A Apple calculou o tempo necessário para fazer esses telefonemas de fechamento de ciclo e não tardou a descobrir que cada hora passada telefonando para os detratores gerou, no primeiro ano, uma receita de mais de US$1 mil, ou vendas adicionais da ordem de US$25 milhões – um excelente retorno sobre investimento. Além do mais, os números ignoram os benefícios de se evitar um boca a boca negativo, sem mencionar tudo aquilo que os gerentes aprendem nessas conversas e que os ajuda a tocar melhor a loja.

Considerando-se o resultado, qualquer CFO preocupado em aumentar as receitas entenderia que a alocação do tempo dedicado pela gerência às ligações para os detratores deveria ser uma das últimas coisas a serem cortadas. Mas e se a Apple jamais tivesse se ocupado em acompanhar as diferenças nos padrões de compra dos detratores? E se a análise tivesse sido feita com propósitos de marketing e jamais tivesse chegado ao pessoal do financeiro ou sido examinada por ele? Havia uma chance de que alguém do financeiro encomendasse um estudo de tempo e movimento com a intenção de liberar o tempo dos gerentes para coisas "mais importantes" – por exemplo, reduzir a retração onde o vínculo com os lucros fosse evidente para todos.

Outro exemplo vem de uma das maiores empresas de cartão de crédito do mundo, cuja equipe de marketing percebeu que uma seleção cuidadosa dos clientes – que tivesse por alvo os indivíduos mais inclinados a se tornar clientes leais – desempenhava papel crucial na geração de um crescimento sustentável. No entanto, os representantes do setor fizeram seus cálculos no âmbito do próprio departamento, sem jamais envolver o financeiro. Nesse meio tempo, o CFO estimulava analistas de Wall Street a focar nas estatísticas que ele era capaz de quantificar de modo preciso, como a do custo por cliente novo. Com isso, o marketing acabou submetido à pressão de captar toneladas de clientes novos por uma ninharia, mesmo que raras vezes virassem promotores. A empresa continuou a alocar recursos demais na aquisição de novas contas e recursos de menos na conquista da lealdade.

Quando adotou o NPS como elemento fundamental de seu empenho em realizar uma guinada, o CEO Charles Schwab designou Chris Dodds, à época CFO, a tomar a frente do projeto. Parte substancial da guinada envolveu a redução de custos e a eliminação das tarefas que não fossem fundamentais ao desenvolvimento do negócio principal. Sendo responsável tanto por reduzir custos quanto por aumentar o NPS, o CFO desenvolveu as articulações econômicas no núcleo do grupo, usando dados nos quais tanto ele quanto a equipe confiassem. Em razão disso, Schwab tem uma compressão extremamente sofisticada do aspecto econômico do NPS. Por exemplo, ele quantificou a importância econômica de se deslocar um cliente de um ponto a outro na escala de 0 a 10.

Um bom modo de se medir a confiança dos CFOs no Net Promoter é verificar se eles incluem as notas nos relatórios que fazem aos investidores e analistas. Muitas empresas com resultados impressionantes no NPS, inclusive a Schwab, a Intuit, a Progressive, a Philips e a Allianz, fazem relatórios externos periódicos sobre suas notas. Outro teste é verificar se o NPS está integrado aos controles financeiros e aos sistemas de relatórios tradicionais da empresa. Esses números geram alocações de orçamentos e recursos, influindo constantemente nas concessões e prioridades. O CFO deve dar graças a Deus por eles, que justificam os relatórios apresentados aos investidores. Caso o NPS e suas principais associações com os interesses econômicos de clientes e empresa não façam parte desses relatórios tradicionais, o sistema jamais exercerá todo o seu impacto. Em um número demasiado de empresas, os benefícios econômicos da lealdade jamais recebem esse tipo de atenção minuciosa do pessoal do financeiro, incapaz de evoluir daquelas planilhas informais do departamento de marketing.

Vale a pena examinar o processo por meio do qual as empresas que mais levam a sério o NPS desenvolvem uma sólida fundamentação econômica para relatórios e estatísticas. É possível que, num primeiro momento, adotem o esquema teórico descrito neste livro, mas depois experimentem o verdadeiro valor econômico em cada segmento de suas atividades. No Capítulo 3, por exemplo, vimos como a Philips quantificou a relação entre resultado e crescimento relativos do NPS, em comparação com os mais importantes concorrentes de cada mercado comercial e geográfico da empresa. Mas a equipe não parou nesse nível mais genérico: também formulou uma interpretação minuciosa do aspecto econômico do Net Promoter no nível das contas individuais. Por exemplo, os membros do setor de iluminação acompanharam o NPS, de modo a obter uma amostra das contas ao longo do tempo, e, depois, examinaram o crescimento anual da receita daquelas cujo NPS havia melhorado (receitas com aumento de 69%) e o compararam ao daquelas cujo NPS permanecera inalterado (aumento de 6%) ou piorara (redução de 24%). Combinados à rentabilidade das contas, esses resultados surpreendentes (apresentados de modo resumido na Figura 7-1) proporcionaram aos gestores profundo conhecimento do assunto, que permitiu

FIGURA 7-1

As contas do setor de iluminação com melhoria do NPS revelam aumento do consumo

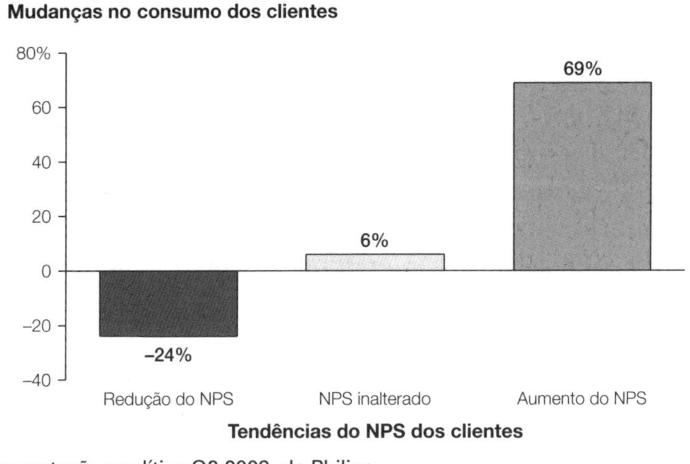

Mudanças no consumo dos clientes

Tendências do NPS dos clientes	
Redução do NPS	−24%
NPS inalterado	6%
Aumento do NPS	69%

Fonte: Apresentação analítica Q2 2009, da Philips.

desenvolver a estratégia de investimento mais adequada a cada cliente. A equipe financeira da Charles Schwab, da Allianz e de outros membros do NPS Loyalty Forum implementaram estratégia semelhante, que deveria servir de modelo a todos os adeptos do Net Promoter.

Reforçando os dois pilares: enfrente os lucros ruins

Quando o NPS é implantado de modo apropriado, os dois pilares (da economia e da inspiração) reforçam um ao outro. O envolvimento e o comprometimento dos empregados ajudam a conquistar a lealdade do cliente. Por sua vez, a crescente lealdade dos clientes gera uma espiral ascendente de rentabilidade. Mas a empresa que se permitir obter lucros ruins corroerá os dois pilares de uma só vez. Os lucros ruins fazem do compromisso com a centralização no cliente uma inutilidade.

Em geral, os lucros ruins – aqueles derivados de tarifas extras, contratos onerosos, precificações abusivas etc., abordados no Capítulo 1 – insinuam-se nas operações da empresa em resposta à pressão por ganhos de curto prazo. Mas mesmo que consigam alavancar os resultados financeiros durante certo tempo, os lucros ruins indispõem os clientes, criando cada vez mais detratores. No longo prazo, corroem o círculo virtuoso da economia da lealdade e também subtraem o moral dos empregados. Quando as pessoas têm de executar políticas e práticas vergonhosas em nome dos lucros, sua energia e mobilização esmorecem. Essa diminuição da inspiração, por sua vez, gera uma espiral descendente que conduz a níveis cada vez mais medíocres de serviço, a menos inovações, a menos entusiasmo etc., o que, tudo somado, acaba por diminuir a lealdade dos clientes. Em pouco tempo, todo o edifício do NPS vem abaixo.

Eis por que as empresas que adotam o Net Promoter devem estar prontas a sanar os problemas trazidos à baila nas conversas entabuladas com os clientes detratores sobre a raiz dos problemas. Os detratores significam falhas. Quanto maior seu número, maior a probabilidade de haver lucros ruins contribuindo para gerá-los. Se a equipe de liderança quiser preservar a credibilidade de seu compromisso com os valores essenciais da empresa, deverá enfrentar e suprimir as contradições desses valores, que é o que representam os lucros ruins.

A Verizon Wireless nos dá um belo exemplo. Os executivos seniores da empresa compreenderam que o aspecto econômico da lealdade era particularmente influente em seu setor, em razão dos custos elevados da aquisição de clientes. No esforço de aumentar a lealdade e diminuir o índice de desistência, a empresa implantou o Net Promoter nas lojas e *call centers*. Hoje em dia, os resultados são bastante impressionantes: o NPS da Verizon é o mais bem classificado entre as operadoras nacionais de celulares dos Estados Unidos. (A MetroPCS, que concorre apenas no segmento pré-pago e apenas em cidades específicas, conquistou a posição de maior destaque nas mais recentes pesquisas, razão pela qual aparece na lista do Capítulo 1.)

Curiosos quanto ao modo como a Verizon superou os desafios inerentes ao lançamento do NPS, entrevistamos membros das equipes da linha de frente durante um dos encontros do NPS Loyalty Forum e perguntamos o que havia contribuído para avançar o programa para além do ceticismo de praxe – a convicção, por parte dos empregados, de que não passava de mais uma iniciativa para satisfazer o cliente e que seria possível ignorá-la sem sobressaltos. As respostas foram de notável coerência: o fator principal era a determinação dos gestores seniores em enfrentar os lucros ruins. Antes, por exemplo, a Verizon impunha aos clientes que mudavam de plano a assinatura de um novo contrato de dois anos, que os obrigava ao pagamento de multas rescisórias substanciais, no caso de desistência antecipada. A política se aplicava mesmo que a mudança de contrato fosse para migrar para um plano mais caro, o que parecia injusto aos olhos dos clientes. Quando a avaliação do NPS confirmou que ela criava detratores – e quando o líder de projeto chamou veementemente a atenção da alta administração para o problema –, os executivos seniores reconheceram a contradição e decidiram mudar a política. Os empregados saudaram a mudança e passaram a acreditar que os executivos de fato falavam sério sobre fazer a coisa certa pelos clientes. Houve aumento nos níveis de atividade e desempenho nas centrais telefônicas e nas lojas, e o Net Promoter conquistou o lugar merecido de sistema essencial, empregado na melhoria da experiência dos clientes e aumento de sua lealdade.

Também a Schwab enfrentou os lucros ruins, excluindo das tarifas e dos encargos as "armadilhas" que enfureciam os clientes e humilhavam os empregados. O que levou o CEO Bettinger a tomar essa decisão foram as conversas mantidas com os clientes desertores. O sucesso inicial da Schwab era reflexo do fato de oferecer bons valores aos clientes conservadores, em comparação com as corretoras tradicionais. No entanto, posteriormente, a empresa começou a cobrar tarifas sobre transferências de fundos, contas inativas, contas com insuficiência de fundos e assim por diante, na esperança de reforçar os lucros. Uma conversa especialmente memorável, diz Bettinger, foi com um cliente que encerrara uma conta na Schwab de mais US$5 milhões. Quando Bettinger lembrou que essas tarifas extras jamais haviam sido cobradas do cliente, em razão do volume de seus fundos, este explicou que as tarifas incidentes sobre contas com fundos menores causavam-lhe constrangimento. Ele havia fechado negócio com a Schwab em parte por gostar do tratamento dispensado aos clientes – não só a ele, mas a seus amigos e parentes. E agora que via essas pessoas serem molestadas com tarifas e encargos injustos, sentia-se constrangido. Por isso tinha ido embora.

Bettinger ouviu histórias parecidas dos empregados, sobre o constrangimento que eles mesmos sentiam por terem de cobrar essas tarifas. Conclusão: se um dia quisesse recuperar um elevado padrão moral, a empresa teria de acabar com os lucros ruins. Alguns anos depois, ele pôde, enfim, comunicar que todas as tarifas indesejáveis eram coisa do passado. Foi uma boa parte da bem-sucedida guinada da Schwab.

Os lucros ruins costumam surgir e se multiplicar toda vez que um setor enfrenta um período de coerção econômica, mas quase sempre essas práticas desfavoráveis ao cliente acabam piorando as coisas. As linhas aéreas, por exemplo, passaram maus bocados nos últimos anos e instituíram um sem-número de tarifas adicionais, como para a troca de voos ou a conferência das bagagens. As tarifas enfureceram os passageiros, deixando-os mais grosseiros no trato com os empregados das empresas e alimentando uma espiral de ressentimentos e serviços precários, o que indispõe ainda mais os passageiros. Dilema semelhante foi enfrentado pelo setor bancário. Numa análise recente dos Net Promoter Scores dos bancos varejistas dos Estados Unidos (ver Capítulo 3), a Bain constatou que os bancos americanos que contam com uma rede nacional de agências alcançaram, em média, um valor de –6%. Alguma novidade? Basta pensar na notícia de agosto de 2010 do *The New York Times*: um juiz federal "condenou a Wells Fargo a pagar aos correntistas da Califórnia US$203 milhões em restituições sob a alegação de que tinha manipulado as transações para aumentar ao máximo as taxas cobradas pelo cheque especial. Em vez de processar as transações na ordem em que as recebia, a Wells Fargo as ordenava da maior para a menor". O juiz também acusou a empresa de "não medir esforços para ocultar essas práticas, ao mesmo tempo que comunicava uma fachada de falsa transparência".[1] Embora as críticas do juiz fossem dirigidas à Wells Fargo, a verdade é que a maior parte do setor adota essa prática. E, ainda que os correntistas não saibam o que seu banco anda fazendo, certamente os empregados sabem. Práticas desse tipo convencem o pessoal das agências e do atendimento telefônico de que, por mais que se declarem comprometidos com o comportamento ético e em pôr os interesses dos correntistas em primeiro lugar, o discurso dos executivos é só da boca para fora.

Muitas das principais linhas aéreas anunciaram a intenção de implementar os programas NPS, e alguns dos grandes bancos também fizeram isso. Mas enquanto eles não enfrentarem os lucros ruins, é improvável que consigam fazer muito progresso. Nesse ínterim, a JetBlue conseguiu minimizar os lucros ruins, e a Southwest Airlines os evita por completo. O resultado é que as duas linhas aéreas vêm ampliando a vantagem competitiva sobre as demais.

Algumas vezes, as práticas comerciais comumente adotadas num setor induzem a lucros ruins. Por exemplo, no de seguros de imóveis e acidentes, quase sempre as seguradoras protelam na hora de emitir um cheque para pagamento pelo departamento de sinistros. O argumento é que precisam de tempo para se resguardar de fraudes. Enquanto isso, o cliente cujo carro pode ter sofrido perda total não recebe um tostão sequer para adquirir um veículo de reposição. As empresas que, de fato, se importam em fazer a coisa certa pelos clientes poderiam descobrir um meio de acelerar o pagamento em situações nas quais o risco de fraude é mínimo, mas preferem protelar o pagamento de todos os clientes.

A menos que levem a sério a necessidade de eliminar os lucros ruins, os líderes não conseguirão inspirar lealdade nos empregados, o que significa dizer que também a lealdade dos clientes ainda será um sonho distante. Um bom sintoma da seriedade de suas intenções: em algumas empresas, os líderes pedem aos empregados para classificar os itens que julguem os exemplos mais notórios de lucros ruins. A troca dessas informações numa discussão aberta e franca pode lançar as bases de um crescimento animador e economicamente sustentável.

Equilibrando os dois pilares: meça a lealdade do empregado

Ao longo dos últimos anos, as lojas varejistas da Apple desenvolveram um processo para medir os Net Promoter Scores dos empregados (eNPS), bem como os dos clientes – e seus dados corroboram o argumento deste capítulo: não se pode conquistar a lealdade do cliente sem antes conquistar a do empregado. As lojas que, em geral, se encontram no grupo com maior nota NPS dos clientes, como a superloja da Boylston Street, Boston, também recebem nota alta no NPS dos empregados. E aquelas com menor envolvimento dos empregados também tendem a apresentar os mais baixos índices Net Promoter entre os clientes.

Muitas empresas hoje admitem que o envolvimento do empregado exerce um papel fundamental na conquista da lealdade do cliente. Empregados envolvidos, leais, reduzem custos, aumentam a produtividade e contribuem com um número maior de ideias criativas. Mas a mensuração e a gestão do processo de envolvimento continuaram, em grande parte, independentes do processo de reforço da lealdade do cliente. A maior parte das grandes empresas confiou aos executivos dos recursos humanos a mensuração e a gestão do envolvimento do empregado, o que deixa o RH em posição delicada. O principal fator para se fazer da empresa um ótimo lugar para trabalhar é a frequência com que coloca os empregados em situações em que sintam orgulho do modo como tratam os clientes e colegas – situações em que possam atender tão bem aos clientes que acabem por merecer e receber uma aclamação calorosa, como evidenciado nas notas NPS. Para isso, é necessário muito mais poder de fogo que uma pesquisa anual junto aos empregados, que ainda é o principal recurso dos departamentos de RH de todo o mundo. Assim como a Apple, algumas empresas vêm repensando suas estratégias e conjugando o NPS dos clientes e empregados. Com isso, via de regra, a equipe de RH torna-se muito mais influente, uma vez que suas atividades passam a ser vinculadas diretamente à geração de receitas – ou seja, à criação de clientes que sejam promotores.

Uma das recentes adeptas do eNPS é a Rackspace. "Queremos que os Rackers achem ótimo trabalhar neste local", afirma o CEO Lanham Napier, fazendo uso do nome que a empresa atribui internamente aos empregados. "É uma de nossas maiores prioridades. O Suporte Fanático é um diferencial estratégico fundamental, e não podemos oferecê-lo aos clientes de modo consistente a menos que os empregados estejam empenhados. Nesta época de computação de baixo custo, de informação instantânea e de sofisticadas análises de TI, parece absurdo confiar num sistema de processamento anual em lotes para acompanhar e gerir a lealdade dos empregados." Em parte por causa do estouro da bolha tecnológica de 2009–2010, a Rackspace perdeu a cobiçada posição na lista das 100 melhores empresas para se trabalhar, da revista *Fortune*. Com a implantação do eNPS e o crescente foco na criação de empregados empenhados, a empresa tornou-se merecedora de retornar à lista no ano seguinte.

Como forma de determinar o empenho do empregado, a maior parte das empresas que adotam o eNPS, como a Rackspace e a Apple, se fixa numa pergunta central, geralmente formulada nos seguintes termos: "Numa escala de 0 a 10, qual a probabilidade de você nos recomendar como um lugar para se trabalhar?" As empresas tentam manter a brevidade da pesquisa, em respeito ao tempo do empregado e para evitar a produção daquelas montanhas de dados que só induzem à paralisia da análise. Mas, uma vez que os nomes dos empregados devem ser mantidos em sigilo, como forma de estimular a franqueza nas avaliações, ela não pode ser tão breve quanto a tradicional pesquisa NPS junto aos clientes, com base na relação de serviço. No caso dos clientes, o processo de resposta em ciclo fechado garante boa parte do diagnóstico da raiz dos problemas e de sua solução, mas, no caso das pesquisas anônimas feitas com os empregados, é conveniente aproveitá-las para apurar um pouco mais de informações sobre a possível causa dos problemas. Contudo, as pesquisas eNPS são ainda mais breves que a característica pesquisa anual dos empregados, pois são feitas para ajudar as equipes da linha de frente a reconhecer e priorizar os problemas, não para a matriz determinar soluções para os problemas de todos.

Uma vez que o eNPS atende às necessidades das equipes operacionais, não às do pessoal da matriz, com frequência as empresas ajustam a frequência das pesquisas de modo a favorecer os ciclos de aperfeiçoamento que pareçam adequados àquelas equipes. Por exemplo:

- A Apple Retail começou seu processo Net Promoter for People fazendo pesquisas trimestrais. Mas achou que as equipes das lojas estavam sem tempo suficiente para diagnosticar a raiz dos problemas, implantar as soluções e obter melhorias palpáveis antes da pesquisa subsequente, de modo que a empresa passou para um ciclo de quatro meses, que, até o presente momento, parece funcionar a contento.
- A JetBlue deu início à jornada eNPS encaminhando uma pesquisa para todos os empregados 90 dias após a contratação e, depois, em todos os aniversários da contratação. Com isso, os gestores puderam contar com um fluxo permanente de informações que os mantiveram *pari passu* com as questões

de desenvolvimento e lhes permitiram acompanhar a reação dos empregados aos esforços em prol do aperfeiçoamento. Na pesquisa inicial, feita 90 dias após a contratação, problemas de adaptação e equívocos na seleção são flagrados a tempo para que ações corretivas sejam adotadas.
- A Rackspace adotou um processo parecido com o da JetBlue e descobriu que ele ajudava a identificar e priorizar problemas associados à liderança e à organização. Por exemplo, as notas baixas no eNPS ajudaram a empresa a promover aperfeiçoamentos no processo de seleção que aumentaram as chances de os empregados recomendarem aos amigos que concorressem a uma vaga.

Os dados do NPS dos empregados tornam o lado humano dos negócios muito mais transparente e sujeito a aprendizados e experimentações. Por exemplo, a Rackspace descobriu quais de seus departamentos representam riscos e quais representam as melhores práticas. A empresa está apta a acompanhar quais líderes de equipe têm melhor desempenho, mesmo nos departamentos com uma nota geral baixa, e também pode verificar em quais etapas do tempo de serviço os diversos planos de carreira parecem desmotivar os Rackers. Com essa informação, a equipe de RH da Rackspace é capaz de elaborar novos treinamentos, soluções organizacionais e planos de carreira. Quando passou a adotar as pesquisas eNPS, a JetBlue encontrou bolsões de detratores entre os empregados. Após uma investigação mais atenta, a diretoria concluiu que alguns desses descontentes preparavam uma campanha de sindicalização. Graças a uma rápida intervenção, os principais problemas foram resolvidos antes que a situação chegasse a esse ponto.

Na Apple, o processo do eNPS possibilita a cada gerente de loja determinar quais prioridades são adequadas ao desenvolvimento da equipe. Lojas com problemas semelhantes – por exemplo, a necessidade de um *coaching* ou um plano de carreira melhores – somam esforços com vistas ao desenvolvimento de soluções eficazes. Às vezes, quando os temas eram recorrentes em toda a rede de lojas, a matriz ajudava a desenvolver soluções de igual abrangência. Exemplo disso é o programa Apple Store Leader, no qual 150 universitários recém-formados se alternaram em vários empregos nas lojas, preparando-se para a função de gerência. Esse programa foi uma resposta direta às questões atinentes aos planos de carreira em destaque nas pesquisas. No entanto, a maior parte dos problemas dos empregados é específica a cada loja. Após cada leva de pesquisas, os gerentes, juntamente com todos os empregados, revisam os dados relacionados à loja. Depois, grupos de discussão de empregados identificam as principais questões e problemas, e equipes de empregados ajudam a desenvolver soluções, que são apresentadas à gerência da loja. À época da aplicação da segunda pesquisa, os gerentes podem verificar se as soluções surtiram o efeito desejado ou não. Graças a esse processo, a equipe inteira da loja se envolve na identificação, priorização e solução dos problemas que impedem os empregados de se reconhecerem como promotores.

Uma nota de advertência: os empregados parecem cobrar da empresa padrões mais elevados que os cobrados pelos clientes, cujas notas costumam ser substancialmente mais altas que as do eNPS. Portanto, antes de as equipes de liderança darem início ao processo de pesquisa, é bom que estejam prontas para receber algumas avaliações desagradáveis e reagir de modo apropriado. Além disso, de modo geral, é um erro definir metas de aperfeiçoamento absolutas para o eNPS, como se ele fosse independente do NPS dos clientes. Um dos primeiros a adotar o eNPS ficou tão encantado com a lógica da métrica que a diretoria elegeu o eNPS como principal indicador de desempenho da empresa e o vinculou às gratificações dos executivos. Estabeleceu-se uma meta arrojada de aperfeiçoamento dos níveis absolutos do eNPS antes de se desenvolver experiência suficiente no acompanhamento do modo como ele reagia às mudanças no crescimento do setor ou em sua ocupação, sem falar das condições econômicas em geral. Quando a economia piorou (levando ao aumento no número de empregados e clientes descontentes), a empresa fracassou em atingir sua meta eNPS e os executivos não conseguiram ganhar as gratificações. A confiança na métrica ficou debilitada, a iniciativa eNPS empacou e a organização teve de submeter o processo inteiro a uma reavaliação.

É possível que um dia se consiga um eNPS relativo (eNPS comparado ao dos concorrentes), que proporcione uma visão mais precisa das metas de aperfeiçoamento. Nesse ínterim, seria útil classificar as equipes internas com base no eNPS e aprender mais sobre o vínculo entre o eNPS e o NPS resultante, atribuído pelos clientes às equipes. Essas notas relativas podem estimular o aprendizado e o progresso. Nossa esperança é que, à medida que os adeptos ganhem mais experiência no eNPS, usem-no para responsabilizar os líderes, nos vários níveis da organização, pelo desempenho de sua equipe, em comparação com a de seus pares. Mas é difícil supor que metas eNPS de aperfeiçoamento absolutas, válidas para toda a empresa, levem a alguma outra coisa que não a resultados insatisfatórios.

Dando a partida: dicas inspiradoras e econômicas

No Capítulo 9, explica-se a importância de se ajustar a adoção do Net Promoter System à longa jornada que se tem em mente. Mesmo para os astros da lealdade, a busca pela melhoria do NPS impõe um esforço constante e uma contínua reavaliação das estratégias e táticas. Além do mais, há uma infinidade de obstáculos que surgem no meio do caminho, especialmente quando as empresas passam a melhorar o desempenho. O sucesso costuma alimentar tanto a arrogância quanto a complacência – dois inimigos mortais dos relacionamentos de qualidade.

Mas para a maior parte das empresas, a pergunta mais relevante e premente é: como é que se dá a partida? É comum dedicar-se alguma atenção a essa pergunta no NPS Loyalty Forum, cujos membros já trouxeram à baila um conjunto de táticas úteis no lançamento das iniciativas NPS. Uma empresa que, via de regra, atribuía todo o reconhecimento e recompensa aos vendedores mais rentáveis chamou a atenção ao criar um prêmio ainda maior e mais prestigioso para os representantes de vendas que tirassem notas NPS mais altas. Uma empresa notória por orçamentos apertados para os recursos de TI financiou todo o necessário à iniciativa NPS. Outra vinculou o NPS ao plano de gratificações de seu CEO.

Como mostram esses exemplos, o tópico mais comum entre as histórias de sucesso é que toda empresa precisa de algum tipo de pontapé inicial para chamar a atenção de todos. Em vista das pressões diárias para se atingirem as metas financeiras, muitos gerentes e empregados, com falta de tempo, se cansaram das iniciativas "focadas no cliente". Há anos, observam iniciativas desse tipo irem e virem, e perceberam que as pressões trimestrais para se alcançar a meta orçamentária continuam as mesmas. Eis por que os líderes precisam fazer alguma coisa de grande visibilidade, com aquele tipo de impacto emocional para que os empregados tomem conhecimento. Além disso, as ações devem ter credibilidade: não basta os empregados testemunharem que os líderes estão empenhados, é preciso que também entendam de que modo a mudança de direção renderá resultados economicamente sustentáveis.

Quando foi designado para assumir o setor de varejo da Schwab, Walt Bettinger entrevistou uma centena de clientes e empregados recém-convertidos em detratores. Ao terminar, sentiu que tinha uma ideia razoavelmente boa dos principais problemas – e um dos maiores, percebeu, era a falta de foco no cliente por parte dos líderes. A certeza a que chegou foi a de que vários membros da equipe executiva só estavam superficialmente comprometidos em voltar a direcionar o foco da Schwab para a lealdade do cliente. Ao demitir os descrentes, a organização tomou conhecimento. Em seguida, passou a perguntar aos executivos que haviam permanecido o que vinham ouvindo dos clientes. Além de escutar regularmente as gravações de telefonemas com os detratores, Bettinger passou a receber em campo metade dos encontros mensais com as equipes dos líderes seniores e convidou os clientes a comparecer e falar pessoalmente aos executivos. Esse nível de interesse em aprender sobre os problemas dos clientes por meio do processo de avaliação do NPS ganhou bastante visibilidade, e os demais executivos se deram conta de que era bom demonstrarem interesse semelhante. Em outras palavras, Bettinger se certificou de que somente as pessoas certas haviam embarcado em seu projeto – executivos que se importavam de verdade em tratar direito os clientes – e, depois, as conduziu a visitas regulares aos clientes.

No mais recente "dia do investidor", a Allianz – uma seguradora global com uma receita de €107 bilhões em negócios espalhados por quase 70 países e uma das primeiras empresas a adotar o Net Promoter System – comunicou a bem-sucedida implementação do sistema em negócios que representam mais de 80% de suas receitas globais. Considerando-se uma organização tão grande e complexa, o processo transcorreu extraordinariamente bem. Nos primeiros 18 meses de jornada, a Allianz estabeleceu, de modo inconteste, o vínculo entre o NPS competitivo (ou relativo), de cima para baixo, e as taxas de crescimento relativo nos 14 mercados mais importantes. Ela desenvolveu uma análise minuciosa das vantagens econômicas de se criarem mais promotores e menos detratores, tanto na esfera individual quanto na da unidade comercial. E criou sistemas de avaliação em ciclo fechado que permitiram que os empregados que lidam com os clientes aprendessem com eles e resolvessem os problemas dos detratores. Em 2006, o CEO Michael Diekmann relatou aos analistas de investimentos os resultados dessa análise econômica e as metas da empresa para melhorar o NPS. Essa declaração pública de compromisso serviu de estímulo à organização quando a Allianz estendeu sua implementação ao mundo inteiro.

Na Virgin Media, o CEO Neil Berkett sabia que as pessoas da organização só adotariam o NPS se acreditassem que ele melhoraria suas vidas – se representasse um rumo que se dispusessem a seguir. Uma vez que a empresa estava partindo de um Net Promoter Score baixo, Berkett tomou o cuidado de garantir que a organização não sucumbisse à energia negativa dos detratores – daí ter focado primeiro nas notas 10. As equipes postaram comentários dos promotores sobre o que denominaram "muralha dos 10". Mesmo tirando notas de modo geral baixas, toda empresa merece nota 10 de pelo menos alguns dos clientes; reconhecer esses sucessos não só parece ótimo para os empregados, como também serve para mostrar que a criação de promotores não é fantasiosa. Só depois de bem-estabelecido o processo é que as equipes de linha de frente da Virgin Media passaram a fechar o ciclo com os detratores. Para manter sob controle o volume de telefonemas de avaliação em ciclo fechado, a empresa passou a entrar em contato somente com os clientes que lhe haviam atribuído nota 0. Depois, expandiu as ligações passo a passo, incluindo primeiro os que tinham atribuído nota 1, depois os que haviam atribuído nota 2 e, por fim, todos os detratores.

Do mesmo modo como a Virgin Media, a Progressive deu início à jornada Net Promoter ciente de que faltava à empresa uma cultura mais focada no cliente. O buraco no qual o CEO Glenn Renwick se viu metido não era tão profundo quanto o da Virgin Media, mas a Progressive era retardatária na adoção do NPS no setor de seguros de imóveis e acidentes dos Estados Unidos. A comemoração dos sucessos teve papel de suma importância na estratégia de Renwick para criar energia à volta do NPS. Lembre-se de que, no capítulo anterior, dissemos que ele convidou os 200 maiores representantes do setor de reclamações – aqueles que haviam obtido os maiores Net Promoter Scores – a voar até a matriz para um jantar comemorativo de gala com ele. A empresa criou um memorial para os homenageados: um livro com encadernação em couro e repleto de louvores textuais dos clientes, para recordá-los da energia criada graças à nota 10 a eles atribuída e do reconhecimento de seu valor por parte dos maiores líderes da empresa.

Mesmo as empresas com forte tradição em manter a atenção nos clientes mencionam as ações de grande visibilidade e de memorável comoção que ajudaram a reforçar esse foco. Nos primórdios da Rackspace, já era objeto de preocupação do presidente Graham Weston a facilidade com que os representantes da assistência técnica, enclausurados nos cubículos da matriz, se esqueciam da importância de fornecer Suporte Fanático. Os telefones, por exemplo, podiam tocar várias vezes antes que os clientes conseguissem uma orientação para seus problemas. Um dos culpados era a fila da ligação automática – que, assim como os demais atendimentos automáticos do mundo inteiro, respondia todo telefonema com uma gravação das famosas palavras: "Seus negócios são importantes para nós. Sua ligação será atendida na ordem em que foi recebida. Tecle 1 se..." Weston percebeu a absurda ironia da mensagem: sejam quais forem as palavras, fazer um cliente conversar com um computador é um descaso gritante, como se dissessem: "Não nos importamos com você o bastante para contratar um ser humano para atender sua ligação – pois seu tempo não é tão valioso quanto o nosso." Weston também percebeu que os membros da equipe ficavam desanimados de conversar com os clientes quando isolados pela fila automática.

Assim, para recolocar a cultura da empresa nos trilhos, decidiu se desfazer da fila automática. Hoje, quando o telefone toca, alguém tem de estar lá para atender. Quando as pessoas indagam os Rackers sobre a descoberta de sua vocação para o Serviço Fanático, frequentemente essas ações de grande visibilidade se tornam tema prioritário. A cultura de atendimento da Rackspace existe até hoje: a dispendiosa mobilização de técnicos de suporte especializados e cordiais, disponíveis para os clientes 24 horas por dia, sete dias por semana, por telefone ou internet, ainda distingue a Rackspace de seus principais concorrentes. Em relatório datado de 22 de dezembro de 2010, a Gartner Inc., que avalia os pontos fortes e fracos das principais empresas de mesma atividade, diz: "Há muito a Rackspace define os parâmetros do setor, graças ao caráter proativo e humano de seu serviço de atendimento e seu suporte."[2]

Em geral, para dar os primeiros passos no rumo certo, os líderes seniores têm de adotar ações de alguma visibilidade, que devem anunciar que a busca pela centralização no cliente será diferente, que a organização está determinada a lhes dispensar o tratamento adequado. Se é para merecer confiança, as pessoas da organização devem compreender os fundamentos lógicos que justificam o esforço, tanto os econômicos quanto os motivacionais. Devem entender que os desafios e as decepções prematuras não os desviarão da jornada. E devem começar a ver o impacto exercido pelo Net Promoter nos sistemas e processos que regem suas atividades cotidianas. No capítulo a seguir, mostraremos como empresas bem-sucedidas fizeram justamente isso – passando a vincular o cliente diretamente aos processos essenciais que orientam os negócios.

8
Feche o ciclo com os clientes

A história a seguir aconteceu com Fred, por isso escrevemos na primeira pessoa. Eis seu relato:

Não faz muito tempo, num mês de abril, recebi uma correspondência de minha operadora de TV a cabo sugerindo que eu renovasse o serviço em minha casa de veraneio. Liguei para o número indicado na carta, esperei dois minutos na linha e, enfim, consegui falar com uma atendente – que, infelizmente, não tinha a mínima ideia de como realizar a operação. Depois de 10 minutos tentando se informar sobre o procedimento, voltou ao telefone, sem jeito e pedindo desculpas. Disse que eu teria de ligar para outro número. Ela se mostrava muito amável e era perceptível que queria ajudar, mas nunca havia recebido treinamento para aquela tarefa em particular. Tendo me prontificado a fazer uma avaliação no fim da ligação – é, eu era uma das almas crédulas que digitavam o número 1 quando aquela amistosa voz automática pedia para responder a uma breve pesquisa no fim da ligação –, contava em dar uma contribuição honesta. A empresa estava sujeitando a atendente a uma situação humilhante. E me fazendo perder tempo.

A voz automática começou a pesquisa com as seguintes palavras: "Por favor, avalie somente o desempenho da atendente." Ignorei a solicitação, porque ela se saíra muito bem na função para a qual havia sido treinada. Aí, veio aquela ladainha de perguntas, uma atrás da outra; marquei um 0 para cada, só para ter certeza de que a empresa entenderia que algo andava errado. Dois anos depois, ainda estou esperando uma resposta, apesar do que me disse a mesma vozinha delicada do computador enquanto esperava para ser atendido ao telefone: "Nós damos muita importância a seus negócios." As ações falam mais que as palavras, e a mensagem evidente que me foi transmitida era que a empresa não podia estar menos interessada em mim ou em minha avaliação.

Compare essa experiência com o que me aconteceu quando uma pesquisa de minha operadora de celular, a Verizon Wireless, surgiu de repente na tela de mensagem de meu aparelho. A pesquisa era composta de uma única pergunta: *Qual a probabilidade de você nos recomendar a um amigo?* É claro, não podia deixar passar a oportunidade de descobrir qual uso a empresa faria dessa avaliação, de modo que pressionei o número que julguei que ela merecia – um 3 (numa escala de 10).

Alguns dias depois, eis que me aparece uma mensagem na secretária eletrônica de casa, de uma gerente da loja Verizon na qual eu havia comprado o celular. Liguei de volta e, depois de algumas rodadas de desencontros telefônicos, enfim conseguimos nos falar. Ficou constatado que ela era gerente de área, responsável por um punhado de lojas locais. Explicou que recebera minha avaliação e queria saber se eu teria alguns minutos para discutir de que modo ela poderia ajudar a melhorar minha experiência.

Fiz o melhor que pude para ser construtivo, mas, ao longo dos últimos anos, acumulara um estoque inesgotável de ressentimentos. Dei início à lista de reclamações: esquemas complexos de precificação; contratos concebidos para me fazer cair na arapuca dos minutos não usados, para me fazer incorrer em tarifas excedentes ultrajantes, ou os dois; cobranças inexplicáveis por serviços de *roaming*; boletos ininteligíveis; tarifas adicionais sobre as mensagens de texto, quando o plano supostamente incluía mensagens de texto ilimitadas. Dá para se ter uma ideia.

O mesmo fez a gerente com quem conversei. Primeiro, pediu desculpas e, depois, explicou que também se sentia frustrada com a maior parte daquelas reclamações. Por várias razões – admitiu –, o setor de tecnologia sem fio adotara aquela prática, mas a empresa estava empenhada em transformá-la. Algumas mudanças levariam tempo, mas uma coisa ela poderia fazer por mim naquele mesmo instante. Após analisar minhas contas recentes, estava certa de que a Verizon dispunha de um plano mais apropriado para me oferecer. Prometeu que o gerente de uma loja entraria em contato em breve, com opções para mudança de pacote – e, de fato, ele entrou em contato e acabou me encaminhando novos contratos, muito mais adequados às minhas necessidades.

Antes de a primeira gerente desligar, perguntei o que achava daquele sistema, de obter o *feedback* do cliente com base numa única pergunta e depois fechar o ciclo por telefone, para diagnosticar a razão e determinar as soluções apropriadas. Sem hesitar um momento, exclamou: "Adoro esse processo." E prosseguiu dizendo que havia anos a empresa procurava dar mais ênfase à satisfação do cliente. Mas apesar de suas boas intenções, os programas teimavam em dar errado. "Eram acessórios", explicou, "não uma parte essencial do fluxo diário de trabalho".

E prosseguiu: "Sabe, hoje em dia todo mundo anda muito ocupado. Ficamos tão grudados à tela do computador que ela parece governar nossa vida. O dia já não tem horas suficientes, de modo que só nos dedicamos aos pontos emergenciais – e a satisfação do cliente acaba indo para o fim da fila. A vantagem dessa nova estratégia é a simplicidade e a praticidade." Ela descreveu como a empresa havia vinculado o processo à rotina diária dos membros da equipe, por meio da tela do computador. As notas são repassadas diretamente para o gerente da loja, que depois entra em contato com os clientes para tomar pé da situação e resolver os problemas. As notas atribuídas pelos promotores são devidamente comemoradas. E todo esse *feedback* influi no trabalho diário de *coaching* da equipe. Os gerentes sabem que as respostas dos clientes, as ações corretivas adotadas pela empresa e as comemorações pela nota atribuída pelos promotores farão parte das reuniões semanais da equipe.

O vínculo com a rotina diária. As empresas que obtêm resultados extraordinários no Net Promotor System têm de fazer muitas coisas do modo certo. Mas se tivessem de focar na mais importante de todas as chaves para obter avanço significativo, seria esta: fazer da avaliação dos clientes parte das atividades diárias regulares e, depois, fechar o ciclo conversando com cada cliente individualmente e adotando a ação apropriada. Não raro essa "ação apropriada" envolve a recuperação direta do serviço – sanar o problema de cada cliente individualmente. Mas também impõe a melhoria dos produtos e processos, para que todo cliente tenha uma experiência mais satisfatória e os problemas não voltem a ocorrer. Por fim, ela pode significar a reorientação da estratégia e das prioridades fundamentais da empresa, de modo a criar mais promotores e menos detratores. O principal é que a avaliação em ciclo fechado, o aprendizado e a ação devem envolver a todos, daqueles que têm contato direto com os clientes aos executivos mais antigos. Desse modo, a organização inteira estará permanentemente tomando decisões melhores – decisões que reflitam a contribuição direta e tempestiva dos clientes.

Neste capítulo, entenderemos como as empresas aprenderam a fechar o ciclo com os clientes em múltiplas instâncias da organização.

Fechando o ciclo na linha de frente

Todo dia, os gerentes de cada uma das mais de 300 filiais e cinco *call centers* da Charles Schwab ligam os computadores, conectam-se à intranet da empresa e acessam o relatório mais recente com o *feedback* dos clientes a respeito da filial. A gerente Cheryl Pasquale, por exemplo, dá uma passada de olhos no relatório do dia e examina o quanto os seis consultores financeiros sob sua supervisão foram bem-sucedidos no trato das negociações do dia anterior. Revisam as notas anexas atribuídas pelos clientes, leem os comentários de quem atribuiu nota alta ou baixa e verificam se alguma interação em particular resultou em elogios ou reclamações.

À medida que vai clicando de tela em tela, Pasquale percebe que vários clientes se frustraram com a dificuldade de usar os quiosques de informação na filial e, na reunião semanal com sua equipe, decide pedir *insights* sobre o assunto. Alguns clientes consideram confuso um dos formulários da Schwab; ela se lembra de levantar essa questão perante outros gerentes de filial, na reunião regional que ocorrerá naquele mês. E identifica uma chance de orientar um representante de contas novato quanto ao modo de estabelecer com os clientes uma relação de confiança de maior qualidade, na próxima sessão individual de treinamento. Subitamente, um alerta administrativo – um aviso especial indicado por um cliente que atribuíra à Schwab uma avaliação ruim, em razão do atraso na transferência para sua conta do fruto de uma transação – chama a atenção. O cliente havia demonstrado o desejo de conversar sobre o assunto num telefonema para retorno, então Pasquale toma nota para tentar entrar em contato com ele no mesmo dia.

Os principais adeptos do Net Promoter, como a Schwab e a Apple, se esforçam para entrar em contato com todos os detratores, em geral num prazo de 24 horas. A resposta imediata não apenas transmite uma mensagem importante, de que a empresa de fato se importa com o cliente, como também é uma garantia de que o evento frustrante ainda estará fresco em sua memória (e na do empregado). As empresas aprenderam algumas lições vitais sobre como fazer esse processo funcionar. Antes de telefonar para o cliente, por exemplo, os gerentes e supervisores da Schwab conferem as informações com os empregados, de modo a disporem do contexto e do histórico necessários à solução do problema. Na Apple, o sistema encaminha automaticamente os detalhes sobre a transação e o cliente, junto com a nota atribuída por ele e seus comentários, para tornar a ligação o mais produtiva possível. A Allianz, ao perceber que a maioria dos empregados poderia ser beneficiada por um treinamento que os ajudasse a se comunicar com os clientes insatisfeitos, desenvolveu programas para aperfeiçoar a habilidade de dar atenção e ensinar técnicas a fim de descobrir a raiz dos problemas. E também agendou fóruns periódicos em que os empregados dividem uns com os outros as melhores práticas e discutem os desafios que não tenham sido capazes de resolver por conta própria.

Ao implementar o NPS, algumas empresas criam um processo de análise do *feedback* dos clientes individualmente, em vez de integrá-lo ao fluxo padronizado de informações que determinam as principais decisões e prioridades diárias na linha de frente – o que, não raro, é um equívoco. Por exemplo, na Verizon Wireless, só quando a avaliação NPS foi automaticamente integrada aos sistemas diários de trabalho dos supervisores é que o programa se converteu de algo agradável em algo indispensável. Quando, enfim, se percebeu que a raiz dos problemas, as ações corretivas e os alertas não solucionados dos detratores seriam examinados nas reuniões de pessoal, o NPS passou a receber o mesmo grau de atenção das métricas tradicionais de desempenho, como a do custo por ligação e a das cotas de vendas.

Um dos melhores modos de assegurar que as avaliações exerçam impacto emocional é fazer o empregado ouvir a voz de verdade do cliente, em vez de apenas a interpretação do gerente ou um resumo estatístico. Na Progressive Insurance, os supervisores encarregados de fechar o ciclo com os detratores gravam o telefonema (com a autorização dos clientes) e, depois, repassam o arquivo digital de voz para o empregado que tenha feito o atendimento insatisfatório. Ao ouvir a voz do cliente, ele pode assimilar seu tom e sentir o impacto emocional; é o bastante para motivar o aprendizado e as mudanças de comportamento – depois dessa experiência, será necessário pouco *coaching* adicional. Até as empresas que se valem de pesquisas por e-mail e comentários por escrito encontraram meios de fazer o cliente "ganhar vida". Na Carolina Biological, o chefe do serviço de atendimento seleciona os comentários mais representativos e, depois, os atendentes telefônicos os leem em voz alta para todo o departamento, nas sessões trimestrais de avaliação do *feedback* dos clientes. Embora os depoimentos sejam escolhidos aleatoriamente, é difícil manter-se indiferente ao impacto emocional. Uma atendente irrompeu em lágrimas ao se dar conta de que, por acaso, o comentário que estava lendo era de um cliente que havia atendido.

Identificando os padrões

O principal objetivo do processo em ciclo fechado da linha de frente é ajudar cada empregado a solucionar os problemas de cada cliente. Desse modo, o processo ajuda a definir as prioridades diárias das pessoas e seu comportamento no trabalho. Mas também possibilita às empresas identificar padrões e, por meio deles, determinar de quais processos e políticas precisarão para atingir um padrão elevado. Por exemplo, na Europa, em uma das operadoras de planos de saúde da Allianz, o *feedback* do NPS dava a entender que os atrasos inexplicados eram uma tremenda fonte de frustração para os clientes. Quando passaram a fazer o acompanhamento das reclamações dos clientes insatisfeitos, os representantes do setor constataram que estes tinham de voltar a ligar repetidas vezes, para saber da evolução do processo para pagamento, e todas as vezes eram obrigados a voltar a descrever seu estado clínico. Então, um grupo de representantes e supervisores reuniu-se para desenvolver uma solução de processamento de pagamento. No telefonema inicial, para cada segurado a empresa designava um gerente de caso, encarregado de todos os contatos até a reclamação ser resolvida. Para ajudar a lidar com as expectativas do cliente, quaisquer atrasos no processo de reembolso davam causa a uma ligação ou mensagem de texto informando ao segurado o andamento da reclamação. Pouco depois da implementação do novo protocolo, a unidade de reclamações viu o NPS subir dois dígitos, e os índices de renovação de apólices aumentaram significativamente.

O fechamento de ciclo para os gestores do segundo escalão

Os gestores de segundo escalão nas áreas de operação, desenvolvimento de produto, marketing e finanças devem converter as estratégias em políticas, processos e produtos capazes de atrair e reter os clientes de grande valor. Caso não disponham de um fluxo constante de *feedback* direto dos clientes, as limitações orçamentárias e outras restrições poderão levá-los a focar nas metas departamentais e chutar para escanteio a experiência do cliente. Mas, ao receberem *feedback* direto, no entanto, poderão evitar as concessões desfavoráveis. Por exemplo, em vez de estender os esforços de aperfeiçoamento igualmente por todos os pontos de contato, os gestores poderão aprender a focar naquela meia dúzia que, de fato, constrói ou destrói a lealdade.

No caso da American Express, um desses pontos de contato vitais era a reposição de cartões perdidos ou furtados. Ao revisarem os processamentos de serviço e operacionais que tinham dado origem à maior parte dos detratores, os analistas da empresa perceberam que muitas das primeiras solicitações de reposição de cartão restavam sem solução, o que exigia uma segunda ligação de serviço da parte do cliente. E o que é mais alarmante: os analistas descobriram que os clientes de maior valor não só tinham necessidade de repor cartões com uma frequência superior à da média, como também que o NPS, após um evento de reposição de cartão, ficava quase 25 pontos abaixo da média dos demais clientes. Em resposta a esses achados, os gerentes de operações da empresa deslocaram as equipes de outras iniciativas menos urgentes, como aperfeiçoamento de processamento, e as fez focar na reposição dos cartões. As equipes desenvolveram novos protocolos de reposição e melhoraram determinados processos internos, que aumentaram em mais de 20% os índices de solução no primeiro contato e fizeram subir o NPS dos clientes envolvidos, igualando-o ao dos demais.

O processo da American Express é um bom exemplo para toda empresa. Analisando regularmente o impacto no NPS de cada interação, as empresas podem identificar os maiores culpados – os que ocorrem com maior frequência e exercem maior impacto nas notas. E podem empregar os recursos necessários no desenvolvimento de soluções.

Integrando o NPS aos processos essenciais

Em toda empresa, os negócios são orientados por uns poucos processos essenciais, aos quais o NPS deve estar plenamente integrado quando se busca resultados acima da média. Veja o caso da Logitech, fabricante de periféricos de computador: todo ano, ela lança um monte de produtos novos ou reformulados – em média, um a cada quatro dias –, e é o ciclo de projeto, de 18 a 24 meses de duração, que orienta o andamento dos negócios. É com base nele que a empresa toma decisões quanto à alocação de recursos e determina suas prioridades estratégicas. Ela também concebeu os processos de gestão e fluxos de informação de modo a manter esse ciclo.

Como ocorre na maior parte das empresas centradas no produto, a cultura da Logitech sempre enfatizou as inovações e os projetos de engenharia. Contudo, uma vez que a maior parte de seus produtos é vendida por intermédio de parceiros ou varejistas, os engenheiros poderiam acabar ficando parcialmente distantes do usuário final. É claro que a empresa tinha os fóruns na Internet, as devoluções de produtos, as cartas de reclamação e o suporte telefônico de seu próprio serviço de atendimento ao consumidor, mas a maior parte desse *feedback* era empírica e, com frequência, já chegava defasada ao conhecimento dos engenheiros, de modo que podia facilmente ser ignorada. Quando os representantes do serviço de atendimento relatavam ter ouvido falar de um problema com determinado teclado, por exemplo, os engenheiros poderiam tentar recriá-lo na oficina. Se não conseguissem, dispensariam o *feedback*, na suposição de que o atendente (que, afinal de contas, não era formado em engenharia) não havia entendido o produto ou, de algum modo, havia entendido errado a reclamação do consumidor.

Guerrino De Luca, que foi CEO da Logitech de 1998 a 2008 e hoje é diretor-executivo, queria garantir que, à medida que crescesse, a empresa manteria no mais alto nível possível o foco no cliente. Em certos casos, isso significava voltar ao passado, pois os fundadores da Logitech sempre acreditaram que agradar os clientes, proporcionando uma experiência de alta qualidade, era parte essencial do DNA da empresa. "Durante um período de 40 trimestres, desfrutamos de um crescimento na casa dos dois dígitos", explica De Luca.

> *A reboque do crescimento, veio a complexidade. Estávamos ingressando em novas categorias de produto, muitas delas envolvendo mais experiências potencialmente complexas que aquelas às quais estávamos historicamente acostumados, e vínhamos adquirindo empresas. Não tardou para constatarmos que nossa cultura, sozinha, não bastava para garantir aos clientes uma experiência de qualidade. Nossas unidades comerciais independentes haviam estabelecido os próprios limites para os níveis da experiência de produto, e algumas vinham cada vez mais atribuindo excessiva prioridade a custos e cronograma, às expensas do usuário. Concluímos que precisávamos tornar mais uniformes nossas experiências e, de modo geral, elevar o padrão quanto à expectativa que os clientes depositavam em nós.*

Em 2007, De Luca reorganizou a equipe executiva, criando o cargo de vice-presidente sênior de experiência de cliente. Não muito tempo depois, a empresa decidiu usar o Net Promoter System.

Ele incumbiu um dos executivos com mais tempo de casa a assumir a tarefa. Sabia que o único modo de promover uma mudança de cultura seria fazer do NPS uma parte dos principais gargalos decisórios ao longo do ciclo de projeto dos produtos da empresa. Na Logitech, há uma equipe de gerentes e engenheiros responsável por cada produto, cujo planejamento e cujo progresso com relação ao planejamento estão contidos numa agenda mantida pelos membros e, periodicamente, submetida à avaliação de executivos seniores. Para assegurar que o NPS ficasse à vista nessas avaliações, o líder do NPS propôs a reformulação da folha de rosto da agenda do produto, que hoje exibe três itens: a data prevista de lançamento, o preço no varejo e a meta NPS do produto. Caso se trate de uma reformulação, também é incluído na agenda o NPS do modelo anterior.

Junien Labrousse, vice-presidente executivo de produtos, relata que todo engenheiro hoje sabe a meta NPS de seu produto – e sabe como ela se compara ao NPS efetivamente atribuído pelos clientes quando o produto se encontra no mercado. "Os engenheiros adoram o *feedback* imediato que obtêm com as declarações textuais dos clientes", diz. "Ele cria um vínculo emocional entre seu trabalho e o resultado para o cliente."

Não tardou para que as histórias de sucesso que refletiam esse *feedback* começassem a se espalhar por toda a empresa. Por exemplo, a Logitech descobriu que seu propalado teclado MX 5000 – o primeiro da marca a incorporar a função Bluetooth – não atingia o NPS esperado. A análise das declarações textuais dos detratores revelou os três problemas mais graves: a conexão Bluetooth não era confiável, a tela LCD era difícil de ler e recarregá-lo também era uma dificuldade. Ao focar a reformulação da engenharia nos três problemas, a empresa conseguiu que a avaliação Net Promoter aumentasse 27 pontos no modelo seguinte.

A Logitech, que usa regularmente os resultados do NPS para classificar suas linhas de produto, ficou surpresa ao descobrir que suas webcams não chegavam nem perto do esperado. Mais uma vez, as análises dos detratores expuseram o problema: os clientes adoravam o equipamento quando estava ligado e em funcionamento, mas encontravam dificuldade para configurá-lo. Investigando mais a fundo, os engenheiros descobriram que o problema não estava na webcam em si, mas nos aplicativos de software com os quais fora concebida para funcionar. Depois de todas as demais possibilidades falharem, a Logitech decidiu adquirir uma empresa de software que conseguisse acondicionar os aplicativos de software junto com a webcam, para a configuração ser automática. O Net Promoter Score da webcam saltou quase 10 pontos. Os executivos da Logitech acreditam que a força da marca reflete o NPS de cada um dos produtos que levam seu nome. Daí eles se sentirem particularmente satisfeitos de que, entre os engenheiros, ter um produto classificado no alto da tabela NPS tornou-se um sinal de distinção.

Umas das estratégias de implementação de maior influência na cultura da Logitech consistiu em conceder poderes ao NPS sobre o processo de decisão final pelo qual todo produto tem de passar antes de ser liberado para a fabricação. Chamado Gate-X, ele envolve testar os protótipos com 25 clientes, que, depois, procedem à avaliação. Os líderes adotaram um retorno mínimo para o NPS atribuído por esses clientes – e, quando um produto não consegue satisfazer esse retorno, é devolvido para ser reelaborado até o NPS estar à altura das exigências.

Toda empresa como a Logitech sente-se pressionada a acelerar a introdução de um produto no mercado, a fim de atender às metas de receita e deixar contentes os varejistas. Mas, quando a empresa cancelou a fabricação de dois produtos e atrasou o lançamento de dois outros, em razão do NPS inexpressivo no Gate-X, um executivo nos disse: "As pessoas perceberam o quanto levamos a sério o NPS. A empresa perdeu dois quartos da receita dos produtos, mais de US$4 milhões. Mas foi a decisão certa para sua reputação, para a marca e, no fim das contas, para os lucros de longo prazo."

Como no caso da avaliação da linha de frente, as empresas de sucesso fazem questão de que os gestores de segundo escalão e as equipes técnicas ouçam por si mesmos as avaliações NPS. O mesmo executivo diz ainda: "Ficamos verdadeiramente tentados a formar um corpo de assistentes que coletasse as avaliações dos clientes e traduzisse para os engenheiros, cujo tempo é precioso. Mas, em vez disso, fizemos questão de que as notas e as declarações dos clientes fossem encaminhadas diretamente às equipes de produto, para que influenciassem suas ideias. Essas equipes entendem do produto mais do que qualquer grupo central. Elas sabem as concessões a se levar em consideração no projeto dos produtos vindouros e conseguem estabelecer um vínculo emocional com o usuário final. Ler um comentário de um cliente promotor ou detrator é bem mais impactante do que observar as estatísticas num relatório mensal da matriz."

O fechamento de ciclo para os executivos seniores

Em última instância, os executivos seniores da empresa são os responsáveis por assegurar que a organização forme mais promotores e menos detratores. E eles controlam muitas ferramentas eficazes para se atingir essa meta. São eles que determinam em quais clientes focar e decidem quais estratégias adotar, como alocar recursos, como estruturar a organização e como medir e gratificar o desempenho do pessoal. Mas será que esses executivos fecham o ciclo com os clientes, para saber o que se passa na cabeça deles? Não com a frequência necessária. Um número muito grande de empresas delega a função aos departamentos de venda e de marketing, aos pesquisadores e aos responsáveis por tocar as unidades locais. Os líderes seniores folheiam as pesquisas de mercado e acreditam estar em contato com o cliente. Mas não estão.

Os líderes NPS fazem diferente. Quase todos criaram meios de os altos executivos manterem contato direto com os clientes, bem como com os empregados da linha de frente que os atendem todos os dias.

Bill McNabb, por exemplo, é CEO do Vanguard Group, maior empresa de fundos de investimento dos Estados Unidos, responsável por gerir recursos da ordem de aproximadamente US$1,4 trilhão. Ele não teria a menor dificuldade para preencher o calendário com seus deveres administrativos – a condução dos subordinados e a atenção às responsabilidades regulamentares. Mas não é o que ele faz; quando há um grande volume de ligações, McNabb e os demais executivos seniores reservam um tempo ao que a Vanguard apelidou de Exército Suíço. Como na Suíça, onde todos têm de servir o exército, nos períodos de pico da empresa todo executivo sênior tem de ver o trabalho dos telefonistas do atendimento ao cliente. Para ele e os demais, a oportunidade de trabalhar ombro a ombro com o time da Vanguard proporciona um vínculo inestimável com as questões e as prioridades dos clientes. Graças à experiência, eles também conhecem a duras penas os desafios impostos pelos sistemas, políticas e procedimentos complexos com os quais os atendentes têm de se bater todos os dias. Em tempos de crise, como quando o mercado entra em colapso, todo executivo deixa de lado o que estiver fazendo e se dirige ao *call center*.

Scott Cook, cofundador e ex-CEO da Intuit, homem cuja inclinação natural para o lado quantitativo foi reforçada pelo treinamento como gerente de produtos da Procter & Gamble, não confia muito em pesquisas de mercado. Para ele, só há um modo verdadeiro de entender os clientes: observá-los pessoalmente e conversar com eles olho no olho. Cook estabeleceu para os executivos da Intuit uma tradição famosa: participar de "acompanhamentos domiciliares", em que dois ou três empregados obtêm permissão para observar de perto os clientes instalarem e usarem o software da empresa. Em seguida, fazem-lhes perguntas e ouvem seus problemas, transmitindo-os depois aos demais e comparando essas lições com as experiências de outros acompanhamentos domiciliares.

Quando a Intuit adotou o sistema NPS e elaborou uma lista de promotores e detratores específicos, os executivos mais eficientes não encomendaram acompanhamentos de pesquisas de mercado. Em vez disso, junto com cada membro das equipes de gestão de negócios, pegaram os nomes de 10 clientes detratores e telefonaram ou enviaram e-mails para eles, para ver o que a Intuit teria a aprender. Quando os executivos voltaram a se reunir e puseram os demais a par das conversas que tiveram, no mesmo instante puderam dar início à implementação das melhorias – e puderam encomendar pesquisas mais minuciosas nos poucos pontos em que as soluções ainda eram vagas.

O mesmo ocorre noutras empresas que adotam o NPS. Todas as reuniões de diretoria da Cancer Treatment Centers of America (CTCA) ocorrem num centro de tratamento da empresa, e não nas dependências de uma matriz remota. Elas têm início com um paciente falando de sua recente experiência num centro e, depois de conversarem com ele – e antes de fazerem qualquer outra coisa –, os membros da diretoria examinam os dados e as tendências do NPS. Na Rackspace, toda semana, o sistema de informação seleciona aleatoriamente diversas respostas NPS dos clientes e as encaminha ao CEO Lanham Napier, que, depois, telefona para esses clientes. Napier também adotou a prática da diretoria da CTCA assim que soube dela. Nas reuniões da Rackspace, hoje se inclui a visita de um cliente – às vezes promotor, às vezes detrator –, e a empresa reformulou o livro da diretoria de modo que o foco recaísse, primeiro, no NPS dos clientes, depois, no NPS dos empregados e, enfim, nas estatísticas operacionais e nos indicadores financeiros. Napier também adotou o costume de convidar um cliente a se dirigir a seus subordinados em reuniões internas periódicas nas quais ele explica os resultados financeiros da empresa. Seja qual for a mensagem específica, levar um executivo cliente até San Antonio, para esses eventos, demonstra um empenho que todos são capazes de reconhecer. Não raro os empregados consideram mais fácil ouvir e aceitar as avaliações de um cliente do que de um chefe.

Os processos estratégicos nos níveis superiores

No topo de uma organização, é claro, as funções não se resumem a ouvir os clientes, e sim a usar essa informação para definir as estratégias mais importantes e as decisões quanto à alocação de recursos. Cada empresa dispõe de uns tantos processos essenciais que determinam as tomadas de decisão nos níveis superiores: o processo orçamentário anual, os ciclos de planejamento estratégico, as autorizações para o investimento de capital, as análises de gestão, os dias do investidor, as reuniões da diretoria e assim por diante. Nas empresas que desfrutam da liderança NPS, como a Intuit, os líderes integraram o sistema a cada um desses processos essenciais.

Cada atividade da Intuit, por exemplo, inclui em seu planejamento estratégico as metas NPS e as principais iniciativas para se aumentar a nota. Os executivos de alto escalão discutem o NPS no Dia do Investidor, que a empresa promove todo ano, e os líderes dos setores operacionais fornecem mais detalhes sobre os resultados e os planejamentos. A meta estratégica da empresa, também partilhada com os investidores, é chegar a uma vantagem de pelo menos 10 pontos ou mais sobre o NPS do concorrente mais próximo. (Ver Figura 8-1, incluída no relatório de 2010 do Dia do Investidor da empresa.) A razão para essa meta é que os executivos da Intuit são comprometidos com o crescimento – e acreditam absolutamente que contar com mais promotores que a concorrência é um excelente gerador de crescimento estável. Quando a empresa cogitar uma aquisição, um fator primordial na decisão é verificar se a empresa que se estuda adquirir desfruta da liderança NPS em seu setor.

Um dos atrativos da PayCycle, a empresa de processamento de folhas de pagamento adquirida pela Intuit em 2009, foi seu NPS espetacular, de mais de 70%.

Na hora de decidir por uma aquisição, a equipe executiva da Rackspace também leva em conta o NPS das empresas passíveis de serem adquiridas. Uma decisão estratégica vital – diz o presidente Graham Weston – foi a aquisição da SliceHost,

FIGURA 8-1

Intuit *versus* a concorrência

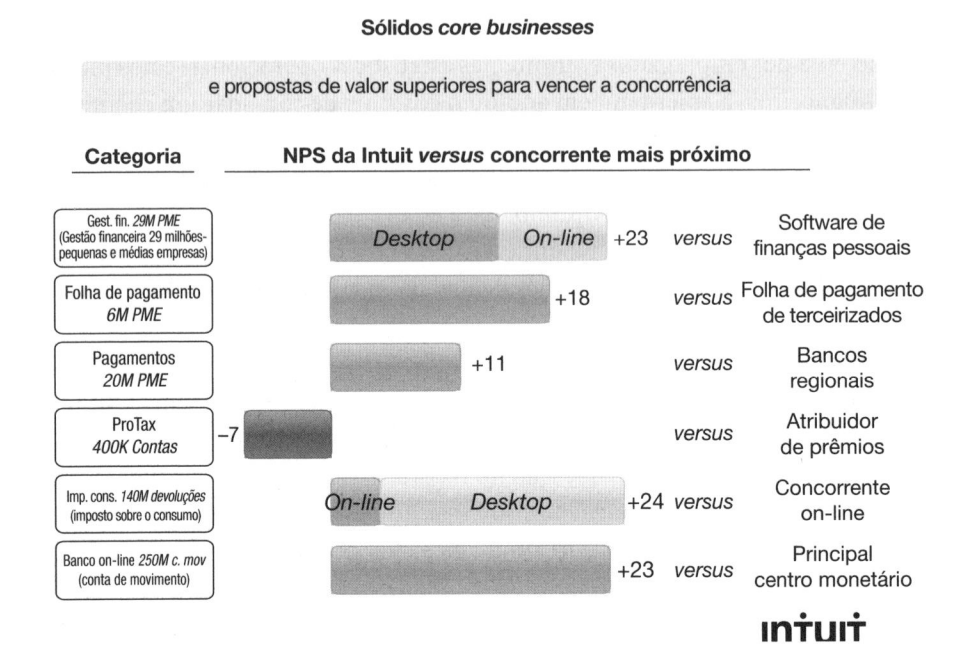

Sólidos *core businesses*

e propostas de valor superiores para vencer a concorrência

Categoria	NPS da Intuit *versus* concorrente mais próximo		
Gest. fin. *29M PME* (Gestão financeira 29 milhões-pequenas e médias empresas)	Desktop / On-line +23	versus	Software de finanças pessoais
Folha de pagamento *6M PME*	+18	versus	Folha de pagamento de terceirizados
Pagamentos *20M PME*	+11	versus	Bancos regionais
ProTax *400K Contas*	−7	versus	Atribuidor de prêmios
Imp. cons. *140M devoluções* (imposto sobre o consumo)	On-line / Desktop +24	versus	Concorrente on-line
Banco on-line *250M c. mov* (conta de movimento)	+23	versus	Principal centro monetário

intuit

Fonte: Apresentação do Dia Anual do Investidor da Intuit em 2010.

responsável pelo desenvolvimento de um software que imprimiu forte aceleração à entrada da Rackspace no mercado hipertrofiado da computação em nuvem. "Estávamos tentando decidir entre duas alternativas para aquisição de uma emrpesa", explica Weston. "Ambas pareciam promissoras do ponto de vista tecnológico, mas, ao verificarmos o NPS dos clientes, a SliceHost tornou-se a prioridade evidente. A extraordinária lealdade de seus clientes revelou-se um enorme ativo para nós."

A Philips quantificou o valor estratégico da liderança NPS estabelecendo como meta obter 50% de suas receitas a partir de empresas que ocupassem posições NPS de liderança nos respectivos setores. Para consegui-lo, os executivos da empresa adotaram uma série de ações estratégicas audaciosas. O negócio de iluminação da empresa, por exemplo, representava um de seus setores mais fortes em termos do NPS e, nos últimos anos, ela fez uma série de aquisições para fortalecer ainda mais sua posição. Algumas aquisições importantes reforçaram sua posição na tecnologia de LED, o que foi relevante para o setor de iluminação como um todo, ao passo que outras expandiram sua posição de liderança no negócio de iluminação profissional. Reforçando as aquisições com investimentos adicionais, com vistas a ter maior qualidade de produto e serviço que os concorrentes, a divisão de iluminação hoje em dia registra 94% das vendas em negócios nos quais mantém posição NPS de liderança, seja individual ou compartilhada. A expectativa é de que a divisão de iluminação contribua com 50% de todo o crescimento da empresa, conforme o atual plano estratégico quinquenal.

Além de investir nos negócios com nota NPS alta, a Philips tem recusado investimentos ou se livrado daqueles cuja liderança NPS é impraticável. Por exemplo, ela se retirou do negócio de fabricação de televisores por uma série de razões comerciais, inclusive o fato de seu potencial para assumir a liderança NPS ser inexpressivo, transferindo as operações na China e na Índia e licenciando o nome Philips no mercado americano. Ela também reorganizou os negócios de assistência médica para melhorar a experiência dos clientes e estimular sua lealdade, transitando de uma estrutura baseada nos produtos para outra baseada nos clientes e nos mercados locais. Para isso, foi preciso um esforço enorme; mas era uma mudança de curso necessária para uma empresa que tinha a intenção de obter sucesso na experiência proporcionada a seus clientes e em suas metas NPS para o setor.

Analisando os comentários dos clientes

Assim como os empregados da linha de frente, os executivos seniores podem estabelecer uma conexão emocional com os clientes lendo ou ouvindo diretamente seus comentários textuais. É claro que, quando o volume de resposta chega à casa dos milhões, é impraticável confiar apenas no esquadrinhamento de uma amostra dos comentários. Por isso, os primeiros a adotar o NPS desenvolveram ferramentas eficazes no aproveitamento e na análise de um grande volume de comentários dos clientes. A American Express, a Apple Retail e a Intuit, por exemplo, usam softwares à venda no mercado para selecionar os comentários. Essas ferramentas identificam a frequência de várias palavras-chave e sua relação com as demais palavras-chave, gerando, depois, um relatório em que são resumidas as questões prioritárias. Os executivos que forem examinar os padrões terão como determinar quais itens exigem atenção imediata do alto escalão e quais devem fazer parte das prioridades estratégicas. A Apple, por exemplo, descobriu que o design de seus cobiçados produtos e de suas lojas "descoladas" não estava entre os tópicos inicialmente mencionados pelos promotores. Em vez disso, a principal razão para o entusiasmo deles com as lojas era o atendimento cordial, prestativo e bem informado por parte dos empregados. A mensagem reforçou o compromisso dos executivos em investir em contratação, treinamento e desenvolvimento de um quadro de pessoal extraordinário para as lojas.

A Progressive, empresa de seguros, decidiu criar uma ferramenta interna própria para analisar os comentários qualitativos dos clientes. Mas a estratégia é parecida. Ao identificar a frequência das palavras e as combinações entre elas, a empresa consegue destacar os elementos mais comuns nos comentários dos clientes. Foi graças a esse método que ela pôde reformular seu processo de pagamento on-line. De início, ofereceu aos clientes a opção de efetuá-lo por meio da transferência eletrônica de fundos (TEF), convicta de que, com isso, tanto a experiência do cliente melhoraria (o que resultaria em maiores índices de retenção) quanto os custos diminuiriam. Ela promoveu essa opção de modo agressivo e constatou que o Net Promoter Score atribuído pelos clientes que a haviam escolhido ficava bem acima da média da empresa à época. Todos os dados pareciam confirmar a sensatez da estratégia. Contudo, examinando os comentários, os executivos da Progressive perceberam uma coisa estranha: constataram que o pagamento on-line aparecia como uma das expressões mais frequentes nos comentários dos detratores, bem como nos dos promotores. Numa análise posterior, descobriram que, quando o processo de pagamento on-line ocorria sem sobressaltos na primeira tentativa, o NPS do cliente era significativamente mais alto. Quando não ocorria desse modo, o NPS ficava 20 pontos abaixo. E o processo falhava 18% das vezes. Essas falhas resultavam da política dos bancos, que autorizavam o processamento do pagamento do primeiro mês por meio de solicitação verbal, mas exigiam uma assinatura física para continuar a fazer os pagamentos subsequentes. Quando o banco não obtinha a assinatura, a TEF não funcionava e a Progressive cobrava do cliente pelo correio tradicional. Não podia ser mais confuso, e o mais provável é que resultasse em pagamentos atrasados e cancelamentos por falta de pagamento.

A Progressive reformulou o sistema de pagamentos negociando com os parceiros responsáveis pelo faturamento um novo processo que permitia aos clientes obter uma assinatura eletrônica por meio de ligação telefônica automática ("digite 1, caso concorde em efetuar pagamentos mensais contínuos") e, desse modo, evitava a necessidade da assinatura física. Depois de implementar a solução, os gestores ficaram satisfeitos ao constatar que a menção dos detratores ao pagamento on-line em seus comentários já não constava da lista das 20 reclamações mais frequentes e que, na sequência, a retenção de segurados havia aumentado. Assim, os executivos se sentiram confiantes em renovar a promoção da opção pelo pagamento on-line – que, hoje em dia, recebe dos clientes um NPS em média oito pontos acima daquele dos clientes que não optaram pela TEF.

Estabelecendo as comunidades de clientes

Outra ferramenta importante para a integração do NPS e das opiniões dos clientes aos processos decisórios críticos em todos os níveis da organização são as comunidades de clientes – grupos que fornecem *feedback* constante sobre os produtos e serviços da empresa. Por exemplo, em 1999, a Adobe Systems lançou na web uma comunidade para designers e desenvolvedores gráficos; a Marketplace & Exchange, como hoje é conhecida, recebe milhões de visitas regulares;

os visitantes, por sua vez, servem à empresa como uma fonte constante de ideias para a melhoria e a criação de produtos. Na Harley-Davidson, todos os executivos seniores brindam as reuniões do Harley Owners Group (HOG) com passeios anuais, confiantes em que essas interações manterão a empresa em dia com os clientes, bem como com os revendedores que patrocinam os encontros. O SAS Institute, empresa líder em lealdade do ramo de softwares de análise estatística, envolve os representantes do atendimento telefônico na criação do SASware Ballot, como é conhecido. Cada equipe elege para o conselho dos clientes um representante que, depois, promove entre os membros uma votação para identificar as questões mais importantes aventadas nas interações telefônicas diárias. O conselho põe essas questões em discussão, e os engenheiros distribuem as melhorias praticáveis entre investimentos de pequena monta. Depois, a empresa elabora uma lista das melhorias potenciais – trata-se do SASware Ballot – e veicula no site. Milhares de usuários, representando mais de 10 mil detentores de licença de software, elegem as prioridades. A última etapa desse ciclo de democracia representativa é uma série de reuniões regionais, para informar os clientes dos resultados e discutir os planos para tratar das prioridades mais votadas.

Muitas empresas Net Promoter levam ainda mais longe o recurso das comunidades de clientes, usando todo tipo de meio para envolver os clientes. Os LEGO User Groups (LUGS), por exemplo, organizam exibições em que os membros podem apresentar seus projetos criativos, que vão de novas paisagens urbanas a reinos imaginários e modelos robóticos que funcionam de verdade. Os eventos servem tanto como convenção para os fãs quanto como exibição pública de seus melhores trabalhos. Em 2010, mais de 2 milhões de pessoas – em sua maioria, famílias com filhos – visitaram um dos eventos organizados pelos fãs. Embora os próprios LUGS arquem com a maior parte das despesas, muitas vezes a empresa faz doações de produtos e grandes quantidades de tijolinhos LEGO. Os representantes da empresa comparecem a muitos eventos, para conhecê-los e conseguir *feedback* da comunidade. Os fãs também participam de eventos organizados diretamente pelo LEGO Group. O processo de votação paritária nas melhores exibições, ocorrido em todos esses eventos, evidencia para a empresa que tipo de produto suscita maior interesse da comunidade; alguns jogos LEGO mais recentes foram inspirados nos projetos vencedores dessas exposições. Uma vez que o LEGO Group distribui a maioria dos produtos por meio de varejistas, a empresa se beneficia significativamente das interações olho no olho proporcionadas por eventos desse tipo.

O LEGO Group também é responsável pelo site www.designbyME.lego.com, que oferece aos clientes a oportunidade de projetar e comprar produtos LEGO personalizados, inclusive um guia de construção exclusivo e uma caixa personalizada, e um tutorial sobre como baixar e usar o pacote de softwares LEGO Digital Designer, além de dar acesso a uma vasta galeria (com visitações públicas e privadas), na qual os clientes podem expor seus projetos. E o designbyME também promove concursos periódicos de design e construção; distribui prêmios aos melhores designs de novos produtos e os exibe no site. A expertise dos membros da comunidade contribui para aperfeiçoar os produtos já existentes, também. Quando a empresa suspendeu a produção do novo modelo Excavator 8043, devido a relatos de clientes que apontavam problemas no braço de escavação, clientes especialistas saíram em defesa da decisão da direção da empresa nos fóruns da comunidade. (Eis um exemplo do que as empresas NPS costumam chamar "escudo de defesa dos promotores".) Em pouco tempo, os clientes especialistas também se envolveram na sugestão e crítica de soluções alternativas. Seu entrosamento e envolvimento imprimiram grande aceleração à reação da empresa e permitiram ao setor de produção se programar a tempo para o período de compras do feriado.

Outro líder no uso das comunidades de clientes é o Consumer Tax Group, da Intuit, responsável por desenvolver o programa Inner Circle, mencionado no Capítulo 2. Mais de 100 mil clientes se propuseram a participar, entrando e se registrando no site do TurboTax e prestando informações demográficas básicas, bem como a responder à Pergunta Fundamental: "Quais as chances de você recomendar o TurboTax a amigos e colegas?" Depois, classificados como promotor, neutro ou detrator, os clientes responderam a uma pergunta aberta específica, para fins de seguimento. Aos detratores, solicitou-se que explicassem as razões da nota por eles atribuída; aos neutros, o que seria necessário para atribuírem uma nota 10 ao TurboTax – fundamentalmente, o que seria necessário para se tornarem promotores; e aos promotores, o que diriam de específico para convencer alguém a experimentar o TurboTax. Depois, os três grupos podem registrar suas prioridades para o aperfeiçoamento do serviço em qualquer das áreas da experiência dos clientes, seja pesquisando preços, comprando, instalando, usando ou entrando em contato com a assistência técnica. Em resumo, o que mais agradaria a eles?

Um benefício a mais para a empresa é o que decorre da análise dos comentários qualitativos – em particular, daqueles aos quais se atribuem as maiores notas –, de modo a compreender a linguagem e a escolha das palavras que mais tocam os clientes. Por exemplo, no diálogo com os promotores, a Intuit descobriu os principais itens que eles valorizam e mencionariam aos não usuários. As respostas expuseram as vantagens exatas dos produtos na linguagem adotada por seus maiores fãs. Depois, a Intuit pôde incorporar o que aprendeu diretamente às mensagens de marketing e às peças publicitárias. Um último benefício de se pedir aos promotores para externar o que diriam a um amigo é que, uma vez que tenham enunciado a resposta, eles se mostram mais propensos a repeti-la para um amigo só por ela estar na ponta da língua e ser a primeira coisa a vir à cabeça.

A nova estratégia, no sentido de colher o *insight* dos clientes, parece exercer fascínio também sobre os clientes. A taxa de sucesso dessas sessões é de mais de

85%, muito acima da observada numa típica pesquisa de mercado. Além disso, embora as sessões sejam anônimas, os usuários têm a opção de fornecer informações de contato, e mais de 75% o fazem. Desse modo, a Intuit pode contatar esses clientes e detalhar o problema com informações adicionais ou pedir *feedback* sobre as mudanças propostas. Por exemplo, quando os clientes manifestaram seu desagrado com os descontos, a empresa pôde retomar o contato e pedir a esses clientes que fornecessem detalhes mais específicos. Era a complicação do comprovante de compra, a demora no prazo de execução ou o valor do desconto que exigiam atenção? De igual modo, uma conversa com os detratores poderia isolar suas reclamações com o suporte técnico e sugerir soluções alternativas para o *feedback*. Barry Saik, vice-presidente de gestão de produtos do Consumer Group, observa: "Usamos periodicamente o Inner Circle para estimular as soluções de *brainstorming* e entender se nossas soluções internas são aceitáveis para os clientes."

O Consumer Group também admitiu que o *feedback* mais valioso é aquele fornecido por alguns dos mais descontentes dos antigos clientes da empresa. Assim, os funcionários monitoraram os fóruns de discussão e os blogs, e convidaram alguns dos detratores mais esbravejantes a se juntarem ao Inner Circle. Melhor recrutá-los para ajudar a sanar os problemas – raciocinou a empresa – que deixá-los dar vazão à revolta de modo não construtivo. Pelo que se viu depois, um dos meios mais eficazes de promover a satisfação do cliente é a empresa se comprometer a ouvir e responder às suas reclamações e sugestões. O compromisso dá provas de que a empresa valoriza e se importa com os clientes – requisitos básicos para qualquer relacionamento de qualidade. Quando ficou claro que a Intuit realmente tinha interesse em ouvir suas preocupações e solucioná-las, muitos dos principais detratores do TurboTax se tornaram seus promotores.

As comunidades de clientes podem ajudar a empresa a aperfeiçoar os negócios, além de prestar um serviço inestimável diretamente para outros clientes. Brad Smith, outrora diretor do Consumer Group e hoje CEO da Intuit, tornou-se importante partidário das comunidades de clientes; ele gosta de contar a história de como um dos membros da equipe de impostos sobre o consumo sugeriu a instalação de uma função de chat dentro do TurboTax, que é para os clientes poderem conversar uns com os outros sem sair do software, em vez de buscarem fóruns externos. Embora, de início, Smith se mostrasse cético, o recurso de "comunidade em tempo real" se revelou um sucesso. Ao monitorar as conversas entre os clientes, a Intuit ficou impressionada ao descobrir a qualidade e a precisão das sugestões oferecidas. Os conselhos quanto ao uso do software foram tão bons quanto aqueles prestados pela equipe interna de atendimento ao cliente da própria Intuit, e as respostas às perguntas sobre impostos foram superiores aos conselhos obtidos diretamente na Receita.

A maior parte das empresas deseja que suas culturas se tornem mais focadas no cliente. O Net Promoter System oferece um vasto conjunto de ferramentas e técnicas que contribuem para se atingir essa meta, mas nenhum é mais eficaz do que fechar o ciclo agradecendo aos clientes pelo *feedback*, investigando a raiz dos problemas, aprendendo como servi-los melhor e adotando as ações apropriadas. Em essência, contudo, o NPS é muito mais que um processo de medição ou recuperação de serviço. É um modo de fazer negócios que tem por base dispensar às pessoas o tratamento adequado. Quando os clientes atribuem nota de detratores, sinalizando que você não cumpriu com o prometido, há uma razão para se fechar o ciclo que nem de longe se resume aos aspectos práticos dos negócios, mas a um imperativo moral. Deixar de fechar o ciclo com os detratores implica deixar de tratá-los com dignidade e respeito. Sempre que um gestor se descuida em retornar a ligação de um detrator, a mensagem é clara: viver à altura das expectativas do cliente e consertar os erros simplesmente não são suas principais prioridades. A mensagem também é clara para os empregados. Num mundo em que ninguém tem tempo suficiente para concluir todas as tarefas, o fechamento do ciclo deve estar vinculado ao fluxo diário de trabalho, de modo a se tornar parte automática das tomadas de decisão essenciais. Só então será possível contar em realizar os potenciais benefícios do NPS.

As empresas com melhores desempenhos no Net Promoter, como Apple, Schwab, Rackspace e Intuit, trabalham persistentemente para contatar cada detrator no prazo de 24 horas. A maior parte atinge esse objetivo em mais de 90% das vezes. Quantas vezes isso acontece em sua organização?

9
Organize-se para a longa jornada

O NPS Loyalty Forum realizou sua reunião de fundação na sede da American Express em Nova York, em 5 de outubro de 2006. Desde então, reuniu-se dúzias de vezes nas dependências dos membros por toda a Europa e América do Norte. Os membros mais antigos, como a Intuit, a American Express e a Apple Retail, fazem uso do Net Promoter System há mais de cinco anos. Vale notar que o aprendizado e o progresso nesses encontros trimestrais continuam em passos acelerados, mesmo entre os veteranos. Eles continuam a descobrir novas estratégias e táticas que reforçam as ferramentas básicas, como o *feedback* em ciclo fechado. Também continuam a aprender novos usos para o sistema NPS em áreas como finanças, gestão de custos, recursos humanos e comunicações. Um dos membros originais do fórum costuma nos lembrar: "Uma vez que o NPS tenha alcançado todos os setores da organização, é sensato nos prepararmos para uma jornada muito longa."

Longa jornada, de fato. A quantidade de trabalho, de planejamento e de acompanhamento necessários para obter integralmente os benefícios do NPS surpreendeu muitas empresas. Gerard Kleisterlee, CEO da Philips, acreditava que a iniciativa NPS já estivesse a pleno vapor na empresa em um ano ou dois e que, a partir de então, pudesse voltar a atenção para outras prioridades. Mas, três anos após a implementação, sua opinião era diferente. "Adotamos o NPS porque ele se encaixava precisamente em nosso conceito de 'bom-senso e simplicidade'", explica. "O Net Promoter é tão claro e intuitivo que imaginei que a organização não demoraria a adotá-lo e integrá-lo em nossos processos principais (*core processes*). Mas, hoje em dia, percebo que, para esse nível de mudança cultural, é preciso tempo – além de dedicação das lideranças. É surpreendente que, sendo um conceito tão simples e intuitivo, requeira tal grau de empenho. Conseguir que a medida seja criteriosa o bastante para conquistar a confiança da linha de frente e do conselho, convencer os diversos segmentos de atividade de que se trata da estratégia adequada, ajudá-los a quantificar o aspecto econômico, treinar o pessoal da linha de frente e os gerentes intermediários, gerar ciclos fechados para clientes e distribuidores... é um tempo bem empregado. Mas leva tempo!"

Para dar impulso ao movimento em direção ao foco no cliente, Kleisterlee fez do NPS um dos principais indicadores de desempenho a interferir na remuneração dos executivos. E também exigiu que a organização informasse regularmente as notas ao conselho administrativo. Isso significava educar a organização inteira a respeito das notas e do sistema Net Promoter, e significava desenvolver um processo confiável de mensuração, que se pudesse auditar. A equipe de liderança da Philips teve de negociar metas de desempenho que fossem justas tanto do ponto de vista motivacional quanto estratégico, tendo em vista o conjunto dos objetivos da empresa como um todo. Também significava gerar capacidades organizacionais que respondessem ao *feedback* dos clientes. Em pouco tempo, uma equipe de liderança pôs em ação uma rede global de agentes de mudança do NPS com a função de trabalhar lado a lado com as equipes locais no desenvolvimento e adaptação do sistema para cada atividade. No decorrer dos primeiros dois anos, os membros de equipe aprenderam que o NPS era a estratégia certa, mas também que a iniciativa exigiria muito mais apoio e liderança do que imaginavam.

Assim, o lucro e o investimento envolvidos no Net Promoter são ambos substanciais. Você poderá obter o máximo pelo mínimo, caso compreenda isso na hora de adotar o NPS e, desde o começo, tenha cuidado ao organizar a iniciativa. Este capítulo resume o necessário para você se preparar para o longo percurso.

Nomeie os líderes certos e prepare-os para o sucesso

Os líderes que obtiveram ótimos resultados com o Net Promoter são aqueles que, desde o início, conceberam a iniciativa como uma longa jornada de mudança e de crescimento culturais. Jamais pareceu a eles que se tratava de uma ferramenta ou programa, a ser usado durante certo tempo e, depois, descartado. Buscavam um meio de criar uma cultura que fosse centrada no cliente. Tinham em mente o aperfeiçoamento da concorrência e a aceleração do crescimento orgânico. O primeiro passo foi incumbir alguém de assumir o trabalho – alguém com histórico, competências e experiência adequados. Mas quem seria essa pessoa?

Às vezes, parece normal centrar a iniciativa NPS no marketing. Foi a escolha que Kleisterlee fez na Philips: nomeou como líder da iniciativa de mudança o novo CMO (Chief Marketing Officer), Geert van Kuyck. Felizmente, van Kuyck percebeu que a função, na verdade, era garantir que os chefes dos negócios operacionais adotassem o NPS e se tornassem a força impulsionadora por trás do deslocamento do cliente para o centro dos negócios. O marketing só poderia exercer um papel secundário, providenciando a educação, a comunicação, as ferramentas e as técnicas. Atribuir ao CMO a responsabilidade pela gestão da mudança baseada no NPS funcionou na Philips, mas pode haver riscos na opção pela diretoria de marketing. Por exemplo, as pessoas podem vir a entender o NPS apenas como uma ferramenta de aferição da experiência do cliente, sem quaisquer outras implicações. Na Enterprise Rent-A-Car, quando Andy Taylor decidiu delegar o processo ESQi aos executivos das operações de aluguel, e não ao grupo de marketing, queria especificamente que os operadores de linha se responsabilizassem pelo processo e nele confiassem.

Chuck Schwab atribuiu a Chris Dodds, à época CFO (Chief Financial Officer), a função de líder do NPS. Situar o trabalho no escritório do CFO, acreditava Schwab, seria um meio de garantir o rigor das análises, nas quais a organização inteira confiaria. Também permitiria que o NPS orientasse o contínuo esforço da empresa em reduzir custos, também a cargo do escritório do CFO. Além do mais, Schwab queria informar aos acionistas sobre o Net Promoter Score, mas sabia que o CFO teria de confiar plenamente no sistema antes de concordar em fazê-lo.

Na Virgin Media, o CEO Neil Berkett indicou Sean Risebrow para liderar o trabalho. Risebrow era originário do setor de marcas corporativas, mas Berkett fez questão de que a equipe transitasse por várias posições na organização, com base no foco na mudança. Risebrow descreve a jornada do seguinte modo:

Neil achou importante atribuir a responsabilidade a um único líder sênior, para garantir que todos os setores da organização adotassem o Net Promoter. O interessante é que ele atribuiu o sucesso inicial não ao quanto a equipe de liderança à sua volta usava e falava do NPS, mas ao quanto o agente ou instalador do call center sabia do NPS quando lhe era apresentado. Originalmente, fazíamos parte da equipe de Marca – a excelência do serviço de atendimento ao cliente é parte da empresa, e o NPS era a disciplina operacional que adotamos na renovação da marca da Virgin. Depois, passamos para a equipe de Atendimento – operações e rede –, quando o foco se deslocou para o aperfeiçoamento operacional. Hoje, fazemos parte da equipe de Crescimento – marketing, vendas e aquisição de clientes –, quando o foco recai nas melhorias necessárias ao relacionamento integral.

Risebrow conclui: "Nossa meta continua a mesma: embutir as competências e os conhecimentos em todas as nossas operações, não na equipe central responsável pela experiência do cliente."

Como sugerem esses exemplos, não há uma fórmula universal para o sucesso quando se trata de escolher a pessoa que estará à frente da adoção do Net Promoter System. Mas três normas são cruciais. Primeiro, o líder deve ser dotado das competências, experiências, qualidades pessoais e energias adequadas. Na British Gas, por exemplo, o CEO da Gas Services, Chris Weston, estava precisando de alguém que pudesse estar à frente do NPS numa situação de reestruturação. A incumbência coube a Eddy Collier, subordinado responsável pelos serviços de instalação residencial de aquecedores. Graças a seu histórico no setor financeiro e no de consultoria, Collier dispunha das competências necessárias para chefiar a reestruturação. Segunda norma: pense em onde devem ser feitas as maiores mudanças e organize a iniciativa com elas em mente. Um líder que conte com o pleno respeito e confiança de toda a organização pode ajustar e reajustar as prioridades de modo a focá-las no setor financeiro, nos recursos humanos, no marketing, no desenvolvimento de produtos, na precificação ou no atendimento ao cliente – ou seja, onde a necessidade for maior.

A terceira norma talvez seja a mais importante. Em todos os casos em que o NPS gerou ótimos resultados, o líder da mudança se reportou diretamente ao CEO ou gerente geral de uma unidade comercial importante. Para a organização, colocar o papel da liderança num nível inferior a esse é sinal de que o Net Promoter não é, de fato, uma das maiores prioridades. Com isso, também se torna difícil mobilizar os líderes seniores em situações nas quais devam orientar ativamente a mudança. Como veremos na seção a seguir, não raro o NPS impõe mudanças fundamentais na estratégia, estrutura ou política da empresa, às quais só os executivos de alto escalão podem dar início.

Retome o controle da organização

Implementado do modo correto, o Net Promoter tem efeito sobre todos os aspectos de uma empresa. Ele sempre depende da adesão e do apoio efetivo do setor financeiro, que deve desenvolver indicadores econômicos factíveis e integrá-los às análises padronizadas e relatórios administrativos usados para tomar decisões e determinar prioridades. Em geral, os executivos dos setores de qualidade de processo e de excelência operacional também desempenham papéis vitais. O NPS contribui para evidenciar os processos que mais demandam atenção e, é claro, as soluções devem ser aferidas pelo *feedback* dos clientes, bem como pelas estatísticas de processo internas. Mesmo as funções de relações públicas e de comunicações podem passar por mudanças. "Nos velhos tempos", diz Emilio Galli-Zugaro, chefe do grupo de comunicação da Allianz, "nossa função era educar e influenciar os meios de informação – mas hoje percebemos que nossa reputação se deve ao que os clientes e empregados dizem a nosso respeito, não a nossos comunicados à imprensa. Usando o sistema Net Promoter, redefinimos o papel da comunicação e repensamos no melhor meio de nos comunicarmos com os clientes e empregados".

Mas o próprio fato de o NPS permear todos os setores operacionais, cujas metas e opiniões quanto ao que seja certo perigam divergir, abre portas a novas oportunidades. Com uma liderança adequada, as empresas conseguem resolver os problemas que, no passado, acabariam indo de encontro às barreiras interoperacionais. Um banco sediado nos Estados Unidos serve como exemplo característico. Fazia anos que o CEO da empresa – a quem chamaremos James Smith – vinha salientando a prioridade do foco no cliente, e, de início, as equipes de atendimento da linha de frente conseguiram progressos satisfatórios junto a seus grupos, focando no NPS transacional. Mas, embora o serviço da empresa tenha passado por excelentes melhorias no primeiro e segundo anos, o progresso começou a emperrar porque os executivos dos outros setores ainda não haviam aderido. O executivo responsável pelo serviço de atendimento explicou: "Para os demais executivos, era fácil ignorar as notas que obtínhamos no quesito da satisfação. Eles não se identificavam com o índice; parecia meramente teórico. Isso só mudou quando todos passamos a adotar o Net Promoter. Hoje em dia, quando os clientes admitem que não nos recomendariam a um amigo, toda a equipe executiva toma como uma questão pessoal." Essa conexão pessoal foi essencial, pois, como percebeu o CEO Smith, o progresso ulterior dependeria da ajuda de líderes dos outros setores.

Um problema, por exemplo, era que, ao tentar fazer compras numa loja com um dos cartões de crédito do banco, alguns dos clientes mais rentáveis da empresa precisavam apresentar sua identidade para verificação. Os clientes consideravam frustrante e constrangedor pegar o telefone das mãos do balconista e, depois, repetir o nome de solteira da mãe, o valor da última transação ou outra informação que os identificasse. Embora concebido para impedir roubos e fraudes, esse processo ocorria com demasiada frequência com os clientes de maior valor – e com demasiada frequência para o presidente do setor varejista, que queria que a marca da empresa fosse símbolo de um serviço excepcional e de grande utilidade. Mas a função do controle de fraudes (que era parte da organização da gestão de risco) também enfrentava dificuldades. Os gastos com as fraudes eram parte do *scorecard* do segmento de negócios, que determinava as gratificações. E, embora soubessem que, muitas vezes, as fraudes frustravam o desejo da empresa de transformar em promotores os clientes de maior valor, os responsáveis por seu controle se mantinham irredutíveis. Sua análise mostrava que a decisão de interromper as transações potencialmente fraudulentas no próprio ponto de venda era, em média, lucrativa, mesmo levando-se em conta a insatisfação e a frustração do cliente.

A empresa também enfrentava outro desafio. Resolver as contestações de pagamento – casos em que o cliente questiona uma cobrança constante do extrato mensal – era caro, frustrante para o cliente e, não raro, insatisfatório para o comerciante. Embora a empresa tivesse cultivado a reputação de oferecer serviços excepcionais no caso dessas contestações, a tentativa de reduzir os custos operacionais para solucionar essas chamadas no exterior havia começado a criar mais detratores. Em muitos casos, um simples esclarecimento sobre o nome completo do comerciante ou uma pequena ajuda para se lembrar de uma compra em particular era tudo de que o cliente precisava para resolver o problema. Sem o nível adequado de contexto cultural, os representantes no exterior tinham dificuldade de expressar o nível adequado de empatia ou avivar a memória do cliente.

Smith percebeu que, para os vários segmentos reunirem forças, era preciso mais do que repetir a dedicação da empresa à liderança no setor de serviços; era preciso aumentar o foco, mudando o sistema de incentivo da equipe sênior e das demais. Embora o antigo esquema de gratificação atribuísse aos líderes a responsabilidade pelo *balanced scorecard* – a empresa determinava suas metas de aperfeiçoamento de acordo com a métrica de acionistas, clientes e empregados, e o conselho, ao contrário dela, fazia avaliações com base no desempenho –, não raro a meta dos clientes era a métrica dos acionistas disfarçada. Por exemplo, a aquisição de novos clientes e o aumento da receita por cliente faziam parte das metas dos clientes de alguns grupos. O novo plano de Smith aumentava o peso atribuído às metas dos clientes e a ênfase em sua verdadeira métrica, inclusive o NPS. Hoje, nem os executivos operacionais ficariam felizes com suas gratificações, a menos que a empresa atingisse as metas do NPS. A mudança resultou em mais disposição e cooperação entre os segmentos operacionais, com vistas à solução da raiz dos problemas com os detratores e à descoberta de meios econômicos de se criarem promotores.

Neil Berkett, da Virgin Media, teve de enfrentar um conjunto semelhante de desafios quando a organização adotou o NPS. "A alta gestão adota de imediato o NPS", diz. "Após ver a conexão com os indicadores econômicos e o crescimento, não demora a aderir. E a linha de frente adere ainda mais rápido. Acha inspirador focar na felicidade dos clientes – e isso torna o trabalho mais fácil. O lugar que exige um grande empenho é o miolo da organização, constituído de executivos operacionais." É compreensível. Esses executivos são dotados de *expertise* para tocar as próprias atividades, como as de operação de rede ou de contas a receber, e acompanham seu progresso por meio de estatísticas específicas, como custo por ligação ou percentual de dívidas duvidosas. É possível que lhes pareça difícil relacioná-las à experiência do cliente, mais abrangente. Para Berkett, isso significa que toda iniciativa NPS deve incluir uma boa dose de educação. E também envolve mudar o modo como os executivos operacionais medem o sucesso. "Eles sabiam como controlar as métricas históricas para conseguir suas gratificações", diz. "Acrescentar a elas uma novidade em termos de mensuração da lealdade do cliente, como o NPS, é mais desafiador."

A Virgin Media teve um progresso impressionante – 15 pontos para melhor no Net Promoter Score –, mas foi necessário ainda mais do que aquilo que Berkett previra. Além de alterações nas competências de mensuração e programas de gratificação, ele próprio teve de direcionar uma quantidade considerável de energia no setor de comunicações e reforçar periodicamente o papel do NPS. E também assegurou a atribuição de todo o reconhecimento aos executivos responsáveis pelas conquistas. Graças a esses esforços, o NPS conseguiu bastante visibilidade entre as demais empresas da Virgin, muitas das quais também passaram a adotar o Net Promoter System. Mas todas foram alertadas por Berkett: "Não é tão simples quanto possa parecer de início. O NPS não é apenas uma medida; é um modo de se fazer negócio."

Reorganize-se tendo como foco o cliente

Não raro a iniciativa NPS impõe que se reorganize as equipes da linha de frente em unidades menores, das quais seja possível cobrar mais responsabilidade, ou se crie equipes interdepartamentais capazes de entender de forma global a experiência do cliente. Em qualquer dos casos, talvez seja necessário repensar as responsabilidades do supervisor da linha de frente. Nas agências bancárias, por exemplo, é possível que os gerentes tenham necessidade de se ausentar do escritório e passar mais tempo junto com os clientes.

Reorganizar a linha de frente era uma das mudanças mais significativas que Berkett teria de fazer na Virgin Media. Historicamente, as centrais telefônicas que prestavam atendimento aos clientes eram parte do segmento de vendas e marketing. Era compreensível; como acontecia em muitas empresas, era o marketing que mais se preocupava em ouvir a opinião dos clientes e conquistar sua lealdade. Mas alocar as centrais telefônicas no marketing dificultava a vida dos clientes, que, com frequência, tinham de fazer muitas ligações para resolver um problema. Berkett reestruturou a organização, agrupando as centrais sob o comando do executivo responsável pela rede e pelo pessoal dos setores de instalação e de serviço. O resultado? Veja o que diz Sean Risebrow, mais uma vez: "Antes, havia o risco de o cliente passar dias indo de um departamento para outro, tendo de fazer diversas ligações, para conduzir o processo. Hoje, 75% têm uma solução no mesmo dia ou no dia seguinte, além de uma experiência muito melhor. E o custo do serviço é até menor, uma vez que suprimimos parte do custo com os insucessos." Além de tudo, acrescenta, é opinião da empresa que o custo anual atendendo quem atribui nota 0 – aqueles detratores cuja avaliação atingiu o nível mais baixo – é 25% maior do que atendendo os promotores que atribuem nota 10.

Na Logitech, a jornada NPS teve início com uma reorganização substancial. Todas as unidades de negócios de produtos foram agrupadas sob o comando de um só executivo, e todas as funções que envolvessem contato com os clientes, sob um recém-nomeado CMO. O novo grupo responsável por lidar com os clientes incluía marketing, qualidade corporativa, atendimento ao consumidor e uma nova Equipe de Experiência do Cliente, corpo independente concebido para representar as opiniões do cliente. Glenn Rogers, líder da equipe, explica sua tarefa nos seguintes termos: "Só o que fazemos é incentivar o restante da empresa a seguir a Regra de Ouro, que sempre julgamos impossível questionar." Na Logitech, grande parte da experiência do cliente dependia da interação direta com o produto – eis por que foi essencial vincular o NPS ao trabalho de design do produto, como descrito no Capítulo 8. Contudo, o sistema Net Promoter também convenceu os líderes a repensar o modo como organizavam as interações do cliente na linha de frente. Reformularam o serviço de atendimento ao cliente, transformando-o de um centro de custos regional que utilizava 14 parceiros terceirizados numa operação global unificada, com um único parceiro terceirizado. Os antigos contratos se baseavam no tempo de processamento, volume de ligações e coisas parecidas. Já os novos contratos de representação comercial passaram a utilizar principalmente a métrica NPS.

Na Rackspace, a reestruturação da linha de frente foi ainda mais extensa. À medida que a empresa foi se expandindo, adotou naturalmente a estrutura organizacional operacional da maioria das grandes empresas. O setor de vendas assumiu a responsabilidade pelas vendas, o financeiro, pelas faturas e contas a receber, e assim por diante. Assim como na Virgin Media, contudo, os atendentes telefônicos não raro tinham de transferir as ligações dos clientes para uma das áreas operacionais ou, ainda pior, entrar em contato com o setor eles próprios, no mesmo dia, e ligar de volta para o cliente no dia seguinte. A comunicação não só era ineficiente, como também causava diversos problemas com transferências improdutivas entre os departamentos. Por exemplo, vendedores que não estavam familiarizados com os atributos técnicos específicos do cliente redigiam novas ordens que as equipes técnicas não tinham como configurar corretamente. Simples solicitações de mudança que deveriam demorar poucos segundos acabavam sendo encaminhadas para os grupos de engenharia, que às vezes levavam horas ou dias para executá-las.

Por esse motivo, os líderes da Rackspace tomaram uma atitude radical: pediram ao atendimento telefônico da gestão de contas que promovesse um brainstorming com os demais departamentos e apresentasse a estrutura organizacional ideal para uma experiência de cliente de qualidade internacional. Depois de muitos debates e discussões, o grupo recomendou a criação de equipes multidepartamentais formadas por representantes de cada um dos principais setores que mantinham contato com os clientes. Embora gostando da inovação da ideia, os líderes se perguntaram se a solução proposta funcionaria. À época, a empresa havia estruturado os setores de contratação e de desenvolvimento de carreiras com base em suas atividades. Também os setores de fluxo de trabalho e de TI haviam sido estruturados com base nas atividades. Alguns líderes receavam que os custos acabassem disparando nessa nova estrutura matricial, como era chamada, e outros se perguntavam se os clientes ficariam de fato satisfeitos. Para testá-la, decidiram experimentar duas equipes matriciais, compostas de uma mistura de especialistas, que trabalhariam lado a lado no atendimento a uma determinada carteira de clientes.

Os resultados foram surpreendentes. O Net Promoter Score obtido com os clientes que haviam sido atendidos por essas equipes-piloto foi bem maior que o atribuído ao restante da empresa. Os problemas solucionados no primeiro telefonema do cliente saltaram de 55% para mais de 90%. Os custos e os índices de falhas decaíram substancialmente. E era de se esperar. Antes da estrutura matricial, as equipes costumavam ficar em diferentes edifícios, sem dispor de um meio fácil para se comunicar e nenhuma relação pessoal ou métrica de equipe que facilitasse a responsabilização e o entendimento. Desde então, os gerentes de contabilidade podiam encerrar a ligação de um cliente cujo pedido tivesse sido preenchido incorretamente e, depois, solicitar ao representante de vendas na mesa ao lado que explicasse o problema. E, quando o cliente ligava para resolver um problema técnico, o gerente de contabilidade conseguia que fosse prontamente solucionado pelo técnico do outro lado da mesa (e, de quebra, aprender um pouco mais sobre os problemas técnicos). As equipes matriciais apresentaram melhoria substancial no crescimento da carteira de clientes, bem como nos Net Promoter Scores. O interessante é que também o índice NPS dos empregados aumentou. Para estes, como para a maioria dos empregados, foi mais gratificante trabalhar num ambiente de equipe em que houvesse facilidade de comunicação, compartilhamento de responsabilidade e todos os recursos necessários para resolver o problema do cliente. Esse tipo de reestruturação jamais teria ocorrido se, originalmente, os executivos tivessem alocado a iniciativa NPS no setor de marketing ou no de serviço de contas.

Pioneiras do Net Promoter, como Rackspace, Virgin Media, Allianz e outras, descobriram que conciliar responsabilidade e autoridade tendo por eixo os clientes, com base no modo como eles interagem com a organização, proporciona um enorme impulso ao progresso do Net Promoter.

Contrate e demita as pessoas certas

Por mais importante que seja a reestruturação da linha de frente, para os diretores da Rackspace, outro fator é ainda mais significativo para o estabelecimento e a preservação da cultura do Suporte Fanático da empresa: contratar as pessoas certas. "De fato, tudo se resume aos valores essenciais (*core values*), e nós não ensinamos aos empregados esses valores", afirma o CEO Lanham Napier. "Os pais deles fizeram isso muito tempo atrás." E, se em muitas contratações a Rackspace está atrás de proficiência técnica, essa não é uma prioridade. Competência técnica pode ser ensinada; atitude não. Assim, os candidatos bem-sucedidos devem mostrar que, de fato, se importam em dar aos outros a importância devida. Como diz Napier: "Contratamos *geeks* que gostem de ser prestativos." A Rackspace atribui aos membros de equipe a responsabilidade pelo NPS dos clientes, de modo a assegurar que a métrica receba tanta atenção quanto os indicadores financeiros. Contudo, não é a gratificação relacionada ao NPS que faz os Rackers desejarem ser prestativos. Esse desejo tem de fazer parte de sua constituição básica.

Barbara Talbott, que, durante muito tempo, foi chefe de marketing (hoje aposentada) do grupo Four Seasons Hotels, compartilha o sentimento da Rackspace. Quando se trata de garantir aos clientes uma experiência de qualidade, ela está convicta de que o que mais importa é o caráter do pessoal da linha de frente:

> *Agradar aos convidados significa pôr em ação a gentileza e a inteligência. Não raro, é possível agradá-los com uma coisa pequena, que não custa quase nada – oferecer uma xícara de chá ao recém-chegado que esteja resfriado, por exemplo. Não se pode orientar ou incentivar o pessoal a fazê-lo. Pareceria mecânico e inautêntico. E não é necessário. Quando se conta com a adesão das pessoas certas, elas vão para o trabalho imbuídas desse tipo de motivação. Sentem orgulho e satisfação pessoal em cuidar para que os convidados sejam bem recebidos. Mas também é importante escolher e preparar as pessoas certas para ocupar as funções de liderança da linha de frente, de modo que possam criar um ambiente no qual as pessoas ofereçam o que têm de melhor.*

Noutras palavras, se contratar os empregados certos, você não precisará remunerá-los a mais para agradar o cliente; essa deveria ser a parte mais divertida e gratificante do trabalho deles. As pessoas certas o fazem sem nenhum estímulo especial; só o que é necessário é colocá-las em situações nas quais possam agradar os clientes de modo razoável, sob o aspecto econômico – e depois deixá-las por conta própria.

A rede hoteleira Four Seasons estabeleceu em todo o mundo uma cultura na qual a experiência do cliente é colocada no topo da agenda de todos os empregados. E essa cultura já começa com a contratação do pessoal certo. Todo candidato – dos copeiros aos empregados mais graduados – passa por quatro ou cinco entrevistas antes de ser contratado. A última é com o gerente geral do hotel. Uma vez que a cultura da Four Seasons se baseia no atendimento, os gestores buscam empregados que demonstrem a atitude correta no atendimento aos outros. Não procuram candidatos que possam treinar para fazer as pessoas se sentirem importantes; querem empregados que acreditem genuinamente que são importantes. A empresa parece ter obtido um sucesso incomum na realização da meta. Andrew Harper, pseudônimo do editor da *newsletter* de viagens *Andrew Harper's Hideaway Report*, comenta: "A Four Seasons parece dotada de melhor instinto para escolher os empregados certos... algo que eles são capazes de identificar... com base no entusiasmo ou na sinceridade."[1]

O mesmo ocorre com muitas empresas líderes em NPS. Na Zappos, diz o CEO Tony Hsieh, os candidatos aprovados numa exaustiva seleção são submetidos a quatro semanas de treinamento intensivo, de modo a compreenderem a cultura da empresa e o modo como o NPS ajuda os empregados a causar ótima impressão nos clientes. No fim desse período, Hsieh quer ter certeza de só haver contratado pessoas que sejam verdadeiras promotoras e que compreendam o quanto é especial a oportunidade de se juntar à equipe Zappos. Para isso, oferece-se para pagar US$2 mil a todos que queiram desistir nesse ponto – sem perguntas. E ele continua aumentando a oferta até que alguns a aceitem. Abrir as portas para essas pessoas, acredita, agrediria a cultura da empresa e resultaria na insatisfação de clientes e colegas, tudo isso a um custo que excederia em muito a quantia oferecida. Também no caso de outra empresa líder em NPS, a JetBlue, o foco consiste em atrair os candidatos que encarnem os valores essenciais de sua cultura orientada para o atendimento. A linha aérea desenvolveu um aplicativo on-line que a auxilia na identificação dos candidatos mais promissores sob esse aspecto. Ela também deposita enorme confiança nas referências dos empregados como fonte de novas contratações. De fato, em Utah, o quadro de pessoal do departamento de atendimento ao consumidor foi quase exclusivamente constituído a partir de postagens na Internet para agentes de atendimento em atividade, que repassaram as vagas aos amigos e parentes que eles julgassem que se encaixariam.

Cuidado ao vincular o NPS à compensação

Muitas empresas concluem pela necessidade de vincular o NPS ao programa de gratificações, se desejam que o programa seja levado a sério. Às vezes, a atitude pode ser eficaz, especialmente quando só atinge executivos do alto escalão, cujas gratificações, via de regra, são definidas por critérios que dão margem a críticas. Mas um vínculo prematuro entre o NPS e as gratificações da linha de frente é capaz de gerar vários problemas. Em primeiro lugar, faz a organização voltar a atenção para as notas como objetivo em si, em vez de uma ferramenta que assegure que o pessoal aprenda as lições certas e adote as atitudes certas para melhorar a experiência dos clientes. Em segundo lugar, exerce enorme pressão na equipe responsável por desenvolver o processo de mensuração, que tem de chegar a uma métrica exata; ninguém tolera erros que afetem seu contracheque. Mas desenvolver um processo confiável de mensuração do NPS está bem mais sujeito a reveses e reviravoltas do que é capaz de prever a maior parte dos executivos.

Por fim, é quase certo que o vínculo direto às gratificações servirá de incentivo às manobras e às manipulações. Há o risco de os empregados pedirem aos clientes que concedam notas maiores. Ou pior: pense na mensagem que será transmitida caso os encarregados da registradora risquem um círculo em volta da solicitação de pesquisa constante do recibo toda vez que o cliente parecer particularmente satisfeito – e jamais a mencionem aos insatisfeitos. Antes que você se dê conta, a experiência dos clientes será parecida com aquela característica das agências de automóveis, em que a pontuação é tudo e o *feedback* honesto para implementação de melhorias é irrelevante. A maioria das empresas que se vale das notas atribuídas de baixo para cima começa a passos lentos, divulgando a classificação das equipes e, por fim, usando-a para determinar a elegibilidade para prêmios, promoções e gratificações. Contudo, mesmo na Enterprise, que levou muitos anos para cumprir esse percurso, ainda não há uma fórmula pronta com a qual vincular as gratificações da linha de frente às notas do *feedback* dos clientes.

Vincular às gratificações dos executivos o Net Promoter de cima para baixo igualmente acarreta riscos. O CEO de uma empresa global do setor da indústria, por exemplo, comunicou que toda compensação dos gestores seria fixada ao NPS no primeiro ano da iniciativa. Poucos meses depois, os gestores começaram a ver que muitos negócios da empresa não dispunham de um meio confiável para gerar as listas de contato dos clientes. É verdade que, no setor financeiro, havia informações de contato precisas para o faturamento, mas raras vezes o responsável por pagar a fatura era a pessoa certa para fornecer *feedback*. Para isso, a empresa precisava dos nomes dos executivos seniores que tomavam as decisões de compra, ou daqueles com maior influência nessas decisões, ou dos empregados que usavam o equipamento. Mas a informação não se concentrava num único lugar – uma parte estava nos arquivos (ou na memória) dos vendedores; outra parte, nos arquivos dos representantes do atendimento; outra parte ainda, nos arquivos dos distribuidores. A criação da lista certa para cada negócio que a empresa mantinha em todo o mundo acabou se tornando um projeto de 18 meses e revelou algumas falhas no processo de gestão de contas da força de vendas.

Contudo, tendo se comprometido a vincular o NPS às gratificações, o CEO decidiu contratar um grupo de empresas de pesquisa de mercado, que então passou a bombardear de pesquisas as organizações de clientes. As notas resultantes se mostraram voláteis e falhas, uma vez que os índices de resposta eram baixos e não se podia saber quem preenchia as pesquisas. Uma análise subsequente demonstrou que poucos tomadores de decisão ou formadores de opinião seniores chegaram a responder. Contudo, o processo rendeu notas que foram usadas para determinar as compensações, o que levou as pessoas atingidas a fazer um alvoroço, reclamando que a coisa toda era injusta, falha e sujeita a manobras e manipulações. (Por exemplo, as listas de clientes fornecidas pela força de vendas para suprir as listas mais abrangentes das empresas de pesquisa de mercado apresentavam notável tendência a excluir os relatos de descontentamento.) Quando a coisa toda veio a público, o NPS sofreu um duro golpe. Desde então, a empresa tirou o NPS do cálculo das gratificações e, até hoje, insiste em que aceitem a implementação do sistema de forma mais abrangente.

A experiência da Philips Healthcare também rende um conto com lição de moral, mas com final feliz. A Philips estava empenhada em se tornar mais centrada nos clientes, e a expectativa do pessoal era que metas importantes seriam incluídas no plano de gratificações. Mas poucos entenderam a dificuldade imposta pela geração de notas NPS confiáveis, de cima para baixo, num complexo ambiente interempresarial, com múltiplos investidores, como as redes médicas. A Philips vende equipamentos e serviços para hospitais e clínicas. Entre os contatos relevantes com os clientes estão os CEOs e CFOs de hospitais, chefes de radiologia, médicos respeitados, enfermeiras e técnicos que operam os equipamentos. Além disso, a empresa concorre em diversas linhas ou modalidades diferentes de negócios, que fazem uso de diferentes partes do espectro de onda. Todo equipamento e suprimento para manutenção de ultrassonografias, raios X, tomografias computadorizadas e imagens por ressonância magnética (MRI) é vendido a um mesmo grupo de hospitais e clínicas. Mas a compra, o uso e a manutenção dessas diferentes soluções tecnológicas são todos bem distintos, bem como as posições da Philips frente à concorrência em cada segmento. Na primeira vez que a organização conduziu a pesquisa, esses grupos não estavam segmentados o suficiente.

Também havia outros problemas. A Philips não se preparara o suficiente para identificar os tomadores de decisão, formadores de opinião e usuários apropriados, de forma a encaminhar as pesquisas às pessoas certas. Como queriam um fluxo contínuo de pontuações, os executivos decidiram enviar uma torrente de pesquisas e compilar os resultados mês a mês. Em razão disso, os números informados mensalmente à empresa tinham por base pequenas amostras variadas de clientes dos vários segmentos de atividades, o que gerava notas extremamente voláteis. E essa volatilidade inexplicável e que nada tinha a ver com as iniciativas adotadas para melhorar o NPS causou prejuízo à credibilidade de todo o processo.

Quando a Philips cortou as gratificações naquele primeiro ano, por não ter atingido as metas NPS, o pessoal de toda a organização submeteu o sistema a um exame minucioso. Como descobriram os empregados da Philips, as pessoas que respondiam às pesquisas não refletiam um quadro completo do universo de investidores, mas só uma parte dele. E o mais importante: o papel dos tomadores de decisão e formadores de opinião era subestimado. O tamanho das amostras era inadequado para se chegar a conclusões mais sérias. E, como era de se esperar, tendo em vista a imprecisão dos dados, as notas não correspondiam ao comportamento dos clientes, nem ao de suas compras. A vinculação aos resultados financeiros era um dos supostos benefícios do NPS – e ela estava fracassando naquele teste vital.

Em vez de abdicar do NPS, no entanto, a equipe de liderança aumentou o empenho em conceber um sistema de mensuração confiável. No segundo ano, a Philips Healthcare havia gerado listas de clientes detalhadas, divididas por atividades e mercados geográficos. Ela também aumentou o tamanho das amostras para cada um dos principais concorrentes. Os gestores concordaram com a necessidade de que fossem preenchidas 40 mil pesquisas no mundo todo para se gerarem notas em que uma diferença de cinco pontos entre os concorrentes seria estatisticamente significativa. Para se obter esse tipo de dado, é necessário um investimento de mais de US$2 milhões – um custo substancial, embora modesto, em comparação tanto com o orçamento das pesquisas de mercado do setor, de US$10 milhões, quanto com o custo de se gerarem relatórios financeiros confiáveis. Como ocorre com as informações financeiras, os dados NPS da Philips são hoje auditados pela KPMG, que examina detalhadamente a pré-pesquisa, a pesquisa, a análise e os processos de cálculo da nota, bem como os números efetivos. Os auditores escutam amostras de ligações telefônicas, tabulam os comentários qualitativos e verificam as listas de contatos dos clientes. Ao testarem o vínculo entre os dados do Net Promoter Score e as mudanças nas fatias de mercado relacionadas aos principais concorrentes, constataram um R^2 de quase 90% – uma correlação bastante alta.

Vincular as compensações a um sistema de mensuração amadurecido, que reflete fielmente a realidade, pode trazer benefícios, como mostra a experiência da Philips. O CFO Pierre-Jean Sivignon afirma que tornar o NPS um dos seis elementos do *scorecard* relativo ao bônus "aumenta exposição, não só entre os empregados, como também entre investidores e analistas de mercado". Mas não se esqueça de que ele se refere a notas auditadas, atribuídas a relacionamentos de cima para baixo com base em pesquisas anônimas. O histórico das empresas que obtiveram êxito em vincular às compensações dos supervisores as notas atribuídas a transações de baixo para cima soma poucas histórias de sucesso e uma profusão de métricas desacreditadas, prejudicadas por manobras e manipulações. E muitos profissionais de destaque se mantêm cautelosos. A Apple não divulga números nem segue uma fórmula pronta ao vincular as notas às compensações, receosa de que, se o fizesse, os empregados das lojas acabariam pedindo aos clientes que lhes atribuíssem notas mais altas. Contudo, os gerentes de loja usam as notas para promover *coaching*, e elas são utilizadas para determinar as avaliações de desempenho dos empregados e sua aptidão para as promoções. A Rackspace vinculou as gratificações da linha de frente ao Net Promoter Score, mas passou a conceder incentivos aos empregados somente com base nos índices de respostas dos clientes. Mas mesmo isso pode resultar em desafios, caso estimule os representantes a direcionar as pesquisas para os empregados mais simpáticos do cliente e mais inclinados a responder positivamente e não aos verdadeiros tomadores de decisão.

Portanto, ainda há muito a aprender sobre a vinculação do NPS às gratificações. As melhores práticas evoluirão com o tempo. Enquanto isso, está claro que não se deve apressar o processo. Sua empresa precisará de tempo para aprender a interpretar as notas e identificar os padrões cíclicos. Precisará acostumar-se com o grau de variação aleatória na coleta de dados, com seu desempenho em comparação com os concorrentes, com a variação de desempenho entre suas próprias equipes e com a quantidade de melhorias que consegue implementar, bem como com a respectiva velocidade. Nossa recomendação é que apure as notas atribuídas a você e a seus principais concorrentes, estabeleça ciclos fechados para os setores fundamentais da empresa e recorra aos *insights* a respeito da raiz dos problemas para orientar o *coaching* e aperfeiçoar as políticas e os processos. Divulgar junto às equipes a classificação dos resultados atrairá bastante atenção e pressão para as medidas NPS, e essa pressão melhorará o processo. A maioria do pessoal de sua organização já estará suficientemente estimulada a melhorar o NPS – por orgulho, de uma parte, mas também porque as gratificações já estarão vinculadas ao crescimento rentável, impulsionado pelo NPS. É possível que, a certa altura, você decida fazer do NPS parte oficial do *scorecard* e vinculá-lo às compensações. Só o faça com cautela.[2]

Não economize no suporte fornecido ao departamento de TI

Uma das grandes vantagens do sistema Net Promoter é o fato de os pequenos empreendimentos verem nele tanta utilidade quanto as grandes empresas globais. E as empresas pequenas podem começar a fazer progressos de imediato, incluindo nos produtos cartões com perguntas ou usando softwares de pesquisa gratuitos. Quando a *Fortune Small Business* entrevistou os líderes de 20 pequenas empresas que haviam adotado o NPS, não houve um único entrevistado que não aludisse à praticidade e à utilidade do sistema, que dispensa os grandes investimentos em sistemas e tecnologia.

Mas essa facilidade de implementação em pequena escala não significa muito para o pessoal das grandes empresas. Organizações grandes e complexas, nas quais rodam softwares empresariais, precisam de pesados investimentos em TI para integrar o NPS a seus sistemas operacionais mais amplos. Esse nível de suporte é essencial mesmo quando a empresa decide fazer uso de um dos provedores de software especializados, como o Satmetrix. Quando pedimos aos membros do NPS Loyalty Forum que listassem os equívocos que porventura houvessem cometido no lançamento da iniciativa NPS, uma resposta recorrente foi: "Quiséramos nós saber de antemão orçar um suporte maior da parte do departamento de TI!"

Veja o desafio enfrentado por uma empresa global como a Allianz, na criação de um processo para atender uma única categoria de pesquisa transacional de baixo para cima. Primeiro, a empresa precisa determinar o período de tempo razoável que cada representante do atendimento poderá dedicar semanalmente às ligações para os clientes. Isso ajudará a definir o número de clientes a ser pesquisado. Depois, o sistema deve buscar na base de dados transacionais uma amostra apropriada das solicitações de pesquisa feitas a clientes que se relacionaram com um representante em particular. É possível que o algoritmo da amostra tenha de levar em conta certas regras quanto ao número de vezes que um cliente pode ser pesquisado em determinado período. É possível que também precise excluir os clientes que tenham respondido a alguma pesquisa sobre níveis de relacionamento há pouco tempo.

Uma vez tendo enviado pesquisas para o grupo certo de clientes, o sistema deve encaminhar as respostas para a mesa do representante apropriado, juntamente com os detalhes da transação, a pesquisa NPS em si (notas e comentários) e as informações básicas a respeito do cliente. Depois de completar a ligação, proceder a uma análise para identificar a raiz dos problemas e adotar as medidas de recuperação apropriadas, o representante deverá inserir todas as informações no sistema, para que, posteriormente, sejam analisadas. Por exemplo, se o departamento de sinistros quiser determinar o efeito exercido sobre o NPS pelo tempo que se leva para atender a uma reclamação, deverá ser capaz de selecionar as respostas dos clientes relevantes. Se os gerentes de marca quiserem compreender quais linhas de produto têm aumentado – ou prejudicado – a lealdade do cliente, precisarão procurar as respostas pela linha do produto. O mesmo vale para os demais critérios: geografia, tempo de permanência do cliente, *share of wallet* e assim por diante. Para fazer o sistema funcionar, será necessário a dedicação da equipe de TI.

Na Progressive, o líder do NPS foi Richard Watts, à época responsável por todos os atendentes telefônicos da empresa, bem como pelo pessoal do atendimento ao cliente. Felizmente, Watts já dispunha de uma equipe de TI para ajudá-lo a atualizar o *scorecard* operacional, de modo a fazer do desenvolvimento e da integração das ferramentas NPS sua principal prioridade. Ainda no primeiro ano, ele criou um sistema apelidado Alchemy, com o qual a Progressive conseguia pesquisar qualquer variável inclusa na base de dados do cliente e, depois, testar os vínculos com os resultados do Net Promoter. Hoje, gerentes de produto de todos os Estados Unidos podem consultar o NPS por linha de produto, código postal, tempo de permanência do cliente, e assim por diante. Os membros da equipe também podem identificar os pontos críticos que pareçam criar anomalias NPS. Por exemplo, a Progressive descobriu que, ao aumentar os preços acima de certo limite no primeiro aniversário do cliente, este se mostrava bastante propenso a se tornar um detrator. Assim, mesmo os custos justificando plenamente o aumento abrupto dos valores, em vez de aplicá-lo, a empresa o atenuou, distribuindo-o ao longo de vários períodos de renovação da apólice.

Por trás do baixo Net Promoter Score, a Alchemy identificou outro culpado, que veio a se revelar um dos principais fatores na criação de detratores. Os clientes analisados haviam sofrido um acidente de carro no qual o veículo acabou não tendo mais conserto – perda total. Como o acidente resultara em perda total, precisavam de um novo carro sem demora. Ao analisar o processo de perda total buscando meios de melhorar o NPS, a Progressive descobriu que o prazo de conclusão era um fator essencial. A equipe se dedicou a refinar o processo e fazer com que os pagamentos chegassem mais rápido aos clientes, sem prejuízo da integridade de suas investigações, inclusive de fraudes. Quando a Progressive implementou essas melhorias no processo, tanto o NPS quanto o tempo de ciclo para esse segmento de clientes melhoraram significativamente.

A Apple Retail também descobriu o quanto é eficaz investir de modo inteligente no setor de TI. A empresa poderia ter adotado o recurso do recibo de registradora, tão frequente no varejo, no qual uma solicitação de pesquisa é impressa na margem inferior do documento. Mas relutava em aceitar as concessões que a maior parte dos varejistas tolera nesse sistema, inclusive os baixos índices de resposta, as manobras e a impossibilidade de se fechar o ciclo com o cliente. A empresa tinha intenção de revolucionar o modo como se estabeleciam relações no varejo. Para isso, era preciso criar uma base de dados de contatos dos clientes que facilitasse a comunicação e o *feedback* em tempo real. A Apple também pretendia revolucionar a experiência do varejo, permitindo aos empregados que atendiam os clientes completar o ciclo, de modo a eliminar o processo padronizado de verificação e seu potencial para a demora nas respostas.

A Apple cumpriu as duas metas investindo na mais avançada base de dados de relacionamento com o cliente, integrada a um revolucionário dispositivo manual de verificação. A empresa enviou aos empregados um "disco *sled*" personalizado – um leitor de cartão de crédito pequeno e fino, que convertia um iPod Touch num dispositivo de processamento de pagamento. Desse modo, o aparelho vinculava cada transação a um empregado individual e, ao mesmo tempo, era vitrine do uso que a Apple fazia da própria tecnologia móvel. Para aproveitar todo seu potencial, a empresa precisava incorporar ao sistema o endereço de e-mail do cliente. Foi com essa finalidade que ela ofereceu uma vantagem que agradaria a muitos clientes: para quem fornecesse um endereço de e-mail, a loja enviaria recibos digitais, para evitar a sobrecarga de papel. É claro que muitos varejistas já solicitam endereços de e-mail, mas não raro os clientes resistem em fornecer a informação, com receio de ver suas caixas inundadas de spams comerciais. O alvo da Apple não era o trabalho das vendas externas, mas, sim, proporcionar aos clientes uma experiência melhor e criar um processo de *feedback* confiável, com o qual estabelecer relacionamentos melhores por meio do Net Promoter System. Em razão da criação desse sistema, os gerentes de loja hoje podem usar o *feedback* do Net Promoter diariamente para aperfeiçoar o *coaching* dos empregados, atualizar as operações, reforçar os valores culturais da empresa, definir prioridades e práticas, bem como acompanhar seu progresso visando o cumprimento da missão de melhorar vidas, tudo em tempo real.

Eis, portanto, como o sistema funciona de fato. Todo dia, a Apple envia por e-mail pequenas pesquisas, destinadas a uma seleta amostra de clientes de cada loja. Os gerentes recebem nos iPhones as respostas à pesquisa, na forma de um gráfico de fácil leitura, poucos minutos depois de os clientes apertarem o botão de envio de mensagem. O pessoal da matriz pode acessar os dados e associá-los a um valioso sistema de gestão de relacionamento com o cliente (CRM), a fim de obter uma análise detalhada das lojas, produtos, equipes, e assim por diante. Mas a informação é mais útil para a loja. Os gerentes dão uma passada de olhos nas respostas ao chegarem para se preparar para as reuniões de início do turno ou sessões de *coaching*. Cada resposta que aparece na tela do iPhone é identificada por um *emoticon* Net Promoter (carinhas sorridentes, neutras ou contrariadas), ao lado dos comentários textuais. Para obter mais informações sobre o cliente ou o empregado envolvidos na transação, os gerentes clicam na tela e o aplicativo exibe o histórico completo. Para contatar o cliente, e dar seguimento para fechamento de ciclo, voltam a clicar na tela e o celular liga automaticamente. Quando recebem uma ligação de seguimento poucas horas depois de fornecer *feedback* – ligação do gerente que leu seu *feedback* e se inteirou de todas as informações relevantes –, é de praxe os clientes ficarem perplexos.

A Apple se vale da informação para classificar semanalmente as lojas com base no NPS. Ela está sempre testando novas estratégias para agradar os clientes. Faz experiências em cada uma das lojas, de modo que as melhores práticas possam ser transformadas em práticas regulares de todo o sistema. Sua vantagem na área de TI tem contribuído para ela alcançar seu objetivo: formar um exército de promotores.

As empresas que se tornaram mais sofisticadas na aplicação do NPS acreditam que têm de atualizar continuamente suas competências na área de TI. Na Rackspace, por exemplo, os gestores concluíram que o sistema de alerta deveria identificar não apenas os pesquisados que mudavam de categoria – digamos, de neutro para promotor –, o que poderia representar uma melhoria de não mais do que um ponto. Ele também deveria assinalar aqueles que tivessem *mudado* a nota em dois ou mais pontos, fosse para mais ou para menos. Os novos alertas permitiram às equipes identificar rapidamente os sinais emitidos pelos clientes, seja apontando para a melhoria ou para o declínio na condição do relacionamento; investigar a raiz dos problemas; e adotar as medidas apropriadas. Os dados da nota aparecem nas telas dos representantes de conta sempre que acessam a conta de um cliente, de forma a poderem usar o *feedback* para impactar na relação com o cliente. Quando os clientes percebem que os representantes prestam atenção a seu *feedback*, mostram-se mais propensos a reservar um tempo para responder de modo refletido outras pesquisas que lhes sejam submetidas. Os investimentos em TI da Rackspace para suporte do NPS e em sua integração aos processos diários são uma das razões pelas quais ela obteve índices de resposta superiores a 60%.

Com a empresa 1-800-Got-Junk, de remoção de lixo, temos outro exemplo de como suporte apropriado de TI ao NPS pode render um retorno considerável. No decorrer da recessão de 2008–2009, enquanto os concorrentes enfrentavam dificuldades, a 1-800-Got-Junk conseguiu crescer, principalmente porque o índice de recomendações mais do que dobrou. Quando indagaram como havia conseguido, o CEO Brian Scudamore explicou que a empresa automatizara o *feedback* NPS dos clientes, de modo que todo motorista que fazia uma nova visita a um cliente via no dispositivo manual que se tratava de um retorno. O sistema exibia as notas atribuídas à visita anterior, junto com a declaração explicativa. De posse dessa informação, os motoristas podiam demonstrar sua atenção e preocupação. Por exemplo, um motorista percebeu que um cliente havia atribuído à empresa uma nota 9, acrescentando que gostara de fato da equipe, mas queria que ela tivesse feito uma limpeza mais completa no local. Quando cumprimentou o cliente, o motorista assegurou que fariam uma faxina completa em tudo, antes de irem embora. Quando o cliente recebeu a pesquisa NPS, deu à empresa uma nota 10 – e o departamento de TI da 1-800-Got-Junk havia programado o software de e-mail para fornecer ao cliente um formulário no qual poderia listar vizinhos e amigos que pudessem interessar-se pelos serviços da empresa. Ao fazer os clientes felizes e simplificar a troca de contatos por e-mail, a empresa dobrou suas recomendações – e continuou a crescer durante a recessão.

Mudando a cultura

Tornar-se verdadeiramente centrado no cliente e em transformar os clientes em promotores é uma jornada muito longa. "É coisa que envolve tanto uma mudança cultural quanto um design e uma métrica organizacionais", diz Guerrino De Luca, presidente da Logitech.

> *Assegurar que todos os empregados façam do cliente o eixo de nossa atividade é uma tarefa e tanto. Aqui, na Logitech, o foco no cliente está em nosso DNA; talvez, contudo, ele tenha ficado meio esquecido, e tivemos de nos esforçar para trazê-lo de volta. A recessão também deu o ar de sua graça no início de nossa jornada, o que impôs a necessidade de nos mantermos firmes. E mais importante ainda foi manter a lealdade dos clientes num período de dificuldade econômica. Certifique-se de que a cultura do foco no usuário seja inerente à organização; certifique-se de que o esforço se estenda aos mais altos escalões da empresa; integre o NPS aos principais processos; elabore relatórios frequentemente e procure antecipar as vitórias.*

De Luca acrescenta um conselho: "Jamais desista."

Ninguém está nessa jornada há mais tempo que Andy Taylor, da Enterprise Rent-A-Car, e não há dúvida de que ele não tem a menor intenção de desistir. Em 1994, ele apresentou à sua empresa o ESQi, um antepassado do NPS. Hoje, passados mais de 16 anos, ele continua sendo uma de suas maiores prioridades pessoais. Naquela época, 66% dos clientes da Enterprise eram promotores. Em 2010, o número se manteve em 80%. Quando a Enterprise adquiriu a National e a Alamo, em 2007, essas marcas estavam na terceira e na sexta posição no ranking de satisfação do cliente do setor. A primeira coisa que a Enterprise fez quando os negócios foram fechados foi introduzir o NSQi e o ASQi com o mesmo processo rigoroso nela desenvolvido. Dois anos depois, as marcas melhoraram tanto que a Enterprise, a National e a Alamo conquistaram três dos quatro primeiros lugares do ranking. Eis uma carta que Taylor enviou aos colegas em 2010:

Para: Enterprise Holdings
De: Andy Taylor
Assunto: Marcas de locadoras tiram as melhores notas de todos os tempos em serviço de atendimento

Não é segredo algum que a força de nossas marcas reside em focarmos no fornecimento de um serviço de excelência a todo cliente, em toda oportunidade, o tempo todo. Tenho a satisfação de anunciar que, ao longo do ano passado, nossas três marcas de locadoras tiraram as melhores notas de todos os tempos em serviço de atendimento.

- A *Enterprise*, pela primeira vez na história, tirou 80 no ESQi, numa média móvel de 12 meses. Manter esse altíssimo nível de desempenho um ano inteiro é um crédito à solidez da experiência que vocês proporcionaram aos clientes em suas filiais.
- A *National* também obteve uma nota 80 no NSQi numa média seis meses.
- A *Alamo* registrou, no mês de outubro, uma nota 78 no ASQi, um novo recorde para a marca.

A ideia de deixar o cliente completamente satisfeito tem sido nosso norte desde os primórdios da empresa e continuará sendo parte de nossa essência. Parabéns por esse marco mais recente. E obrigado por todo trabalho a que vocês se dedicam para proporcionar a nossos clientes o atendimento excepcional que eles chegam a antecipar, toda vez que visitam uma de nossas unidades.

Andy

Taylor se refere ao recente sucesso como "este último marco". É óbvio que ele espera que existam muitos mais. É, a jornada é longa – e é provável que nem tenha fim. Como forma de garantir que sua organização obtenha os melhores resultados possíveis com o NPS, não se esqueça de planejá-lo com isso em mente.

10
A estrada à frente

Decidimos escrever esta versão revisada e atualizada de *A pergunta definitiva* apenas cinco anos após a primeira edição do livro. É pouco tempo, no mundo editorial, mas tivemos um bom motivo para fazê-lo cedo, e não mais tarde. O motivo, é claro, é a constatação de um vasto aprendizado e progresso, na medida em que um número cada vez maior de empresas coloca em prática o Net Promoter. Nos capítulos anteriores, tentamos retratar um pouco dessas lições e um pouco desse entusiasmo.

À medida que as pessoas continuarem a entrar em contato com os resultados impressionantes dos adeptos do NPS, é provável que o entusiasmo também perdure. O número de membros dispostos a aderir ao NPS Loyalty Forum vem aumentando significativamente, a ponto de haver o risco de ser necessário subdividi-lo em seções específicas, segundo a localização geográfica e a atividade. No mundo todo, têm surgido vários grupos regionais para compartilhar as melhores práticas – e, como mencionaremos daqui a pouco, tivemos a oportunidade de orientar uma seção dedicada ao desenvolvimento de um Net Promoter para os empregados. No futuro, contamos em juntar grupos de usuários para tratar de assistência médica, educação, arte e pequenas e médias empresas. Quando descobrem do que realmente se trata o Net Promoter, as pessoas parecem querer experimentá-lo. Esse apelo fez com que o sistema fosse adotado por vinícolas da Califórnia, consultórios de optometria, lavanderias, redes de fisioterapia, escritórios de contabilidade, e também por centrais elétricas, como a Alcoa, e pela Cummins Inc., grande fabricante de motores. Com as ferramentas de mídia social, a revolução Net Promoter tem sido ainda mais divulgada, e mais rapidamente, para novos setores e novas localizações geográficas. O sistema NPS encaixa-se tão perfeitamente na visão de mundo das mídias sociais que algumas empresas líderes, como Facebook e Zynga, já o adotaram internamente para melhor conduzir os próprios negócios.

Contudo, apesar de todo esse progresso, é importante lembrar que o paradigma Net Promoter representa uma ciência muito nova. Novas aplicações e *insights* logo emergirão quando um número cada vez maior de organizações adaptar seus princípios de modo a customizá-los de acordo com as próprias circunstâncias.

A experiência acumulada aumentará rapidamente. Comparado à contabilidade de gestão, que vem se desenvolvendo ao longo de vários séculos, ou mesmo à gestão de qualidade (inclusive o Lean e o Seis Sigma), que há décadas está em voga, o Net Promoter ainda está nas etapas iniciais. Ao longo dos próximos 10 ou 20 anos, todos aprenderemos muito mais do que o que talvez saibamos hoje, parte estendendo-se por dimensões difíceis de se prever.

Mas é possível ter uma boa ideia de onde ocorrerão algumas dessas mudanças – e onde deverão ocorrer, caso os adeptos continuem a se tornar mais focados em seus clientes e mais voltados para sua missão. Neste capítulo, examinaremos a lista de desafios, para que seja possível antecipar melhor as oportunidades e dificuldades a serem enfrentadas na estrada à frente.

O NPS dos empregados

É provável que o desenvolvimento mais estimulante na comunidade Net Promoter seja o Net Promoter para os empregados, que chamamos eNPS. Há muitos anos as empresas já sabem que não conseguirão conquistar a lealdade dos clientes sem primeiro cultivar o envolvimento entusiasmado e a lealdade dos empregados, em especial daqueles da linha de frente. No entanto, como observamos no Capítulo 7, poucas conseguiram implementar processos eficazes de estímulo ao envolvimento dos empregados. Atribuíram a responsabilidade por medir e gerir esse envolvimento ao corpo de assistentes da matriz, e não àqueles da linha de frente. E os assistentes contaram com a pesquisa anual com os empregados, constituída de várias questões. Focaram no modo como suas notas somam pontos tomando como referência indicadores exclusivos, sugeridos pelo fornecedor da pesquisa, e não estabelecendo comparação com os concorrentes e seus próprios dados históricos. Se isso lhe parecer assustadoramente semelhante com o antigo e conhecido caminho seguido pelas empresas em busca da satisfação do cliente, é porque você captou a ideia.

Os líderes NPS nessas empresas têm se mostrado cada vez mais insatisfeitos com a estratégia por diversas razões. Em primeiro lugar, as pesquisas eram muito longas e muito infrequentes para desencadear mudanças. Elas tomavam como base um índice complexo, de difícil verificação, concebido para atender a levantamentos estatísticos, não a ações práticas. Em segundo lugar, os dados da pesquisa continuavam presos aos departamentos de RH. Ninguém chegou a desenvolvê-los numa ferramenta capaz de conduzir os processos diários da linha de frente. Em terceiro lugar, o esquema e a linguagem das pesquisas não são prontamente associados à meta mais fundamental, de gerar mais clientes promotores e menos detratores. As pesquisas podiam produzir centenas de diagramas de barras e correlações; mas eram incapazes de produzir uma simples e oportuna classificação do sucesso, do fracasso e do desastre. Em quarto lugar, em razão dessa falta de integração, as empresas não dispunham de meios para criar vínculos econômicos e perceber o quanto o envolvimento dos empregados de fato valia a pena. Assim, sempre que as finanças apertavam, o envolvimento ficava em segundo plano com relação a outras prioridades.

A Apple Retail, a JetBlue, a Bain, a Rackspace e muitas outras empresas admitiram que precisavam, na frente de batalha para envolvimento dos empregados, do mesmo tipo de revolução que haviam buscado promover com relação à lealdade do cliente. E não queriam uma revolução distinta, mas igual; queriam que fosse inteiramente coordenada e integrada com a iniciativa Net Promoter para clientes. Eis por que, para apurar o *feedback* dos empregados, as empresas desenvolveram um processo que usa uma linguagem e um esquema coerentes. Numa escala de 0 a 10, perguntaram aos empregados qual a probabilidade de recomendarem a empresa (ou a loja) como um lugar para se trabalhar. Fizeram o seguimento da pergunta com a solicitação de praxe: quais as principais razões para suas notas? Também perguntavam aos empregados qual a probabilidade de recomendarem os produtos ou serviços da empresa a um amigo.

Constatou-se que ainda há muito espaço para melhorias. A Forrester Research pesquisou mais de 5,5 mil trabalhadores americanos e europeus do setor de informação e concluiu que o Net Promoter Score relativo à recomendação dos produtos ou serviços da empresa eram inferiores a 23%. Quase 50% dos empregados eram detratores. É o tipo de constatação que vai além de um mero susto, num mundo de empregados blogueiros e mídias sociais.

Há uma grande dose de interesse e atividade nessa área – grande o bastante, na verdade, para que acrescentássemos um dia inteiramente dedicado ao eNPS à agenda do recente NPS Loyalty Forum. Tanto aqueles regularmente em posição de liderança em NPS de clientes quanto seus companheiros do RH compareceram às sessões. No encerramento do dia, o grupo pediu que continuássemos a promover reuniões periódicas para a discussão do assunto. Tamanho entusiasmo não deveria nos causar surpresa. Joe DiGiovanni, gerente da loja Apple da Boylston Street, em Boston, diz que o processo Net Promoter for People, da empresa, é "a mais eficaz ferramenta de que disponho para melhorar os resultados da loja no que diz respeito ao NPS dos clientes". Conhecida empresa de consultoria, treinamento e gestão do tempo sediada em Salt Lake City, a FranklinCovey foi uma das primeiras a adotar internamente tanto o NPS quanto o eNPS; a empresa também formalizou uma prática para ajudar os clientes a aplicar essas ferramentas. Num trabalho inicialmente focado em varejistas com múltiplas unidades e empresas de hotelaria, a FranklinCovey descobriu que a classificação eNPS de cada uma das lojas pode variar de –40%, no caso da pior unidade da rede, até 100%, no caso daquelas com melhor desempenho. Esse esquema tem ajudado as redes a reconhecer as enormes oportunidades de aprendizado e aperfeiçoamento. Com o tempo, acreditamos que cada vez mais empresas venham a reconhecer a necessidade de adotar uma estratégia para melhorar a lealdade do empregado – uma estratégia que se encaixe como uma luva em sua iniciativa de NPS para clientes.

Resistências externas e internas

À medida que mais empresas adotarem o eNPS, é de se esperar a reação dos fornecedores de pesquisas sobre os empregados que atualmente prestam serviço aos departamentos de RH corporativos. O mesmo aconteceu quando as empresas passaram a adotar o NPS de clientes. À época de sua publicação original, este livro suscitou inúmeras críticas dos tradicionalistas, adeptos das pesquisas de satisfação do cliente, e de seus escudeiros acadêmicos (os chamados *Net Promoaners*). Muitos publicaram informes técnicos e artigos em periódicos com o objetivo de provar que o Net Promoter era um equívoco. Reclamaram de sua falta de sofisticação estatística. Afirmaram não ver conexão alguma entre os Net Promoter Scores e a lealdade, o crescimento ou os lucros. Houve quem criticasse o sistema em blogs, escrevesse resenhas sarcásticas sobre o livro e inundasse de críticas o verbete correspondente na Wikipédia. Alertaram os executivos de que adotar o NPS representaria a ruína dos resultados comerciais. Um executivo sênior que implementou o NPS recebeu uma enxurrada de e-mails, protestando que o plano de monitoramento do NPS era simplista – "baseado numa pesquisa falha, flagrantemente ilógica, estatisticamente inválida, irresponsável e fundamentalmente imperfeita". O departamento de pesquisas de uma grande seguradora europeia incumbiu professores universitários de escrever um documento argumentando que o uso de uma escala de 0 a 10, na Europa, era uma tolice, e que qualquer coisa que se baseasse nessa estratégia seria um desastre. Uma vez que os fornecedores de pesquisas de satisfação e as organizações de pesquisa têm muito a perder, espera-se que se empenhem desesperadamente em desacreditar uma métrica "de código aberto" que possa ser usada sem sua assistência.

Portanto, é de se esperar que venham mais críticas. Mas nem todas virão de fora. Embora a adoção do NPS com vistas a tornar a empresa mais centrada no cliente e erradicar os lucros ruins pareça ser própria de uma ideia universalmente interessante, não é. Um exército de adversários fará oposição a um sistema de responsabilização que de fato funcione. Numa grande empresa, é provável que o principal desafio interno venha do próprio departamento de pesquisas de mercado. Como ocorre com os fornecedores de pesquisas, os pesquisadores de mercado têm um interesse pessoal na manutenção do *status quo*. Como o *feedback* dos clientes sempre foi sua área de expertise e a base de sua força organizacional, é provável que encarem o NPS como uma ameaça. O conceito de que a lealdade do cliente pode ser resumida à resposta de uma única pergunta não lhes parecerá interessante, e menos ainda transferir a coleta e a análise do *feedback* dos clientes para os gerentes de linha. Contudo, à medida que se familiarizam com o NPS, muitos pesquisadores têm achado que ele lhes confere poder para transmitir o valor de seus *insights* e imprimir mudanças de modo mais efetivo. Hoje em dia, os pesquisadores de mercado de empresas líderes em NPS estão entre seus mais inabaláveis proponentes.

Mas não é só o pessoal da pesquisa de mercado que se arrisca a levantar objeções, logo de início. Muitos gerentes aprenderam as regras do jogo no atual sistema. Sabem como se aproveitar dos clientes para extrair sua gratificação. Sabem que os empregados "deles" estão inteiramente mobilizados, e não querem nenhuma evidência em contrário. Qualquer gerente, representante de vendas ou equipe de atendimento que apareça em último lugar numa classificação baseada no NPS estará inclinado a se rebelar contra a ideia ou a credibilidade da medida. É possível que mesmo os gerentes que figurem bem na classificação do NPS se sintam inseguros quanto à própria condição e à confiabilidade do processo. São preocupações compreensíveis, mas que podem ser resolvidas unicamente através da continuação no emprego da medida do NPS, fazendo a informação passar por uma série de ciclos, antes de vinculá-lo aos pagamentos e às promoções. A maior parte dos entrevistados bem-intencionados deveria pelo menos estar disposta a testar o processo, para ver se ele contribui com a obtenção de melhores resultados.

O verdadeiro risco

Podemos pensar que os críticos são os melhores aliados, uma vez que ajudam a identificar as falhas legítimas que você pode sanar. Por ironia, apesar de todas as reclamações, os críticos do NPS não conseguiram cumprir com esse dever. O risco mais grave que enfrentam aqueles que se identificam como adeptos do NPS – um risco inteiramente negligenciado pelos críticos mais francos – é adotar suas ideias de modo superficial e ineficaz. Como parece intuitivo e imediato, é fácil supor que se está "praticando" o NPS quando, de fato, a organização demonstra compreensão apenas superficial do conceito, e sua implementação não leva em conta a maior parte das lições.

Dick Boyce, sócio do grupo de aquisições TPG Capital e chefe do grupo operacional, explica a ideia:

Acho que o NPS está em posição bastante semelhante à do Lean Seis Sigma alguns anos atrás. Íamos às empresas de nossa carteira quando víamos ótimas oportunidades de agregar valor com o Lean Seis Sigma, e era de praxe dizerem: "Ah, sabemos disso tudo – já estamos praticando." Mas não estavam. Nós os ajudávamos a atingir uma compreensão mais profunda do programa, ajudávamos a praticá-lo direito, e isso acabava gerando melhorias acentuadas tanto na qualidade quanto no fluxo de caixa. Estamos vendo o mesmo acontecer com o NPS. As equipes executivas acham que o entendem e acreditam que já o estão usando – mas aí, quando oferecemos uma expertise mais profunda e ajudamos a aplicá-lo direito, de fato, vê-se que há um valor imenso para ser concretizado.

Vimos algo semelhante ocorrer no NPS Loyalty Forum. Não é incomum os novos membros irem às primeiras reuniões convictos de já estarem de posse de um conhecimento razoável do sistema Net Promoter; e vão embora atônitos com tantas sutilezas e dimensões que jamais lhes haviam sequer ocorrido.

Para as empresas que acreditam que já estão praticando o NPS, formulamos algumas perguntas básicas que nos permitem investigar em profundidade sua compreensão da iniciativa e concluir se sua condução foi longe o bastante para produzir benefícios efetivos. Eis algumas amostras:

- Qual a porcentagem de clientes que recebem uma pesquisa NPS pelo menos uma vez ao ano e quantos respondem? Por qual porcentagem de suas receitas eles respondem?
- Qual a porcentagem de detratores com os quais vocês entram em contato, para proceder a um seguimento em ciclo fechado, num prazo de 48 horas – e quantos ficaram satisfeitos com as medidas resultantes que foram adotadas?
- Quantos de seus empregados conhecem o atual NPS de sua unidade, seu real objetivo e as mudanças mais importantes que devem ser feitas para alcançar essa meta?
- Qual a diferença, em valor de permanência do cliente, entre promotor e detrator, no segmento de consumo que a empresa tem em vista?
- Quais são suas iniciativas mais importantes para criar mais promotores – e quanto ela custará por promotor gerado?

Muitos líderes têm dificuldade para encontrar respostas a essas perguntas, o que provavelmente significa que sua jornada não foi muito longe. Mas, uma vez tendo as respostas, as empresas querem saber como seus resultados somam pontos em comparação com os líderes NPS. Formulamos uma lista mais extensa de perguntas para que possam fazer um diagnóstico de sua iniciativa NPS. No site www.netpromotoresystem.com, incluímos uma lista completa dessas perguntas diagnósticas, bem como das respostas ou dos resultados das empresas participantes do NPS Loyalty Forum que adotaram as melhores práticas. Uma boa maneira de se confirmar que se está praticando o NPS do modo correto é fazer a si mesmo as mesmas perguntas e comparar as respostas com as de nossos líderes NPS. Com o tempo, esperamos que os limites das melhores práticas continuem aumentando, como fizeram ao longo dos últimos anos.

O problema da confiabilidade nos números

Como vimos, o NPS é muito mais do que uma pontuação. Mas, se a pontuação em si for imprecisa, o sistema estabelecido a partir dela não tem como ser eficaz. Um número demasiado de empresas já apura dados de NPS de modo aleatório, e as notas não correspondem nem ao comportamento dos clientes, nem ao aumento de seu número. É possível que as empresas não tenham desenvolvido um processo adequado, rigoroso, em que façam as perguntas certas aos clientes certos. Talvez tenham escapado a elas importantes padrões de sazonalidade. É possível que o pessoal da empresa esteja manobrando ou manipulando os resultados. De qualquer modo, o problema impede o aprendizado e o aperfeiçoamento, uma vez que as prioridades serão baseadas em dados incorretos. Se o NPS for um fator relevante na determinação das gratificações, as recompensas irão para as pessoas erradas.

A falta de notas confiáveis é um problema muito mais sério do que a maior parte dos adeptos é capaz de perceber. Para termos uma ideia da magnitude do problema, vejamos um setor que tem sido objeto de rigorosos estudos para calibração. Sandy Rogers, antiga executiva da Enterprise que desempenhou papel crucial no desenvolvimento do sistema ESQi da empresa, associou-se à Franklin-Covey para estabelecer uma metodologia que criasse um processo de medição semelhante para outros setores com diversos lugares parecidos, como os de varejo de rede, restaurante e hotel. Uma das chaves para o sucesso da Enterprise foi o desenvolvimento de uma pontuação confiável, pela qual cada loja era classificada todo mês. O sistema se baseava em ligações telefônicas externas suscitadas por amostras das transações de cada filial. Os executivos estabeleceram com cuidado os limites da amostra, para assegurar que a média móvel de cada período de três meses fosse estatisticamente confiável.

A Enterprise poderia ter optado por uma solução mais em conta, mas concluiu que os custos a mais com ligações telefônicas externas feitas por um pesquisador terceirizado valiam a pena. Os executivos queriam que as lojas fossem submetidas a uma classificação confiável, pela qual os gerentes se responsabilizassem. Encaravam o processo por telefone como o padrão-ouro das notas confiáveis; era difícil manipulá-lo e fácil auditá-lo. Também era mais fácil controlar as amostras, em razão do índice muito maior de respostas. Na Enterprise, mais de 95% dos clientes que respondem ao telefonema dão prosseguimento ao processo e completam a pesquisa. A estratégia baseada em ligações telefônicas custa aproximadamente 50% a mais por loja do que estratégias convencionais, mas os resultados são muito mais confiáveis.

O sistema da Enterprise era radicalmente diferente daqueles comumente empregados pela maior parte das redes varejistas e hoteleiras. Em geral, esses sistemas usam um processo de *feedback* automático com base nos recibos das registradoras. Em cada recibo, há impressa uma solicitação, na margem inferior ou no verso, para que o cliente telefone para um número 0800 ou acesse um site, forneça o número da transação, impresso no recibo, e, depois, responda às perguntas da pesquisa. Muitas vezes, é oferecido um incentivo, como um cupom, um sanduíche gratuito ou a chance de ganhar na corrida de cavalos, como forma de induzir o cliente a completar a pesquisa. Embora representem um meio eficiente de se apurar o valioso *feedback* dos clientes, essas pesquisas não são confiáveis para se classificarem as lojas, uma vez que a metodologia da amostragem é instável. Ela não consegue identificar de modo minimamente coerente as lojas boas e as lojas ruins.

A FranklinCovey tomou ciência do problema quando os pesquisadores descobriram pontos fracos inerentes às metodologias de pesquisa existentes, aplicadas em suas próprias unidades de varejo (e das quais a empresa, desde então, se viu livre). Então, Sandy Rogers e a equipe de prática da FranklinCovey passaram a trabalhar com muitos outros varejistas e redes hoteleiras para testar os vários métodos de classificação das lojas. As soluções mais comuns se baseavam nos recibos de registradoras. Mas era facílimo manipular o sistema; por exemplo, os atendentes dessas lojas podiam fazer um círculo em torno da solicitação de pesquisa ao tratarem com clientes satisfeitos e jamais mencioná-la aos insatisfeitos. Além do mais, o tipo de cliente atraído por esse método não é necessariamente representativo da base inteira de clientes. Os índices de resposta baixos – via de regra, de 5% ou menos – também introduziram uma enorme variação estatística, o que tornou voláteis as notas das lojas.

A equipe da FranklinCovey comparou as notas e classificações de pesquisas solicitadas por meio de recibos de registradoras às das mesmas lojas, no mesmo período, geradas pelo processo de chamadas externas, à moda Enterprise. Em oito amostras de perfis diferentes, inclusive assistências médicas, lojas de animais, restaurantes, eletroeletrônicos, autopeças, oficinas mecânicas e cabeleireiros, o sistema à moda Enterprise identificou diferentes lojas como líderes ou como retardatárias em mais de metade dos casos. Depois, a empresa examinou se, nas lojas identificadas como líderes pelo contato telefônico, o comportamento dos clientes de fato coincidia com o da classificação. Não resta dúvida de que os índices de retenção de clientes e o valor médio das transações com cartão de crédito nessas lojas mais bem classificadas foram superiores. Em comparação, os índices de retenção e o valor médio das transações com cartão de crédito daquelas que tiveram melhor desempenho na estratégia dos recibos de registradoras ficaram abaixo da média da rede. Uma diferença coerente entre os dois métodos: a abordagem por telefone parece chegar a um número maior de detratores. O NPS médio com o uso do telefone foi aproximadamente 15 pontos menor que a nota obtida com os recibos.

Nossa suspeita é que cada vez mais empresas descobrirão, para seu desapontamento, que os Net Promoter Scores atualmente utilizados para estabelecer prioridades, atribuir gratificações e alocar recursos não são rigorosos o bastante. Recentemente, por exemplo, muitas empresas instalaram sistemas de pesquisa por e-mail como base do processo NPS – coisa que faz todo sentido no que se refere à eficiência e que leva em conta a facilidade de se associar a pesquisa aos dados do cliente e da transação. No entanto, um número muito grande desses sistemas exibe índices de resposta muito baixos, daí o risco de se presumir que as notas, juntas, refletem a base de clientes inteira. No Capítulo 5, mencionamos que os baixos índices de resposta frequentemente resultam em notas voláteis e imprecisas, pois a distribuição de promotores, neutros e detratores entre os clientes que respondem à pesquisa é marcadamente diversa daquela ocorrida entre os que optam por ignorar a solicitação de participação. Eis uma área na qual esperamos observar melhorias acentuadas nos próximos anos, à medida que as empresas desenvolverem e implementarem novos e melhores processos. É possível que a pesquisa por telefone não seja a solução de longo prazo adequada para sua empresa, mas tenha cuidado para não assumir automaticamente como padrão a alternativa mais barata. Hoje, as empresas que adotam as melhores práticas obtêm índices de resposta da ordem de 40% a 70%; nossa esperança é que aumentem para 90% ou mais, à medida que, progressivamente, as empresas forem conhecendo a importância desse desafio.

Outras melhorias

Há muitas outras melhorias que deverão acontecer, à medida que o NPS amadurece – mais do que conseguimos identificar. O que se segue é uma breve descrição de algumas das áreas em que a necessidade de mudança é mais evidente, caso se deseje levar adiante o NPS.

Combata a fadiga da pesquisa. Os clientes já recebem solicitações de pesquisa em demasia e, à medida que o NPS se difundir, a tolerância deles será cada vez menor. Os índices de respostas inevitavelmente entrarão em declínio, a menos que as empresas desenvolvam uma estratégia diferente. É um absurdo encher de pesquisas os clientes, até os estatísticos ficarem satisfeitos. Portanto, imaginamos que as empresas terão de repensar suas estratégias de pesquisa e fazer por merecer a participação contínua dos clientes. Por exemplo, elas poderão:

1. *Acertar previamente com o cliente* quais os benefícios mútuos criados por *feedback* constante, qual a frequência adequada para o contato e qual o melhor canal de comunicação (telefone, e-mail etc.), tendo em vista a natureza do produto ou serviço e a importância do relacionamento. De

qualquer modo, as comunicações por e-mail devem ser aprovadas antecipadamente, para que os filtros anti-spam não bloqueiem as solicitações. Esse tipo de acordo pode fazer parte do processo de adesão do cliente – estratégia empregada com sucesso pela Rackspace, que usa um vídeo on-line do CEO Lanham Napier para dar as boas-vindas aos clientes e explicar a função do NPS.

2. *Manter o contato, depois da pesquisa.* Os clientes não continuarão fornecendo *feedback* cuidadoso a menos que saibam que ele é valorizado e está causando mudanças. Desse modo, esperamos ver cada vez mais empresas entrando em contato com os clientes após o término da pesquisa. As empresas agradeceriam aos clientes o *feedback*, analisariam as lições aprendidas com eles e com os demais, e descreveriam as mudanças que estão promovendo em razão delas.

3. *Estruturar as pesquisas na forma de votos.* Muitas pessoas entendem o quanto é importante o direito de votar em assuntos que interferem com seu futuro. (Afinal de contas, as revoluções foram feitas para assegurar esse privilégio.) Se estiver interessado em divulgar os resultados de uma pesquisa, cogite em arranjá-los como num processo de votação, como o SASware Ballot. Mesmo os resultados não sendo vinculantes, sua transparência será um estímulo à participação de um número maior de pessoas e sua divulgação incentivará os empregados a levá-los mais a sério.

No momento, a maior parte das empresas apoia-se em normas culturais e políticas internas de colegas e colaboradores para evitar que os empregados influenciem os clientes a lhes atribuir notas altas. No futuro, nada impedirá que também recrutem clientes para denunciar transgressores que manipulem o sistema.

Tire proveito do interesse dos investidores. Conforme aumenta o número de investidores que se familiarizam com o NPS, é provável que o usem no processo de avaliação. A edição original deste livro descrevia como a Summit Partners, empresa de participação acionária em empresas de capital fechado, usou o NPS para avaliar o investimento potencial na optionsXpress. Quando a Summit Partners descobriu que a optionsXpress desfrutava de uma nota NPS de 52 pontos – mais de 40 pontos acima dos gigantes do setor –, a decisão de investir foi fácil. Menos de três anos depois, o crescimento da empresa era tão acentuado que ela já detinha uma importante fatia do mercado varejista de opções. Depois, a optionsXpress adotou o NPS como ferramenta de gestão, o que contribuiu para que ela continuasse a ganhar com a rentabilidade de suas ações.

Hoje, empresas de investimento como Bain Capital, TPG, Berkshire Partners e Apax andam usando o NPS tanto como ferramenta de auditoria, em auxílio à avaliação das aquisições, quanto como esquema de gestão para melhorar os resultados.

Tony Ecock, por exemplo, ganhou experiência no NPS quando era executivo da GE Healthcare. Ao se transferir para a empresa de investimentos Welsh, Carson, Anderson & Stowe, ajudou as empresas da carteira a obter melhores resultados com o Net Promoter. Uma delas era a Concentra, com uma rede de mais de 300 clínicas especializadas em assistência médica e cujo CEO, Jim Greenwood, atribui ao NPS o fato de tê-lo ajudado no empenho por uma cultura de qualidade internacional: "O NPS contribuiu para tomarmos nossos três valores essenciais: Foco no Restabelecimento, Espírito de Abnegação e Determinação Incansável, e darmos a eles um novo alento. O NPS nos ajudou a melhorar nossas contratações, nossos reconhecimentos e gratificações, e nosso atendimento ao cliente. Nosso CFO acredita que o NPS nos ajudou a fechar negócios e a mantê-los. Nossa força de vendas comunica aos clientes nossos resultados NPS. Acreditamos que o sistema contribui muito para nossa capacidade de gerar crescimento nas vendas de uma mesma loja, mesmo quando nos vemos em meio a uma recessão brutal."

Os resultados da Concentra foram tão impressionantes que, em 2010, a diretoria decidiu que a empresa seria uma boa candidata à aquisição. Quando Greenwood explicou à Humana, uma das potenciais compradoras, o enfoque da Concentra na lealdade do cliente e do empregado, surpreendeu-se ao perceber o quanto os executivos seniores da concorrente já sabiam a respeito do NPS. "Eles já adotavam o NPS para os próprios clientes e empregados – e pareceram bastante impressionados com a possibilidade de acompanharmos mensalmente o NPS de cada uma das clínicas e nos valermos dele para priorizar e direcionar os esforços no sentido de aperfeiçoar os serviços. Acho que o enfoque comum das empresas no NPS foi o que contribuiu para que chegássemos à conclusão de que se tratava da escolha certa uma para a outra."

Além disso, pelo menos um fundo hedge hoje usa o NPS para tomar decisões relacionadas a investimentos. O sócio geral atribui ao sistema tê-lo ajudado a antecipar eventuais oscilações no crescimento e receita das redes varejistas nas quais está focado. Em vez de confiar em pesquisas ou números externos comunicados pelos próprios varejistas, esse investidor reconhece o valor de direcionar esforços na geração de dados confiáveis. Daí sua ideia de remunerar um pequeno grupo de entrevistadores para visitar as lojas de todo o país e, por meio da interceptação de clientes nos estacionamentos, apurar dados Net Promoter que sirvam de referência.

Como vimos, executivos de empresas como Allianz, Intuit, Progressive e Philips comunicam o NPS a investidores e analistas. O CFO Pierre-Jean Sivignon, da Philips, observa que as perguntas que tem ouvido nessas audiências são cada vez mais sofisticadas e relevantes. À medida que a comunidade de investidores for se familiarizando com o NPS, contamos que seu impacto continue a se disseminar.

Recorra aos auditores. É cada vez maior o número de empresas que divulgam a obtenção de excelentes resultados Net Promoter, em material publicitário ou em outros meios de comunicação. Um concorrente europeu da Rackspace, por exemplo, anunciou que seu NPS era o maior do setor. No outro lado do mundo e em outro mercado, a revista *Computerworld*, da Austrália, recentemente publicou que o provedor de Internet iiNet vinha se destacando com um extraordinário serviço de atendimento ao cliente, graças ao NPS. "O Net Promoter Score é nosso barômetro da verdade", disse Michael Smith, da iiNet, em seu discurso como presidente. "Ele identifica a porcentagem líquida de clientes que recomendariam a iiNet aos familiares e aos amigos, e está intimamente associado à retenção de clientes. As notas NPS da iiNet colocam a empresa em pé de igualdade com grandes marcas globais, como Apple e BMW. Como reflexo de nosso compromisso permanente em proporcionar um serviço de primeira linha, o iiNet continua a receber prêmios do setor, e a retenção de clientes continua bastante alta."[1]

Pode ser que tudo seja verdade. Mas, com o aumento do número de empresas que usam essas comunicações, é preciso haver um processo que assegure que comparemos maçãs com maçãs. (Por exemplo, a alegação do concorrente da Rackspace não condiz com os estudos encomendados pela própria Rackspace.) É preciso desenvolver um conselho de normas, nos mesmos moldes do Financial Accounting Standards Board (Conselho de Normas de Contabilidade Financeira), que defina os princípios e as regras gerais para apurar, relatar e auditar os dados NPS, antes de serem publicados ou anunciados. As regras expostas no Capítulo 5 podem ser um bom começo. É claro que cada empresa pode e deve desenvolver os próprios sistemas NPS internos, que atendam às suas necessidades administrativas. Mas antes de anunciar os resultados aos investidores ou ao público, as empresas deveriam observar um conjunto comum de normas, como o que a Allianz vem desenvolvendo internamente. A Philips atribuiu à sua auditora externa, a KPMG, auditar as notas, de modo a poder usá-las com confiança no cálculo das gratificações e comunicá-las aos investidores. A Pricewaterhouse-Coopers, uma das fundadoras do NPS Loyalty Forum e há anos usuária do NPS como parte essencial de seu processo interno de gestão, foi contratada por alguns clientes para discutir a possibilidade de desenvolver uma auditoria NPS, seguida de um processo de certificação. A empresa tem trabalhado com outros membros do fórum para desenvolver uma metodologia, com as etapas adequadas ao processo, que atendam a quem leva o NPS a sério.

Desenvolva indicadores microeconômicos melhores. Uma de nossas grandes surpresas foi constatar que a maior parte dos adeptos do NPS experimentou morosidade no desenvolvimento de sistemas e indicadores analíticos, com o objetivo de compreender os indicadores econômicos de seus clientes. Em razão disso, poucas empresas estão prontas para avaliar com segurança o quanto ganharam investindo na lealdade (mais promotores, menos detratores) de clientes ou segmentos específicos. Somente parte delas identificou meios de acompanhar o volume de novos negócios resultantes, em especial das referências de conhecidos e do boca a boca positivo. Como consequência, só lhes resta criar hipóteses sobre esses benefícios, mesmo que as referências e o boca a boca sejam, em geral, o mais importante dos ingredientes na composição do valor econômico. Enquanto poucas empresas, como a Schwab, utilizam os dados e as análises de forma pragmática, a maior parte ainda se contenta em trabalhar com empirismos e estimativas aproximadas. Isso precisa mudar.

É possível formular indicadores econômicos, sobre o tempo de permanência do cliente, que sejam precisos, atualizados e que incorporem o valor das referências, das recompras, das compras ampliadas, e assim por diante. A menos que façam isso, as empresas tenderão a investir pouco na criação de promotores. Não terão confiança em fazer investimentos substanciais, a menos que desenvolvam controles e processos financeiros que lhes possibilitem acompanhar e calcular os benefícios dos clientes leais. Espera-se que, no futuro próximo, vejamos livros e artigos sobre o assunto.

Mobilize os departamentos internos. Várias empresas, inclusive a Allianz, a Schwab e a TD Bank, passaram a aplicar a metodologia do NPS a seus departamentos internos. Os empregados que lidam com os clientes são solicitados a dar notas às várias equipes internas com base no quanto apoiam seus esforços para transformar os clientes em promotores. Esse tipo de responsabilização é vital; do contrário, os departamentos internos continuarão a focar nas métricas de produtividade e de eficiência, e não em encantar os clientes. É possível que a nova estratégia imponha o desenvolvimento de sistemas de bilhetes e de processos de pesquisa, de modo que cada solicitação de linha de frente de um departamento interno possa ser identificada e avaliada. Também podemos imaginar uma adaptação do sistema de votação da Enterprise, em que os empregados das filiais classificam uns aos outros semanalmente, com base no quanto cada membro ajuda a equipe a prestar um ótimo serviço aos clientes. Esse tipo de processo de classificação pode ser aplicado aos departamentos internos.

Aperfeiçoe os treinamentos e as orientações. Muitas empresas líderes em NPS integraram o Net Promoter aos programas de treinamento e orientação voltados para os novos empregados. Mas ainda estamos para ver, nessa área, o tipo de criatividade inovadora que contamos que venha a surgir daqui a poucos anos. Diversas empresas que adotaram o NPS em seus setores de operações ou de marketing ainda precisam atualizar os departamentos de treinamento, que continuam usando programas desenvolvidos muito tempo antes de o NPS ser adotado. A Verizon Wireless é diferente: o líder da iniciativa NPS avaliou pessoalmente todos os programas de treinamento que envolviam a experiência dos clientes, a satisfação dos clientes, a recuperação dos serviços, e assim por diante, e ajudou a reescrevê-los, de forma a incorporar todo o esquema e a linguagem NPS. É provável que muitas empresas façam o mesmo. Mas comparado ao impressionante conjunto de materiais desenvolvidos para ensinar aos empregados do setor industrial as ferramentas do Lean Seis Sigma e da qualidade total, e ainda o fato de que todos os colaboradores de uma empresa (não apenas os trabalhadores do setor) precisariam de treinamento em NPS, vemos que ainda há muito para ser feito. É claro que o programa Net Promoter Associate Certification, para os líderes em iniciativas NPS (que ajudamos a desenvolver e mencionamos na apresentação deste livro), representa um passo importante. Mas esse nível de seriedade com relação à educação e à formação sobre NPS é necessário em todas as instâncias da organização.

Uma das dimensões que deveria ser incluída no treinamento NPS reproduz algumas das regras básicas de qualidade desenvolvidas para a manufatura enxuta. As empresas deveriam esforçar-se ao máximo para reduzir o número de pesquisas e o número de perguntas feitas em cada uma delas. Os especialistas do setor manufatureiro acabaram reconhecendo o enorme custo da complexidade. Cada unidade de manutenção de estoque (SKU) gera um custo. Pense em cada pergunta de pesquisa proposta a um cliente como um SKU. A empresa tem de dar seguimento às respostas, criar bases de dados, identificar as exceções – e até explicar em detalhes o processo de resposta, agradecer ao cliente e fechar o ciclo com a adoção de uma ação corretiva. Essa complexidade é tão danosa à eficiência e à eficácia do NPS quanto seria ao setor manufatureiro. Outra lição da manufatura enxuta que se mostra relevante para o NPS: reduza todas as atividades que não criem valor para o cliente. Todas as perguntas e todos os questionários deveriam ser avaliados tendo em vista esse padrão. Ele pode ser reduzido ou simplificado? Quase sempre as pesquisas sofrem de um acúmulo de perguntas. É preciso esforçar-se para contrabalançar essa tendência.

Divulgue o NPS para as entidades sem fins lucrativos. Muitas organizações sem fins lucrativos já começaram a usar o NPS nos processos de gestão; por exemplo, algumas entidades ligadas às artes o aplicam tanto a clientes quanto a doadores. A disciplina NPS é aplicável, em particular, ao atendimento médico, como vimos no caso do sucesso da Ascension Health. Basta torcermos para que cada vez mais empresas do setor adotem essa metodologia.

Na educação, uma série de escolas adotou esse esquema. Diversos distritos do Reino Unido, por exemplo, usaram com sucesso, com pais de alunos do ensino médio, o processo de *feedback* em ciclo fechado do NPS. Duas vezes por semestre, as escolas enviam um e-mail para os pais, com uma pesquisa feita de duas perguntas, para saber o quanto estão satisfeitos com o progresso dos filhos e com sua compreensão dos objetivos educacionais para o período subsequente. Os pais indicam com notas de 0 a 10 o quanto estão satisfeitos, e toda nota de 6 para baixo segue direto para o gabinete do diretor. Do mesmo modo como o gerente de loja da Apple que telefona para os detratores num prazo de 24 horas, o diretor ou diretor assistente liga para os pais, a fim de diagnosticar o problema e descobrir uma solução. As escolas também dão notas aos professores tomando por base o *feedback* do NPS, para que aqueles com melhor desempenho recebam reconhecimento e recompensas.

Nos Estados Unidos, escolas *charter* também começaram a adotar o sistema Net Promoter com excelentes resultados. A Rowe Elementary, de Chicago, é um exemplo: adotou o NPS para os pais (obtendo um índice de respostas superior a 70%) e também adotou o eNPS como forma de priorizar esforços na melhoria da experiência de trabalho dos professores. A Teach For America, organização bem-sucedida que recruta pós-graduados das melhores faculdades para lecionar em distritos escolares desprivilegiados, utiliza o NPS para medir o progresso entre os 8,2 mil integrantes de suas equipes e os 20 mil ex-alunos. Conforme aumenta o número de professores que têm contato com o NPS, muitos o levarão consigo ao longo das carreiras, do mesmo modo como os executivos têm disseminado o NPS à medida que assumem funções em novas empresas. Quem sabe a metodologia do NPS chegue a ser incluída nos currículos escolares, para que os alunos aprendam sobre seus benefícios ainda cedo? A ideia de responsabilizar alguém por melhorar a vida daqueles com os quais se mantém contato é aplicável a quase todo mundo, dos alunos do ensino fundamental aos candidatos a MBA e profissionais de outros níveis.

Por que é tão difícil?

Queremos registrar, mais uma vez, a experiência de um dos autores, Fred Reichheld. Eis seu relato.

Lembro-me de um dia em que estava de carro com Graham Weston, da Rackspace, que me deu uma carona até o aeroporto de San Antonio, após uma reunião de diretoria. Ele estava perplexo com os desafios que, junto com Lanham Napier, vinha enfrentando em sua empresa para manter o NPS como prioridade. Disse: "A Rackspace se ergueu sobre princípios baseados na lealdade. Está no cerne de sua cultura. Sempre nos empenhamos em prestar um Suporte Fanático porque ele ajuda nossos clientes a conseguir o que desejam, melhora a vida de nossos empregados e faz nossos negócios crescerem. No entanto, toda vez que voltamos a atenção para outra coisa, o foco da empresa parece se perder. Seu sentido é tão evidente – mas então por que é tão difícil?"

Eis uma ótima pergunta. Afinal, de fato, o NPS diz respeito a ajudar as pessoas a medir o sucesso de suas carreiras com base em quantas vidas com as quais entram em contato são melhoradas. O que há de difícil nisso?

Respondendo a Weston, pensei estar de posse de algumas respostas. O atual sistema financeiro trabalha contra o NPS. As organizações estruturadas em silos têm dificuldade para lidar com ele. As empresas formularam ou reformularam seus processos essenciais sem considerar o NPS; seus engenheiros de processo jamais ouviram falar do Net Promoter, que dirá receber treinamento da metodologia. Os orçamentos convencionais, os processos de alocação de recursos, as recompensas e as gratificações também se opõem ao NPS. As culturas tolerantes com os lucros ruins frustram a busca sincera do NPS. Os sistemas de mensuração malfeitos, que geram notas imprecisas, distorcem o NPS. O mesmo ocorre quando se deixa de investir em pesquisas padronizadas sérias, que acompanham a evolução de suas notas em comparação com as dos concorrentes.

A verdade é que a maior parte dos sistemas corporativos não foi desenvolvida tendo em mente encantar o cliente, de modo que os líderes precisam ser realistas quanto às forças que atrapalham o NPS. O sucesso depende do compromisso com uma longa jornada, que exigirá renovação e resolução constantes. Hoje em dia, as empresas operam com base em sistemas herdados, em que se atribui ênfase excessiva às métricas centradas nos lucros; é razoável supor que, para se tornarem organizações centradas no cliente, será necessário grande dedicação.

Posteriormente, no entanto, recebi de Graham Weston um e-mail que explica melhor por que é tão difícil. "Fred", escreveu ele,

> Estive pensando em nossa conversa no aeroporto.
>
> Creio que muito poucas verdades essenciais perduram no tempo – mas uma delas é a noção de que devemos nos empenhar em transformar nossos clientes em defensores entusiasmados, que comentem com amigos e colegas coisas maravilhosas a nosso respeito. Este é o caminho para a excelência.
>
> Não é incomum a excelência parecer inacessível. É simbolizada por pessoas como Mozart, Michael Jordan e Steve Jobs... mas num nível com o qual é difícil identificar-se. Em compensação, ganhar de um cliente uma nota 10 parece mais realista. Nossas equipes já fazem isso todos os dias com pelo menos alguns de seus clientes. Elas têm consciência de que a criação de promotores é uma meta simples e desejável. Não há necessidade de grandes justificativas lógicas para fazer com que as pessoas, no geral, apostem nesse objetivo.
>
> Pois então, o problema não está nas pessoas da linha de frente. O problema está mais entre os líderes e gestores. Há em jogo uma força invisível, que atrapalha as empresas na busca pela excelência. É como a força exercida pela gravidade sobre um avião: está sempre puxando-o para baixo; é preciso ter muita energia para mantê-lo nas alturas.

Competição, arrogância e complacência fazem parte dessa força. Mas acredito que o pior inimigo é o medo. É preciso uma coragem enorme para levantar da cama toda manhã e se mirar no espelho do Net Promoter. Esse *scorecard* reflete o quanto você se aproximou da perfeição, quantas vidas tornou melhor.

Talvez a dificuldade não esteja no NPS, mas na busca implícita pela excelência por ele medida. Na verdade, o NPS torna uma jornada difícil um pouco mais fácil, um pouco mais simples. Ele ajuda os líderes a entender, a cada dia, onde estão obtendo sucesso e onde estão fracassando – um cliente e um empregado de cada vez. O NPS os ajuda a garantir que cada dia seja a imagem do legado que desejam para sua equipe, sua empresa e sua vida.

Graham

Retomando o que dissemos no começo deste livro: o sucesso nos negócios e o sucesso na vida refletem o impacto que você exerce nas pessoas à sua volta e na qualidade das relações que mantém com elas. Um grande número de pessoas mede o sucesso principalmente com as métricas financeiras já existentes. Não raro, essa atitude conduz a um rumo que as distancia da centralização no cliente, que as distancia da preocupação de tratá-lo do modo como gostariam de ser tratadas caso estivessem no lugar dele. Se sua meta é melhorar as vidas com as quais entra em contato e estabelecer relações de qualidade, dignas de lealdade, a adoção sistemática do Net Promoter pode ajudá-lo a medir aquilo que de fato importa. Pode recolocá-lo no rumo certo.

Graham Weston descreveu esse rumo como a *"busca pela excelência"*. Nós assinamos embaixo. O Net Promoter orienta o caminho: melhore mais vidas, piore menos – ou, noutras palavras, crie mais promotores e menos detratores. Eis o rumo para o sucesso definitivo nos negócios e na vida.

Apêndice
Um conselho para a jornada

Desde 2006, mais de 50 executivos seniores de diversas empresas compartilham suas experiências num diálogo franco, honesto, como membros do NPS Loyalty Fórum. Apesar de o grupo contar com muitos dos mais avançados e experientes usuários do sistema Net Promoter, diversos membros entraram para o grupo ainda no início da jornada para adotar a metodologia. Embora vindos de diferentes setores (o grupo se reúne sob um acordo de confidencialidade, e os concorrentes diretos dos membros participantes são excluídos), aprendem uns com os outros. E embora estando em pontos muito diferentes ao longo das respectivas jornadas NPS, cada um tem algo a ensinar aos demais.

Pedimos aos membros do fórum que dividissem conosco seus melhores conselhos, seja para aqueles que nem bem começaram a caminhada ou para aqueles que estejam encontrando dificuldades em algum lugar ao longo do caminho. Compilamos algumas experiências que eles se dispuseram a dividir com você. Se quiser obter mais conselhos e *insights*, ou compartilhar a sua experiência, visite o site www.netpromotersystem.com.

Allianz
Movimento de cima para baixo e de baixo para cima

Você jamais conseguirá dar um impulso e mantê-lo sem uma liderança determinada, inclusive um patrocinador entusiasmado que acredite de coração no foco no cliente e o compreenda como uma jornada de transformação de muitos anos. Você nunca chegará a lugar algum sem gerar um movimento de baixo para cima, por parte das pessoas que tratam diariamente com os clientes e que confiam que o movimento de cima para baixo é genuíno, e que o novo enfoque e as novas ferramentas são capazes de torná-las cada dia melhores.

Central *versus* local

Orquestrar um programa global que se estende por mais de 70 organizações de mercado razoavelmente independentes é muito diferente de aprofundar as ações num só país. Conquistar o apoio do CEO do país local, selecionar um pequeno número de elementos do programa e ferramentas muito específicas, encontrar o equilíbrio exato entre o suporte central e a execução local, e ajustar o controle, os alvos e os incentivos, é crucial. Basicamente, estratégias novas como o NPS não se disseminarão nem florescerão sem o equilíbrio adequado entre os alvos "de entrada", do progresso na implementação, e os "de saída", dos resultados junto aos clientes. Para isso, são necessários um suporte central e princípios operacionais exclusivos ainda nos primeiros anos. Os sucessos iniciais pavimentam um caminho seguro, que conduz à apropriação e aprovação das operações e mentalidades locais.

Frederike Hentschel, Group Market Management, Allianz

American Express
Os líderes seniores precisam fazer uma procissão de fé

Para ser bem-sucedida, toda jornada deve ser iniciada pela liderança. Para ser bem-sucedido, todo programa NPS deve contar com o apoio decidido, incondicional e público da maior parte dos líderes seniores da empresa. Não espere pela conclusão da análise da raiz dos problemas. Não espere uma prova de que os promotores geram receitas e agregam valor à marca. Para gerar mudanças, os líderes seniores devem fazer uma procissão de fé e atribuir à empresa a responsabilidade pela incorporação do NPS a seus processos comerciais.

Mude a forma como os negócios funcionam

O sucesso de um programa NPS não diz respeito a medir quanto há de dois para cima ou de seis para baixo, mas a ir além das medições dessa linha irregular e mudar o modo como funcionam os negócios. A implementação de um programa NPS deveria ser encarada como uma iniciativa que tem em vista uma mudança importante e que depende de apoio constante, educação de grande envergadura, reforço contínuo e responsabilidades e metas claras.

Faça do NPS parte das análises financeiras e avaliações de desempenho mensais

Mesmo a jornada tendo sido acidentada, o progresso é digno de nota. Os líderes seniores devem falar publicamente do NPS e atribuir a suas equipes a responsabilidade por conduzir a mudança. Para a American Express, foi importante incorporar os dados do NPS às análises financeiras mensais, lado a lado com as métricas tradicionais dos acionistas. Além disso, foi decisivo avaliar o desempenho dos clientes de cada unidade comercial com base nessa métrica que dá a palavra aos próprios clientes.

Adam Rothschild, vice-presidente do Global Marketplace Insights, American Express

Atlas Copco
Não deixe que o perfeito se torne inimigo do bom
Jamais entregue os pontos quando (e não *se*) se desenrolarem situações inesperadas envolvendo seu programa NPS. Faça avaliações frequentes e esteja pronto a ajustar o programa sempre que necessário. Achamos que é muito melhor adotar uma ação com base naquilo que julgamos que possa ser útil e, depois, testá-lo para confirmar, em vez de esperar apurarmos todas as provas necessárias para que tenhamos a certeza de que nossas ideias serão eficazes. É provável que acabe "custando" mais à empresa se esperarmos para tomar uma decisão, em vez de agirmos de pronto e fazermos ajustes ao longo do caminho.

Use seu próprio discernimento para os negócios
Nem sempre o cliente está 100% correto. Um exemplo disso é evidente na citação de Henry Ford: "Se tivesse perguntado a meus clientes o que desejavam de coração para o futuro, teriam me dito: 'Um cavalo mais veloz.'"

Trata-se de algo importante para nós, em nossos programas NPS; como no caso de Ford, seus clientes ainda não tinham pensado na possibilidade de uma carroça sem cavalo. Felizmente, Ford não aguardou que alguém lhe dissesse o que esperava do fornecedor/sócio. Tomou a iniciativa de comprovar o novo conceito, mesmo apesar das estranhas reações dos clientes, ainda incapazes de concebê-lo.

Seja paciente com aqueles que opõem resistência
Havendo colegas na empresa que sejam detratores de seu programa NPS, geralmente eles apresentam características semelhantes. Em primeiro lugar, tendem a obter os piores resultados NPS da organização. Em segundo lugar, tendem a resistir a mudanças. Mas, ao que parece, a boa nova é que sucesso gera sucesso – quanto mais duradouro e sólido seu programa se tornar, mais os detratores internos aprenderão com seus pares e passarão a "querer" se ajustar, quando então passará a perceber as melhorias nos resultados NPS. Os antigos detratores internos do NPS são alguns dos mais convictos promotores de hoje.
Ellen Steck, vice-presidente de Comunicação e Branding, Atlas Copco

Cancer Treatment Centers of America
Crie transparência, tanto interna quanto externamente
Para ser bem-sucedidas, as empresas devem ser transparentes quanto aos resultados e partilhá-los com todo o pessoal. Além disso, devem responder aos comentários dos clientes e dar a eles um *feedback*, de modo a melhorar o desempenho e ganhar credibilidade.

Aprenda e se adapte à medida que o trabalho evoluir

A criação de um programa de defesa do cliente/esforço NPS no âmbito de qualquer organização é um processo evolucionário. O mais importante entre os primeiros passos é desenvolver um plano de ação e, depois, manter a flexibilidade à medida que os resultados começarem a aparecer. É preciso que as empresas descubram o que se adapta melhor às peculiaridades de seu meio e, depois, se empenhem em melhorar continuamente a qualidade, ao longo do tempo.

Na CTCA, o NPS tornou-se tema constante das discussões de nossa equipe de gestão, tanto em nível operacional quanto corporativo, o que proporcionou visibilidade ao programa. Pelo método de tentativa e erro, aprendemos que, quanto menos perguntas houver nas pesquisas, melhor. Assim, nosso programa evoluiu, depuramos continuamente as perguntas até sobrarem só as mais relevantes e as mais necessárias.

Conselho que gostaria de ter recebido antes de começar

Não se esqueça de que mensurar o NPS é só uma das partes importantes da equação. Na CTCA, o NPS demonstrou ser um excelente indicador da lealdade do cliente, e seu uso e integração a nosso sistema hospitalar ajudou a estimular o aumento da qualidade. Não obstante, aprendemos que também é importante medir os aspectos vitais dos produtos, serviços, talentos e atendimento que oferecemos aos clientes e que mais influenciam em sua lealdade, e refazer periodicamente essas medições.

Christopher G. Lis, CSO (chief strategy officer) e vice-presidente de Pesquisas e Desenvolvimento, Cancer Treatment Centers of America

Charles Schwab
Ajude os líderes seniores a tornarem-se verdadeiros paladinos efetivos do NPS

Certifique-se de que os líderes com mais tempo de casa se sintam profundamente mobilizados com a importância do NPS. Não basta "comprar a ideia": eles precisam ser paladinos eloquentes e entusiasmados, comprometidos com o contínuo sucesso do programa e do que for necessário para que continue melhorando. Nosso presidente e nosso CEO (Chief Executive Officer), junto com os demais líderes seniores da Schwab, puseram em primeiro plano o CPS (Client Promoter Score, como nós chamamos o NPS) em praticamente todas as mensagens de maior alcance que endereçaram aos empregados nos primeiros anos de implementação, geralmente mencionando os resultados NPS antes mesmo de mencionar a métrica financeira da empresa. E também atribuíram a líderes de toda a empresa a responsabilidade pelo desenvolvimento de planos com os quais melhorar o NPS e acompanhar de perto os resultados.

Dê ao NPS uma fundamentação científica

Dedique um tempo ao desenvolvimento de processos de pesquisa e *feedback* consistentes. Por exemplo, na Schwab, o NPS é tratado como um verdadeiro empreendimento científico, e as atividades de amostragem, pesquisa, análise e interpretação são desempenhadas com extremo rigor e disciplina. Teste e verifique os métodos e o resultado. Não há o que possa causar maior prejuízo à confiança e à segurança do que os erros de matemática, as metodologias suspeitas ou as variações inexplicadas. Os resultados quanto ao modo de melhorar o processo devem suscitar sua curiosidade; busque a contribuição de seus investidores e empregados da linha de frente.

Faça do NPS uma ferramenta que ajude as pessoas a serem bem-sucedidas (não apenas uma métrica avaliativa)

Hoje, a Schwab desfruta de uma confiança tremenda de sua linha de frente, no que diz respeito ao NPS. Os gerentes de nossas filiais e os líderes de nossas equipes de atendimento telefônico usam o NPS como ferramenta tanto para avaliar quanto para melhorar os relacionamentos com cada cliente em particular. Nós conquistamos essa confiança demonstrando à linha de frente que o "NPS é uma ferramenta que promovemos para ajudá-los a ser bem-sucedidos", em lugar de meramente "uma ferramenta para medirmos o quanto vocês foram bem-sucedidos".

Não demore a fechar o ciclo com os clientes

Nada agrada mais ao cliente do que ver com que rapidez os empregados da Schwab o procuram para tratar do seguimento do *feedback* por ele fornecido numa pesquisa NPS. É uma verdadeira oportunidade de "surpreender e agradar". É estarrecedor constatar o quanto é pequeno o número de empresas que se esforçam para responder ao *feedback* fornecido pelos clientes – e fazê-lo tem sido um diferencial da Schwab.

Promova experimentos controlados para orientar as melhorias

Examine detalhadamente qualquer alteração de menor importância na amostragem, na concepção e na execução das pesquisas. Mesmo a mudança de uma fonte ou de uma linha de assunto pode ter impacto na nota. Nós mesmos realizamos rigorosos experimentos de teste e controle antes de fazermos qualquer mudança em nosso processo de pesquisa. O NPS é uma métrica operacional de suma importância para a Schwab, por isso precisamos confiar na integridade dos números de modo irrestrito.

Troy Stevenson, vice-presidente de Lealdade de Cliente e Insight de Consumidor, Charles Schwab

Cintas

Conquiste aliados

Cerque-se de outros clientes defensores e colaboradores de mesma mentalidade, que poderão ajudá-lo a resistir a quaisquer "intempéries" e manter abastecido seu motor. Criamos a comissão NPS/Loyalty Spirit-In-Action, que se reúne todo mês para divulgar as melhores práticas de toda a organização. Essa reunião mensal também serve para recarregar e reenergizar a equipe.

Comece com o pé direito

Primeiro, implemente um NPS transacional, de baixo para cima. Com isso, o *feedback* do cliente passará diretamente às mãos dos empregados da linha de frente, dando-lhes dados concretos para trabalhar e internalizando a importância do *feedback* em ciclo fechado. Não foi o que fizemos – e como queríamos tê-lo feito!

Garanta que o foco não está nas pontuações e, em vez disso, dirija-o para onde você precisa trabalhar para melhorar. Nós nos livramos inteiramente da palavra *pontuação* e aludimos ao NPS como Net Promoter System (de melhorias).

Comemore os sucessos ao longo do caminho

O sucesso se constrói a partir de uma série de melhorias às vezes insignificantes. Comemore e reconheça seus progressos.

Sue Glotfelty, diretora sênior de Serviços de Marketing, Cintas

E.ON

Traga para o grupo a equipe financeira

Não demore para envolver o setor financeiro. A falta de comprometimento deste setor pode ser um transtorno e tanto, no que diz respeito aos clientes. No entanto, se conseguir fazê-lo entender os benefícios comerciais ainda cedo, poderá contribuir positivamente para a consecução das coisas. Portanto, a apuração de dados que comprovem as diferenças de valor entre promotores, detratores, e assim por diante, deve entrar em seus planos o mais cedo possível. Mantenha os membros do financeiro atualizados e fale com eles periodicamente – não os evite.

Crie, conte e reconte histórias

Os seres humanos são programados para reagir às histórias, e, se há um tipo de programa capaz de criá-las, é um programa NPS. Deve haver uma infinidade de histórias de clientes e narrativas sobre a maneira como os agentes reagiram. Não deixe de publicá-las, usando-as para ilustrar questões fundamentais, na experiência que você quer ilustrar. É importante suportá-las com dados e gráficos, também, mas as histórias é que serão lembradas e ganharão vida própria.

Diga às pessoas o que você fez e o que você faz. É comum empresas que ignoram os empregados da linha de frente. Contando a eles como reagiu ao *feedback* dos clientes (ou ao deles), você lhes dará um alento genuíno.

Adam Elliott, diretor do Centro de Excelência em NPS, E.ON UK

Intuit

Vincule o NPS aos indicadores econômicos dos negócios

Formule um caso indiscutível, de grande impacto financeiro, sobre o valor dos promotores *versus* neutros *versus* detratores nos resultados do crescimento em todo seu grupo financeiro. Contando com a participação do líder financeiro no processo, você conseguirá um profundo reconhecimento e a imediata adesão ao impacto exercido pelos esforços NPS nos resultados financeiros de curto e de longo prazo. É ótimo ter como aliado um parceiro que controle o fecho da bolsa.

Aborde o NPS como uma jornada de transformação

Tenha paciência. Trata-se de uma maratona, não de uma prova de curta distância. Mas é possível observar diversos ganhos iniciais promissores. Na maior parte das empresas, é uma jornada que leva a mudanças importantes, na qual se deveria aplicar importantes princípios de gestão de mudanças efetivas, como os modelos elaborados por Noel Tichy ou John Kotter.

Tendo isso em mente, será vital tornar clara a necessidade de mudança, constituir uma sólida coalizão de líderes e gerar ganhos iniciais. Os esforços de comunicação devem ser contínuos e repetitivos. Aprendemos com a Apple Retail e a LEGO e criamos uma marca para o trabalho, para torná-lo mais simbólico e convidativo. Por fim, a maioria das empresas bem-sucedidas entende que tudo se resume a seu pessoal. Esteja bem atento em conquistar seus corações e mentes. Estabeleça meios eficazes de selecionar novos empregados orientados para o "atendimento". Descubra uma forma de envolvê-los, de modo a cativar seus corações logo de início. Reforce repetidamente os valores da empresa, por meio de histórias e das melhores práticas. Associe-se com sua empresa de treinamento e crie formas significativas de gerar consciência e desenvolver competências duradouras.

Brian Andrews, vice-presidente de Experiência de Cliente e Excelência Comercial, Intuit

Lego

Assuma suas responsabilidades, primeiro

Acho que o verdadeiro motivo de hoje fazermos progresso tão rápido é o fato de termos *balanced scorecards*, e agora todos os empregados da empresa os compreendem, porque os tornamos públicos. Todos podem ver ano após ano exatamente quantos pontos fiz em cada dimensão. Assim, sabem exatamente como meu desempenho foi avaliado pelo conselho administrativo. E acho que o importante para os empregados da LEGO é: "Está bem, se ele sofrerá as consequências, então, está bem, também vou." E quem é que estará disposto a se submeter ao Net Promoter Score enquanto a alta diretoria ainda afirmar: "Bem, é tudo muito incerto, na verdade a gente ainda não sabe como deve ser medido, a gente não tem certeza se quer ser remunerada nessas condições."

Jørgen Vig Knudstorp, CEO, LEGO

Ponha à prova seu caminho para o sucesso

Aprendemos que é mais importante dar início à pauta de mobilização do cliente (inclusive o NPS) em uma área em vez de esperar para termos um programa global plenamente desenvolvido, que cubra todos os produtos e pontos de contato logo de início. Para nós, a mobilização do cliente é uma jornada e um processo de mudança que nunca termina. É bem mais rápido e eficaz aprender com essas experiências, ajustando o processo e as atividades ao longo do caminho, de modo a se tornar continuamente mais sábio e mais profissional em sua estratégia. Também isso o ajudará a obter a adesão de novos colegas, em vista da possibilidade de compartilhar seus ensinamentos e histórias de sucesso.

A comunicação é fundamental

É vital que se comunique ampla e periodicamente o desempenho no NPS e as ações adotadas para melhorar a nota. Ao fazê-lo, comunicação e processo tornam-se ferramentas fundamentais à transmissão de histórias na organização, como mostra o impacto colossal da adoção de ações em resposta ao *insight* dos clientes. Assim, a organização é estimulada a melhorar continuamente a experiência do cliente.

Por mais que você já tenha participado e falado com os demais sobre a lealdade e a mobilização dos clientes, nunca será o bastante.

Conny Kalcher, vice-presidente de Experiência de Cliente, LEGO

Philips
Não se renda à tentação de deixar que se transforme apenas numa pontuação

Não é fácil implementar o NPS da maneira certa, pois há uma tendência na organização de tomá-lo por um número, quando, depois, o número se transforma no objetivo de todas as coisas. E está claro que não se trata de um número, mas do que está por trás dele. Trata-se do que os clientes estão dizendo e de como esse número soma pontos comparado a concorrência, em qualquer área geográfica ou setor de produção em particular, e de trazer de volta para a organização esses aprendizados, esse *feedback*, e traduzi-los em ações efetivas.

Para mim, o NPS é bem-sucedido quando posso ir a qualquer parte da organização, não só no setor de marketing ou no de vendas, mas no de desenvolvimento de produtos, no de gestão de suprimentos, no de TI, e obter uma resposta à pergunta: "Qual *feedback* NPS você leva em conta em seus planos de aprimoramento?" E se as pessoas olharem para mim como se eu tivesse vindo de outro planeta, saberei que não teremos conseguido.

Gerard Kleisterlee, presidente e CEO, Philips

Escolha o líder certo para o trabalho: seu rendimento será vasto e profundo

Você terá de estar disposto a "comprar a briga", por assim dizer, e dedicar atenção a cada um dos processos da empresa. Isso também significa que o líder terá de se dispor a se ocupar de todos esses diferentes tópicos e setores funcionais. Portanto, garantir que se escolheu o líder certo para o trabalho é crucial para se obter sucesso.

Torne-o tão rigoroso quanto seus relatórios financeiros

Com o NPS, temos a oportunidade de fazer da experiência do cliente uma métrica tão segura quanto o dinheiro em circulação. As pessoas subestimam o quanto é importante fazer isso, considerando que, do contrário, não se atinge todas as atividades da empresa. Se você optar por fazer do NPS uma métrica tão segura quanto o dinheiro em circulação, terá que definir as taxas de câmbio. Terá de definir os métodos pelos quais calcular o valor da moeda, de modo a entender os custos em função dos benefícios. É um processo que deve estar sujeito a rigoroso controle, seja qual for a empresa que o adote.

Geert van Kuyck, CMO (Chief Marketing Officer), Philips

Comemore os primeiros sucessos, depois continue comemorando

É preciso comemorar os primeiros sucessos e se certificar de que aqueles que tenham feito um bom trabalho se tornem os heróis do NPS. Trata-se de uma jornada, e é preciso encorajá-la o tempo todo. É preciso comemorar. É preciso fazer as perguntas em todos os lugares, em todas as oportunidades.

É preciso torná-la uma questão verdadeiramente pessoal para todos.

Mantenha o NPS em evidência

Ao fazer análises comerciais – sabe como é: prognósticos –, você fala de objetivos de negócios, *balance scorecards*, IMP e todas essas coisas que fazemos o tempo todo. É preciso dar bastante visibilidade ao NPS, torná-lo bastante palpável, bastante pessoal. O tempo todo é preciso torná-lo tão importante quanto a rentabilidade da empresa, o aumento das vendas ou o aumento de caixa.

Rudy Provoost, vice-presidente executivo e CEO, Philips Lighting

Não o isole no marketing

A maior das surpresas é ver quantas decisões o NPS de fato orienta, em razão das evidências descobertas em seu *feedback*. Portanto, meu humilde conselho seria o de não apresentá-lo como um projeto de marketing.
*Pierre-Jean Sivignon, vice-presidente executivo e CFO
(Chief Financial Officer), Philips*

Progressive Insurance
Foque no envolvimento com aquilo que seus clientes de fato estão dizendo

O NPS não é só um número ou uma nota; é um meio de mobilizar sua empresa para que ela dê atenção genuína aos clientes e adote ações considerando o *feedback* deles. É crucial que todos estejam envolvidos, em todos os níveis da empresa, e se responsabilizem por atender às necessidades dos clientes. Pode-se aprender muito com os comentários NPS que os clientes dividem com você, e colher frutos adotando ações em resposta a eles – fechando o ciclo com cada cliente e dividindo os dados e comentários NPS de um modo relevante, que propicie a adoção de ações, para que os empregados, seja qual for a função, possam responder efetivamente a esse *feedback*.

Também é importante ter em mente que os clientes podem dizer o que bem entenderem, mas nem sempre estarão aptos a enunciar o que valorizam. Trata-se mais de arte do que de ciência, e sugere que você encontre meios de entabular conversas mais profundas com os clientes, como forma de descobrir essas necessidades latentes. Graças ao NPS, a Progressive pode abrir suas portas para relacionamentos mais significativos com os clientes e colher tanto seus frutos culturais quanto econômicos.

Estabeleça metas sensatas para que o foco da cultura gire em torno dos clientes

Não é a métrica que importa. O verdadeiro valor do NPS reside na mudança cultural para um foco acentuado na responsabilidade que temos para com os clientes. Dito isso, para garantir o foco, é importante estabelecer metas. Todo empregado deveria partilhar da meta de melhorar o NPS. É importante estabelecer metas de modo que qualquer empregado possa influenciar de verdade no resultado. Aprendemos que o estabelecimento de metas nas quais o empregado não se sente no controle do resultado é capaz de desviá-lo do foco cultural positivo no NPS, portanto pense muito sobre como você estabelece suas metas.

A simplicidade e a coerência serão suas amigas

Preserve a simplicidade e coerência do processo de pesquisa do NPS. As mudanças no processo de pesquisa (pós-transação ou aleatória, com menção à empresa ou não, relativa à concorrência ou não) ou nos métodos de encaminhamento (por e-mail ou telefone, por amostragem ou periodicidade) podem interferir nos índices de resposta, nas mensurações e na tendência das notas. Antecipe as decisões acertadas e, depois, só as altere o mínimo necessário. Foque mais na cultura, no cliente e nas melhorias, e menos na pesquisa ou no processo.

Christine Johnson, diretora de Experiência de Cliente,
Progressive Insurance

Qantas
Levante os fatos e quantifique os valores

Procure compreender aqueles segmentos significativos de clientes de seus negócios e o que é importante para eles. Procure compreender o que orienta o comportamento deles e qual a melhor forma de melhorar o NPS. Procure compreender o valor comercial e estratégico da liderança NPS.

Procure entender a comunicação interna

Quisera eu, no início, ter antevisto com maior precisão a importância da comunicação interna para a estratégia NPS/cliente e o programa de transformação, bem como os desafios a ela associados.

Quem poderia imaginar que seria tão difícil entendê-la, como é na prática? Entender o esquema é difícil – e entender a adesão e envolvimento no processo também é desafiador. É inevitável que partes da resposta já estejam em ação, aqui e ali, nos negócios. Mas, comumente, não estão presentes em todos os níveis da empresa, tampouco se pode dizer que todos os níveis as organizem estrategicamente ou que as consigam absorver. É bem difícil de entender.

Da diretoria à linha de frente, é necessário que a empresa fale diferente e seja capaz de articular a estratégia e o modo como todas as suas diversas atividades se encaixam – tanto os negócios de praxe quanto os elementos do programa. O "o quê" e o "como" devem ser comunicados de modo simples, para que todos na empresa consigam absorver.

Jayne Hrdlicka, gerente de Estratégia de Cliente, Qantas

Schneider Electric
Não se esqueça de quem tem mais poder para fazer melhorias

Desde que começamos nossa jornada, focamos na credibilidade da métrica e no compromisso da liderança. Fizemos ótimos progressos na redução dos detratores, mas não percebemos melhorias quanto aos promotores. Ao visitarmos, em vários países, as equipes que mantêm contato direto com o cliente, nos demos conta de que nossas comunicações não focavam naqueles que mais importam – os membros das equipes que mantêm contato direto com o cliente!

Os comentários diretos dos clientes são eficazes

Quem dera eu soubesse mais cedo o quanto os comentários dos clientes podem ser eficazes! A métrica nos diz como estamos indo, mas os comentários nos dizem o que fazer para melhorar.

Jeff Wood, vice-presidente sênior de Excelência e Qualidade de Processo do Setor de Edifícios, Schneider Electric

Sodexo
Certifique-se de que esteja integrado à estratégia

É essencial que o trabalho faça parte da estratégia da organização e receba do executivo sênior o apoio e a defesa irrestrita.

Comunique-se e, depois, comunique-se ainda mais

Não subestime o valor da comunicação frequente no esclarecimento, orientação e envolvimento mais profundo de sua equipe na jornada, para que ela compreenda plenamente o comportamento que se espera da administração e que pode ser diferente daquele em prática.

Bret Johnson, vice-presidente sênior de grupo de Relacionamento com Cliente, Sodexo

Swiss Reinsurance Company
Associe o NPS aos indicadores financeiros desde cedo

Não espere para associar os resultados NPS diretamente ao desempenho financeiro. A lealdade dos clientes é só um dos muitos motores potenciais da economia, e pode ser que leve anos antes de se "comprovar" a relação entre o NPS e o desempenho financeiro. Se você estiver disposto a esperar anos para comprovar seus resultados... é provável que o programa definhe aos poucos, por falta de envolvimento.

O que é crucial que se comprove o mais cedo possível são as diferenças de comportamento entre os promotores, neutros e detratores. Por exemplo:
- Quem permanece mais tempo: promotores ou detratores? De quanto é a diferença?
- Quem deixa com você uma porcentagem maior do total de suas despesas? Quanto a mais?
- Quem se dispõe a pagar a mais por um serviço em particular? Quanto a mais?

Espere pelo inesperado

Em seu programa, haverá mais peças móveis do que imagina... e por mais esperto que você se julgue, acabará vendo razões para ajustar os processos e ferramentas que achava perfeitos para a função. É importante manter a agilidade, de modo a estar sempre pronto para lidar com as situações à medida que elas surgirem. Graças a essa capacidade de se adaptar rapidamente, a organização receberá de volta um rápido *insight* bem na hora certa... o que dará visibilidade do valor e estimulará um comprometimento ainda maior dos envolvidos com o programa.

Steve Dee, vice-presidente sênior de Inovação e Crescimento, Swiss Reinsurance Company

Verizon
Não se trata (só) de números

Embora o conceito como um todo diga respeito a um número ("a pontuação"), não diz respeito aos números! Muitos executivos caem na armadilha de focar excessivamente na mudança da nota – o que é natural, é claro; os executivos são pagos para melhorar os números. Mas, no caso do NPS, essa mesma atitude quase sempre condena o programa ao fracasso, ou pior, transforma-o no mesmo da maior parte dos programas de satisfação do cliente: uma coisa que os empregados manipulam para obter notas melhores, não clientes mais satisfeitos.

Os melhores programas veem as notas como um indicador retrospectivo – uma validação das melhorias que a empresa põe em ação em resposta às opiniões dos clientes, fornecidas na forma de comentários em pesquisas. E qual a prova dos nove para saber se a empresa anda se saindo bem? Ouça as perguntas que os executivos fazem quando visitam a linha de frente. Perguntam sobre as notas ou questionem a linha de frente sobre os problemas mencionados com mais frequência pelos clientes nas pesquisas?

Obtenha melhorias tanto em nível individual quanto sistêmico

O NPS proporciona uma microvisão e uma macrovisão da experiência do cliente:
- *Microvisão.* Proporcionar ao cliente uma experiência positiva impõe um compromisso particular dia após dia. Só porque um cliente é um promotor hoje, isso não é garantia de que amanhã ainda será. Além disso, os clientes que atribuíram notas de detrator estimam nossa iniciativa de procurá-los para melhorar a situação.
- *Macrovisão.* Estabeleça um processo que permita classificar de modo objetivo todo *feedback*. A mudança é obra de trabalho árduo, mas ela o colocará em posição de transformar em ações os *insights* dos clientes.

Foque naquilo que pode controlar e influenciar

Fatores externos, como a economia, são capazes de influenciar nos resultados, mas, mantendo o foco na melhoria interna dos negócios, você faz a experiência do cliente seguir na direção certa.

Kerry Wozniak, diretor de marketing, Verizon Wireless

Westpac
Valorize a simplicidade

Mantenha as coisas o mais simples possível, em especial no que diz respeito às metas que você se propõe. As estratégias focadas nos clientes, por sua natureza, podem se tornar complexas, mas é exatamente aí que se pode perder pessoas ou partes da organização. Por outro lado, atribuir muitas metas aos gestores pode lhes dar uma saída, caso não tenham bom desempenho – isto é, acabam se saindo bem numa área, mas no geral o desempenho fica abaixo. As áreas da organização compreendem muito rapidamente uma estratégia baseada no cliente pelo fato de ser tão intuitivamente sensata. As pessoas, por sua natureza, são curiosas e querem interpretar o que pensam ser importante, mas é muito comum essas interpretações, em seu conjunto, nem sempre estarem alinhadas com as metas. Portanto, mantenha as metas o mais claras e simples que puder.

Trabalhe em etapas que assentem umas sobre as outras

Não tente fazer tudo de uma só vez. Pense em sua jornada em etapas, nas quais a organização assenta novas camadas de competência ao longo do tempo. Em qualquer negócio com grandes aspirações, em certa altura há o risco de os gestores acabarem confusos e decepcionados, quando as coisas ficarem difíceis. Tentar fazer muita coisa pode aumentar a decepção com a estratégia, mas são nessas ocasiões que se deseja que a equipe redobre o foco e o empenho.

Anthony Poiner, gerente geral de Transformação de Cliente, Westpac

Notas

A menos que haja menção em contrário, todas as citações são de entrevistas conduzidas pelos autores ou de comunicação pessoal a eles feita.

Introdução
1. A propriedade da marca registrada desse termo é compartilhada por Satmetrix Systems Inc., Bain & Company e Fred Reichheld. Nossas metas consistem em estimular o uso universal e regular do NPS e preservá-lo de apropriações abusivas.

Capítulo 1
1. Randall Stross, "Why Time Warner Has Fallen in Love with AOL Again", *New York Times*, 25 de setembro de 2005.
2. O estudo analisou 12 mil empresas em 12 economias desenvolvidas e emergentes. Descobriu-se que só 9% dessas empresas se qualificavam como *criadoras de valores sustentáveis* – isto é, as empresas apresentavam um crescimento de receitas e lucros a uma taxa composta anual de no mínimo 5,5%, ao mesmo tempo que remuneravam o custo de capital.
3. *BusinessWeek Online*, "Online Extra: Jeff Bezos on Word-of-Mouth Power", 2 de agosto de 2004.
4. Adam Cohen, "Coffee with Pierre", *Time*, 27 de dezembro de 1999.
5. Esse dado é do mesmo estudo descrito na nota 2.

Capítulo 3
1. Frederick F. Reichheld, com Thomas Teal, *The Loyalty Effect: The Hidden Force Behind Growth, Profits, and Lasting Value* (Boston: Harvard Business School Press, 1996).

Capítulo 4
1. Esse relato baseia-se em larga medida em Andy Taylor, "Top Box: Rediscovering Customer Satisfaction", *Business Horizons*, setembro–outubro de 2003, 3–14. Todas as citações foram extraídas desse artigo, salvo quando mencionado em contrário.
2. Kemp Powers, "How We Got Started – Andy Taylor, Enterprise Rent-A-Car", *Fortune Small Business*, 1º de setembro de 2004.

Capítulo 6
1. *San Francisco Chronicle*, "Interview with CEO of the Year Charles Schwab", 9 de abril de 2007.

Capítulo 7

1. *New York Times*, "Wells Fargo Loses Ruling on Overdraft Fees", 10 de agosto de 2010.

2. Gartner RAS Core Research Note G00209074, "Magic Quadrant for Cloud Infrastructure as a Service and Web Hosting", 22 de dezembro de 2010.

Capítulo 9

1. Alexandra Kirkman, "Hotel for All Seasons", *Forbes*, 28 de outubro de 2002.

2. Informações adicionais sobre o vínculo do NPS às compensações estão disponíveis no site www.netpromotersystem.com.

Capítulo 10

1. Tim Lohman, "iiNet Seeking to be ISP 'Acquirer of Choice'", *Computerworld* (Austrália), 23 de novembro de 2010.

Índice

1-800-Got-Junk, 163

Adobe Systems, 141
Alamo, 62
Alchemy (Progressive), 160
Amazon.com, 23, 24
America Online (AOL)
    desdém pelos serviços em favor dos lucros, 16–17
    fracasso em reagir às mudanças, 20–21
American Express
    adoção do NPS pela, 107–108
    análise das interações individuais na, 131–132
    conselho para o sucesso, 184–184
Andrews, Brian, 189
apoio do departamento de TI ao NPS
    desafios a serem enfrentados pelas grandes empresas, 159–160
    eficácia dos investimentos inteligentes em TI, 160–162
    retorno dos bons investimentos em TI, 163
    uso dos investimentos inteligentes em TI na Rackspace, 162–163
Ascension Health
    etapas da implementação do NPS, 96–97
    histórico e sistema consagrado, 96
    plano de ação NPS, fundamentos do, 97–98
    resposta ao *feedback* dos pacientes na, 98
    resultados em todo o sistema da, 98–99
Atlas Copco, 185

Bain & Company, 6, 20, 26
Barrett, Colleen, 26
Belron, 103
Bennett, Steve, 42
Berkett, Neil, 105, 106, 125, 147, 150–151
Bettinger, Walt, 2, 93, 112–113, 114
Bezos, Jeff, 23
Blockbuster, 21
boca a boca
    aspectos econômicos do, 52–55
    custo do, negativo, 20, 53–54
    importância do, para a análise do NPS, 50
    lucros bons e, 25–26
    valor do, positivo, 53
    valorizado na Schwab, 93, 112
Bonner, Steve, 82
Boyce, Dick, 169
Boylston Street, 120
fraude como fonte de viés, 83–84
British Gas Services, 106, 147–148
Buckley, Tim, 109
Bush, Jim, 107, 108

cabo, segmento de TV a, 59–60
Cancer Treatment Centers of America (CTCA)
    acompanhando o desempenho de equipes pequenas na, 82
    conselho para o sucesso, 185–186
    métodos para os executivos manterem contato com os clientes, 137
Carolina Biological Supply
    áreas abrangidas pelo NPS, 100
    decisão de adotar o NPS, 99–100
    desafios remanescentes na, 100
    eliminação dos lucros ruins na, 100
    histórico, 99
    impacto nos funcionários ao ouvirem a voz dos clientes, 131
    melhoria das notas na, 100
Charles Schwab Corporation
    análise diária de relatórios a cargo dos gestores, 129–130
    compromisso demonstrado pelos executivos seniores com o NPS, 124
    conselho para o sucesso, 186–187
    importância da escolha do líder da iniciativa NPS na, 146–147
    mudanças efetuadas para melhorar as pontuações na, 92–93
    pilar econômico e, 114
    pilar inspirativo e, 112–113
    respeito ao boca a boca na, 93, 112
    resposta oportuna aos detratores na, 93
    situações que levaram à adoção do NPS, 91–92
Chenault, Ken, 107
Cintas, 188
Client Promoter Score na Schwab, 92
clientes, fechando o ciclo com os
    acompanhamento com um detrator, exemplo de, 128
    analisando os comentários dos clientes, 139–141, 142–143
    comunidades de clientes. *Ver* comunidades de clientes
    fracasso no acompanhamento, exemplo de, 127–128
    imperativo moral de, 144
    na linha de frente. *Ver* interface com os clientes na linha de frente
    no nível dos executivos seniores. *Ver* interface com os clientes no nível dos executivos seniores
    no nível gerencial. *Ver* interface com os clientes no nível gerencial

ponto de vista dos gestores sobre o processo de
    feedback, 128
Collier, Eddy, 106, 148
comentários textuais, clientes
    impacto nos funcionários ao ouvirem a voz dos
        clientes, 131
    resultados obtidos nas análises, 139-141, 142-143
compensações. *Ver* sistemas de incentivos e
    compensações
comunidades de clientes
    benefícios obtidos pelas empresas com, 143
    convenções e *website* da LEGO, 141-142
    exemplos de como as empresas mantêm contato,
        141
    grupo de consumidores na Intuit, 142-143
    satisfação dos clientes em serem ouvidos, 143
Concentra, 175
Consumer Tax Group (Intuit), 40, 41,
    142-143
Cook, Scott, 33, 39, 42, 73, 136. *Ver também* Intuit
Costco, 23
crescimento rentável por meio do NPS
    calculando o valor de permanência dos clientes.
        Ver valor de permanência dos clientes
    crescimento orgânico e NPS, 56-57
    custo e benefícios de estabelecer relacionamentos
        de alta qualidade, 48
    determinando o NPS relativo de uma empresa,
        56
    engodo de focar nos lucros ruins, 58
    estratégia competitiva com base no NPS relativo,
        55-56
    monopólios e lucros ruins, 59-60
    outros fatores capazes de influir no NPS, 57-58
    quantificando o valor de um promotor ou de um
        detrator, 48
    significado de uma nota NPS alta, 60
CTCA. *Ver* Cancer Treatment Centers of America
cultura e NPS
    cultura e NPS na Logitech, 163
    integrando o NPS à cultura, 146, 163-164
    integrando o NPS aos processos essenciais,
        137-138
    na Enterprise, 163
    na Philips, 146
    na Progressive, 125-126
    necessidade de informar as pontuações, 190, 193
    necessidade de um compromisso cultural com o
        NPS, 187, 190, 192

De Luca, Guerrino, 133-134, 163
Dell, 52-55
detratores
    aspectos econômicos positivos do contato com
        os, 114
    definição, 4
    enfrentando os lucros ruins por meio da
        mobilização, 117-118
    impacto numa empresa, 19-20
    necessidade de tratar com os, internos, 185

no Net Promoter Score, 29-30
padrões de comportamento dos, 38
quantificando o valor dos, 48
subestimando o custo dos, 54
valor da resposta oportuna aos, 93
Diekmann, Michael, 125
DiGiovanni, Joe, 167
Dodds, Chris, 114
duplo-cego, processo de pesquisa, 56
Doyle, John, 96, 99

E.ON, 188
eBay, 24-26
Ecock, Tony, 175
educação e NPS, 179
Elliott, Adam, 189
eNPS (Net Promoter Score dos funcionários)
    desenvolvendo um processo de obtenção de
        feedback dos funcionários, 166-167
    fracasso das empresas em se ocupar da
        mobilização dos funcionários, 166
    fracasso das pesquisas padronizadas, 166, 168
    interesse crescente na criação da, 167
    mensurando a lealdade dos funcionários. *Ver*
        lealdade dos funcionários
    necessidade de tratar com os detratores internos,
        185
Enterprise Rent-A-Car
    base do sucesso, 17, 60
    decisão de promover pesquisas com os clientes.
        Ver Enterprise Service Quality index
    diminuição da satisfação do cliente em 1996,
        61-62
Enterprise Service Quality index (ESQi)
    contribuição para o sucesso nos negócios, 71
    esforços para melhorar as notas, categorias dos,
        67-68
    funcionalidades do, 65-67
    importância da escolha do líder da iniciativa, 146
    informando à empresa, 64-65
    início das pesquisas com os clientes, 62
    métrica usada no, 171-172
    mudanças efetuadas no processo de pontuação,
        63-64
    NPS integrado à cultura, 163
    "O Voto" usado no desenvolvimento do trabalho
        em equipe, 70-71
    objetivos do sistema, 65
    resultados da primeira pesquisa, 62-63
    segurança contra a manipulação de resultados,
        68-69
    uso de referências oportunas para os gerentes de
        filiais, 66-67
    vinculando à responsabilização, 65
    vinculando ao sistema de recompensas da
        empresa, 65
entidades sem fins lucrativos e NPS, 178-179
escala de zero a dez, 4, 74-76
escolas *charter* e NPS, 179
estratégia da lealdade, A, 48

Índice 201

etapas para levar adiante o NPS
  departamentos internos, adesão dos, 177
  divulgação para as entidades sem fins lucrativos, 178-179
  fadiga das pesquisas, combatendo a, 173-174
  microeconomia, ajustes necessários à, 176-177
  pesquisas, simplificando as, 178
  resultados das auditorias, 176
  tirando proveito do interesse dos investidores, 174-176
  treinamento e orientação, melhoria do, 177-178

fonte de viés, medo de retaliação como, 83
felicidade dos clientes
  aplicabilidade aos setores, 36-37
  dificuldade de mensurar, 34-35
  elementos necessários para induzir os clientes à recomendação, 36
  esforços bem-sucedidos na British Gas, 106
  evidências que apontam para a pergunta definitiva, 36
  método dos autores no desenvolvimento de uma métrica para a, 35-36
  reação dos clientes às tarifas extras, 118
  reorganizando-se em torno dos clientes, 151-153
  satisfação dos clientes em serem ouvidos, 143, 187
Four Seasons Hotels, 154, 154
FranklinCovey, 167, 172

Galli-Zugaro, Emilio, 148-149
Gartner Inc., 126
Gass, Dan, 66, 67, 70
Glotfelty, Sue, 188
Greenwood, Jim, 175
grupo segurador Allianz
  compromisso com o Net Promoter no, 124-125
  conselho para o sucesso, 183-184
  desafios da TI, na adoção do NPS, 160
  foco no NPS relativo na, 46
  melhores práticas para o timing e o treinamento, 130
  processo em ciclo fechado no, 131

Harley-Davidson, 141
Harper, Andrew, 154
Henson, Dan, 2
Hentschel, Frederike, 184
HomeBanc Mortgage Corporation, 58
Hrdlicka, Jayne, 193
Hsieh, Tony, 2, 23, 154

iiNet, 176
índice de desistências dos clientes, 16, 20
índice de desistências, 16, 20
instituições financeiras
  cálculo do valor de permanência dos clientes, exemplo de, 50-52
  HomeBanc Mortgage, 58

práticas do setor bancário, e lucros ruins, 119
práticas que resultam em lucros ruins, 18
Schwab. *Ver* Charles Schwab Corporation
interface com os clientes na linha de frente
  equívoco de isolar o processo de *feedback* dos clientes, 130-131
  incorporando às rotinas de trabalho, 128-129, 131
  melhores práticas para o timing e o treinamento, 130
  propósito do processo em ciclo fechado, 131
interface com os clientes no nível dos executivos seniores
  estratégia competitiva com base no NPS relativo, 137-139
  necessidade dos executivos manterem contato com os clientes, 135-137
  NPS visto como um processo estratégico de alto nível, 137-139
interface com os clientes no nível gerencial
  análise diária de relatórios na Schwab, 129-130
  integrando o NPS aos processos essenciais, exemplo de. *Ver* Logitech
  o papel do Net Promoter na gestão diária das lojas, 94
  ponto de vista dos gestores sobre o processo de *feedback* na Verizon, 128
  valor na análise regular das interações com os clientes, 131-132
Intuit
  conselho para o sucesso do NPS, 189
  departamentos incluídos na avaliação das experiências dos clientes, 81
  determinando a variedade preexistente de clientes, 39-40
  queda no serviço de atendimento ao cliente quando a empresa cresceu, 34
  filosofia do fundador, 33-34
  importância do NPS para a empresa, 42-43
  inadequações do processo de pesquisa por telefone, 40
  informações obtidas nas pesquisas com os clientes, 40-41
  integrando o NPS aos processos essenciais, 137-138
  métodos para os executivos manterem contato com os clientes, 136-137
  necessidade de simplificar as pesquisas, 73
  novos produtos, 43
  prioridades dos detratores, 40-41
  prioridades dos novos clientes, 41-42
  prioridades dos promotores, 41
  resultados da resposta ao *feedback* dos clientes, 42

JetBlue Airways
  estratégia de sucesso na, 17, 119
  processo de contratação na, 154-155
  uso estratégico dos dados das pesquisas com os funcionários na, 121, 122
Johnson, Bret, 194

Johnson, Christine, 193
Johnson, Ron, 2, 93, 111, 113

Kalcher, Conny, 190
Kleisterlee, Gerard, 1, 44, 145–146, 146, 190
KOA, 103
Kurusz, Peggy, 96–97, 98

Labrousse, Junien, 2, 134
lealdade. *Ver* lealdade dos clientes; lealdade dos funcionários
lealdade dos clientes
  dificuldade em medir seu impacto no crescimento, 26–27
  falácia de mensurar somente os resultados financeiros, 27–28
  papel da responsabilização e da métrica, 28–29
lealdade dos funcionários
  adoção bem-sucedida do eNPS, 121
  equívoco de estabelecer metas absolutas para o eNPS, 123
  provendo *feedback* aos funcionários com relação às notas, 94–95
  reação dos funcionários às tarifas extras, 118, 120
  recompensas e. *Ver* sistemas de incentivos e compensações
  recompensas pelas notas altas na Progressive, 103
  resposta dos funcionários quando os executivos agem, 118
  uso estratégico dos dados das pesquisas com os funcionários, 121–123
  vínculo entre a lealdade dos funcionários e a dos clientes, 120–121
Lean Seis Sigma, 97
LEGO, 141, 189–190
Leyland, Neil, 70
liderança do NPS
  apoio do CFO, importância do, 114
  comentários sobre a importância da, 183–184, 186–187, 190, 191, 194
  compromisso demonstrado pelos executivos, necessidade do, 123, 124–126, 188, 190
  importância da escolha do líder da iniciativa, 146–147
  necessidade do apoio central e local à implementação, 184
  necessidade dos executivos manterem contato com os clientes, 135–137
  normas para a seleção de um líder sênior, 147–148
  NPS visto como um processo estratégico de alto nível, 137–139
  papel dos incentivos na adesão do nível sênior, 149–150
Lis, Christopher G., 186
Logitech
  admissão de que o *feedback* dos produtos não era respeitado pelos engenheiros, 132–133
  desejo de manter um nível elevado de foco nos clientes, 133–134
  histórias de sucesso devidas à rapidez do *feedback*, 134
  informação do NPS usada para ordenar as linhas de produto, 134
  integrando o NPS aos processos essenciais, 134, 135, 151, 163
  NPS aplicado aos principais processos de decisão, 134, 135
  NPS integrado à cultura, 163
  provimento do *feedback* dos produtos diretamente às equipes de produto, 135
  reorganizando-se em torno dos clientes, 151
lojas varejistas da Apple
  aspectos econômicos positivos relacionados ao contato com os detratores, 114
  base do sucesso, 60
  compromisso com o Net Promoter, 95
  dados das pesquisas com os funcionários, uso dos, 95, 121, 122–123
  eficácia dos investimentos inteligentes em TI, 160–162
  melhores práticas para o timing e o treinamento, 130
  o papel do Net Promoter na gestão diária, 94
  pilar inspirativo e, 113–114
  previsões para, 93–94
  provendo *feedback* aos funcionários com relação ao Net Promoter Score, 94–95
  razão para não vincular o NPS às compensações, 158
  resultado da análise dos comentários dos clientes, 139
  software de gestão de relacionamento com os clientes, 162
Loyalty Acid Test, 35–36
Loyalty Forum, NPS, 6–7, 145, 165
lucros bons
  eficácia do boca a boca e, 25–26
  entusiasmo dos clientes como base dos, 22–23
  exemplos de empresas que o buscam, 23–24
  Regra de Ouro e a centralização nos clientes, 26
  resultados dos princípios da comunidade da eBay, 24–25, 26
lucros ruins
  associados à lealdade dos funcionários, 120
  consequências dos, 17–18, 117
  constrangimento dos funcionários com as tarifas extras, 118, 120
  custos de comprar crescimento, 20–21
  definição, 18
  desdém da AOL pelos serviços em favor dos lucros, 16–17
  eliminação dos, na Carolina, 100
  eliminação dos, na Schwab, 92
  eliminação dos, na Southwest, 119
  enfrentando, 117–118
  erro de focar em, 114

exemplo de práticas que resultam em, 18–19
fracasso da Blockbuster em razão da falta de foco nos clientes, 21
penalidades ocultas para clientes existentes, 19
imagem distorcida do desempenho nos negócios em razão dos, 18
impacto do detratores numa empresa, 19–20
monopólios e, 59–60
motivação para sua busca, 15, 22, 32, 58
ocupando-se dos, na Charles Schwab, 91, 92, 118
práticas do setor bancário, 19, 22, 118–119
práticas do setor de linhas aéreas e do bancário, 19, 20, 22, 118–119
práticas do setor de seguros, 119–120
reação dos clientes às tarifas extras, 118
reação dos funcionários quando os executivos agem, 118
redução dos, na JetBlue, 119
requisitos à disposição de mobilizar os detratores, 117–118

manipulação de resultados, segurança contra, 68–69, 169
Marcante, John, 109
Markey, Rob, 12
McNabb, Bill, 109, 135–137
mensuração da satisfação dos clientes
   precisão através da coerência, 86
   analisando os comentários dos clientes, 131, 139–141, 142–143
   análise das interações individuais na American Express, 131–132
   calculando o valor de permanência dos clientes. Ver valor de permanência dos clientes
   determinando a confiabilidade do método por amostragem, 78–79
   determinando com base em interações específicas, 81–82
   falhas comuns aos métodos, 72
   necessidade de preservar a simplicidade das pesquisas, 193, 196
   necessidade de, 87
   princípios. Ver princípios da mensuração da satisfação dos clientes
   seguimento dos clientes, importância do, 185, 192, 196
   fontes de viés em mensurações, 83–84
   estratégias para combater o viés, 85
método de pesquisa por recibos de registradoras, 172–173
métrica
   precisão através da coerência, 86
   calculando o valor de permanência dos clientes. Ver valor de permanência dos clientes
   componentes das notas, 5, 7, 8
   credibilidade, importância da, 184, 187, 191, 194
   dificuldade em medir o impacto da lealdade no crescimento, 26–27
   método dos autores no desenvolvimento de uma métrica para a felicidade dos clientes, 35–36

no pilar econômico, 117–118
ocupando-se da falta de uma métrica satisfatória para a lealdade dos clientes, 28–29
problema da confiabilidade dos números, 171–173
quantificando o valor de um promotor ou de um detrator, 48
classificação, 3–4, 37–38
subestimação do custo dos detratores, 54
usando a precisão e a granularidade com, 80–83
uso de, na Enterprise, 171–172
uso de, na Philips, 116
MetroPCS, 117

Napier, Lanham, 103, 104, 121, 136, 154
National, 62
Net Pro-moaners, 11, 168
Net Promoter for People (NPP) na Apple, 95, 167
Net Promoter Score (NPS)
   ajuste da gestão de clientes, 38–39
   benefícios de usá-lo como um sistema, 2
   categorias de comportamento dos clientes, 4, 29, 38
   chaves para o sucesso do NPS, 109
   classificação, 3–4, 37–38
   como gerador de crescimento rentável. Ver crescimento rentável por meio do NPS
   componentes das notas, 5, 7, 8
   críticas dos fornecedores de pesquisa consagrados, 168
   desafios de fazê-lo funcionar, 11–12
   desafios inerentes aos sistemas corporativos existentes, 179–180
   desafios internos esperados ao adotá-lo, 168–169
   dificuldade enfrentada ao buscar a grandeza, 180–181
   elementos fundamentais do, 9
   espírito de liderança, 2
   evolução do, 5–8
   exemplos empresariais do processo de adoção. Ver Enterprise Service Quality index; Intuit; Philips; Progressive Insurance; Rackspace
   filosofia implícita do, 10
   Loyalty Forum, 6–7, 145, 165
   método de pesquisa por recibos de registradoras, 172–173
   métrica do relacionamento com os clientes, propósito da, 38
   mudança necessária para levar adiante. Ver etapas para levar adiante o NPS
   noções equivocadas sobre a facilidade da adoção, 169
   o duplo pilar da economia e da inspiração. Ver pilar econômico; pilar inspirativo
   pergunta "qual a probabilidade de se recomendar", 3–4, 7
   Pergunta Definitiva, base da, 29, 73
   perguntas diagnósticas que refletem o progresso na adoção, 169–170

problema da confiabilidade dos números. *Ver* métrica
promotores menos detratores, 29–30, 31t
propósito do, 1, 4, 9
relação com a competitividade, 44–46
rentabilidade dos que mais pontuam, 30
sistemas de pesquisa por e-mail, prós e contras, 173
Netflix, 22
neutros
 definição, 4
 NPS e, 29
 padrões de comportamento dos, 38
notas infladas como fonte de viés, 84
NPS Loyalty Forum, 6–7, 145, 165
NPS relativo
 estratégia competitiva e, 55–56, 137–139
 exemplo de análise, 56–57
 relação entre o NPS e a competitividade, 44–46

"O Voto" na Enterprise, 70–71
organizando-se para a longa jornada
 compromisso de tempo necessário ao Net Promoter, 145–146
 decisões quanto ao quadro de pessoal e, 153–155
 departamento de TI e. *Ver* apoio do departamento de TI ao NPS
 envolvimento financeiro, 188, 189, 191, 194
 escolha do líder da iniciativa, importância da, 146–147
 esforço necessário para o sucesso, 145–146, 150–151
 incorporando dados às análises financeiras, 184, 191
 integrando o NPS à cultura, 146, 163–164
 integre à estratégia da empresa, 194–194
 natureza interfuncional do Net Promoter, 148–149
 necessidade da adesão dos gerentes intermediários, 150
 necessidade de reajustes contínuos, 184, 186, 190
 normas para a seleção de um líder sênior, 147–148
 notas como indicador retrospectivo, 195
 papel dos incentivos na adesão do nível sênior, 149–150
 problemas suscitados quando a iniciativa não é interfuncional, 149–149
 reconhecendo a adoção do NPS como uma jornada, 109, 123, 145–146, 163, 184, 189, 194–195, 267
 reorganizando-se em torno dos clientes, 151–153
 vinculando o NPS às compensações. *Ver* sistemas de incentivos e compensações
 visto como um processo evolutivo, 186

Parrish, Jim, 99, 100
Pasquale, Cheryl, 129–130
PayCycle, 137
PayPal, 25

Pergunta Definitiva
 escala de zero a dez e, 4, 74–76
 evidências que apontam para a pergunta definitiva, 36
 Net Promoter Score como base da, 29, 73
 "qual a probabilidade de se recomendar", 3–4, 7
pesquisas
 conselho para preservar a simplicidade das, 178, 193
 críticas ao NPS da parte dos fornecedores, 168
 de baixo para cima, 76–77, 78, 81, 85
 de cima para baixo, 76–77
 decisão da Enterprise de promover pesquisas com os clientes. *Ver* Enterprise Service Quality index (ESQi)
 escala de zero a dez, vantagens da, 4, 74–76
 fadiga das pesquisas, combatendo, 173–174
 fracasso das pesquisas padronizadas, 166, 168
 inadequações do processo de pesquisa por telefone, 40
 índices de resposta, monitorando os, 77–79
 informações coletadas nos índices de resposta na Progressive, 78
 informações obtidas na Intuit, 40–41
 método de pesquisa por recibos de registradoras, 172–173
 pesquisas com os funcionários, uso na Apple, 95, 121, 122–123
 sistemas de pesquisa por e-mail, prós e contras, 173
 otimização, 73–74, 178
 uso estratégico dos dados das pesquisas com os funcionários na Rackspace, 121–122
pesquisas de baixo para cima, 76–77, 78, 81, 85
pesquisas de cima para baixo, 76–77
Philips
 conselho para o sucesso, 190–191
 estratégia competitiva com base no NPS relativo na, 138–139
 iniciativa NPS centrada no *marketing* na, 146
 métrica, uso de, 116
 NPS como gerador de ação na, 47
 objetivo da posição de liderança no NPS na, 47
 passando do foco no produto para o foco nos clientes, 44
 razões para escolher o NPS, 44
 relação entre o NPS e a competitividade, 44–46
Philips Healthcare, 157–158
pilar econômico
 apoio do CFO, importância do, 114
 constrangimento dos funcionários com as tarifas extras, 118
 efeitos de longo prazo dos lucros ruins, 117
 enfrentando os lucros ruins, 117–118
 erro de focar nos lucros ruins, 115
 mensurando a lealdade dos funcionários. *Ver* lealdade dos funcionários

mensurando o retorno sobre investimento a partir do acompanhamento de um detrator, 114
papel no NPS, 111-112
reação dos clientes às tarifas extras, 118
reação dos funcionários quando os executivos agem, 118
redução de custos vinculada ao aumento do NPS, 114
requisito à disposição de mobilizar os detratores, 117-118
tornando o NPS parte dos relatórios para os investidores, 114-116
uso de métrica e, 117-118
pilar inspirativo
desafios ao buscar a grandeza, 180-181
descrição, 112-114
filosofia do fundador na Intuit, 33-34
meta da grandeza na Rackspace, 104
pilares do NPS. *Ver* pilar econômico; pilar inspirativo
Poiner, Anthony, 267
PowerSellers no eBay, 25
princípios da mensuração da satisfação dos clientes
auditorias, 83
escala de zero a dez, uso de, 74-76
índice de respostas, monitorando o, 77-79
lista de perguntas, 73-74
notas vinculadas a comportamentos, 86-87
precisão e granularidade com métricas, 80-83
relatório oportuno, 79-80, 93
separando as notas internas das externas, 76-77
processo Gate-X (Logitech), 135
Progressive Insurance
aceitação do NPS por parte da empresa, 102
busca por políticas de criação de detratores na, 102
compromisso demonstrado pelos executivos seniores com o NPS, 125-126
conselho para o sucesso, 192-193
eficácia dos investimentos inteligentes em TI, 160
fascínio do NPS como uma medida analítica, 101-102
histórico, 101
impacto nos funcionários ao ouvirem a voz dos clientes, 131
informação coletadas nos índices de resposta às pesquisas, 78
notas altas no NPS, recompensas pelas, 103
escala de classificação, escolha de, 74-75
resultado da análise dos comentários dos clientes, 139-140
promotores
comunidades de clientes. *Ver* comunidades de clientes
definição, 4
foco da Rackspace na criação de, 103
lealdade e. *Ver* lealdade dos clientes; lealdade dos funcionários
lucros bons e, 23

NPS e, 29-30, 31t
padrões de comportamento, 38
prioridades dos, na Intuit, 41
quantificando o valor dos, 48
vantagens para as empresas proporcionadas pelos, 25-26
Provoost, Rudy, 191

Qantas, 193
QuickBooks (Intuit), 40
Rackspace
adoção bem-sucedida do eNPS na, 121
compromisso demonstrado pelos executivos seniores na, 126
estratégia competitiva com base no NPS relativo na, 138
foco na criação de promotores na, 103
histórico da, 103
meta de grandeza na, 104
métodos para os executivos manterem contato com os clientes na, 137
razão para não vincular o NPS às compensações na, 158
reorganizando-se em torno dos clientes na, 151-153
seleção do quadro de pessoal na, 153-154
uso dos investimentos inteligentes em TI na, 162-163
uso estratégico dos dados das pesquisas com os funcionários na, 121-122
Regra de Ouro, 26
Reichheld, Fred, 179
Renwick, Glenn, 101, 125-126
responsabilização
credibilidade da métrica, importância da, 184, 187, 191, 193
mudanças no sistema de incentivos na Schwab, 93
papel da, na lealdade dos clientes, 28-29
passando para o foco nos clientes na Schwab, 92, 93
problema da confiabilidade dos números, 171-173
reorganização na Virgin Media e, 106
reorganizando-se em torno dos clientes e, 153
uso de métrica e, 80-83, 117-118
vinculando ao ESQi na Enterprise, 65
resposta oportuna aos detratores
histórias de sucesso graças à rapidez do *feedback*
na Logitech, 134
na Schwab, 93
ponto de vista dos gestores sobre o processo de *feedback* na Verizon, 128
seguimento dos clientes, importância do, 185, 192, 195
uso de referências para os gerentes de filiais na Enterprise, 66-67
Risebrow, Sean, 147
Rogers, Glenn, 151
Rogers, Sandy, 172

Rothschild, Adam, 184
Royal Philips Electronics. *Ver* Philips
 amostragem parcial, como fonte de viés nas mensurações Net Promoter, 84

SAS Institute, 141
Satmetrix Systems Inc., 7, 35-36, 53
Schneider Electric, 193
Schwab, Chuck, 91, 93, 112, 118
Scudamore, Brian, 163
setor bancário
 exemplo de análise do NPS relativo, 56-57
 práticas de lucros ruins, 19, 22, 118-119
setor de assistência médica
 Ascension Health, 96-98
 Cancer Treatment Centers of America (CTCA), 82, 137, 185-186
 práticas que resultam em lucros ruins, 18
setor de linhas aéreas
 JetBlue Airways, 17, 119, 121, 122, 154-155
 práticas de lucros ruins, 19, 20, 118-119
 Southwest Airlines, 17, 20, 23, 119
setor de seguros
 Allianz. *Ver* grupo segurador Allianz
 práticas de lucros ruins, 119-120
 Progressive. *Ver* Progressive Insurance
setor de viagens, 18-19
Sharp, Isadore, 26
sistemas de incentivos e compensações
 a possibilidade de resultados negativos quando vinculados a gratificações, 156-157
 mensagem sendo transmitida na Charles Schwab, 93
 motivação positiva dos, 155
 natureza complicada da criação de vinculações corretas, 157-158
 notas altas no NPS, recompensas pelas, 103
 papel da adesão do nível sênior, 149-150
 problemas criados pelos, 155-156
 processo recomendado para os, 158-159
 sistema corporativo de recompensas na Entérprise, 65
Sivignon, Pierre-Jean, 158, 176, 191
SliceHost, 138
Smith, Michael, 176
SnapTax (Intuit), 43
Sodexo, 194
Southwest Airlines
 busca dos lucros bons na, 23
 estratégia bem-sucedida na, 17, 20, 119
Steck, Ellen, 185
Stevenson, Troy, 187
Stubblefield, Greg, 66
Summit Partners, 174
Suporte Fanático na Rackspace, 103, 121, 126, 153
Swiss Reinsurance Company, 194-195

Talbott, Barbara, 154

tarifas extras
 lucros ruins e, 118
 no setor bancário varejista, 19, 22, 118-119
 no setor de linhas aéreas, 19, 20, 118-119
 redução das, na Schwab, 91, 92, 118
Taylor, Andy, 26, 61, 62, 69, 71, 163
Taylor, Jack, 61
Teach for America, 179
Time Warner, 16, 17
Transforming Care at the Bedside (TCAB), Ascension Health, 97
TurboTax (Intuit), 40

valor de permanência dos clientes
 boca a boca e, 50, 52-55
 eficiência de custos, 49
 exemplo de análise, 50-52
 gasto anual, 49
 índice de retenções, 48-49
 sensibilidade a preços, 49
 tendência a subestimar o custo dos detratores, 54
Van Kuyck, Geert, 44, 47, 191
Vanguard Group
 busca dos lucros bons no, 23
 melhorias obtidas com o foco no aumento do NPS no, 109
 métodos para os executivos manterem contato com os clientes no, 135-136
 rejeição dos lucros ruins no, 17
Verizon Wireless
 acompanhamento com um detrator, exemplo de, 128
 conselho para o sucesso, 195
 enfrentando os lucros ruins na, 118
 integração do processo de *feedback* dos clientes na, 130
 ponto de vista dos gestores sobre o processo de *feedback* na, 128
 programas de treinamento na, 177
Vig Knudstorp, Jørgen, 190
Virgin Media
 adoção do NPS na, 105-106
 assegurando o compromisso dos gerentes intermediários na, 150
 importância da escolha do líder da iniciativa NPS na, 147
 método para dar início ao NPS na, 125
 reorganizando-se em torno dos clientes na, 151

Watts, Richard, 102, 160
Wells Fargo, 119
Weston, Chris, 147-148
Weston, Graham, 103, 126, 138, 179, 180-181
Westpac, 196
Wood, Jeff, 194

Zappos, 23, 24, 154

CONHEÇA OUTROS LIVROS DA ALTA BOOKS

Negócios - Nacionais - Comunicação - Guias de Viagem - Interesse Geral - Informática - Idiomas

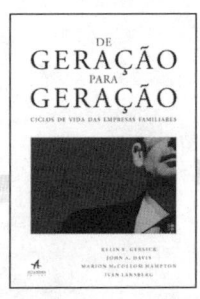

Todas as imagens são meramente ilustrativas.

SEJA AUTOR DA ALTA BOOKS!

Envie a sua proposta para: autoria@altabooks.com.br

Visite também nosso site e nossas redes sociais para conhecer lançamentos e futuras publicações!

www.altabooks.com.br

/altabooks ▪ /altabooks ▪ /alta_books

ALTA BOOKS
EDITORA

ROTAPLAN
GRÁFICA E EDITORA LTDA

Rua Álvaro Seixas, 165
Engenho Novo - Rio de Janeiro
Tels.: (21) 2201-2089 / 8898
E-mail: rotaplanrio@gmail.com